自閉スペクトラム症の女の子が出会う世界

幼児期から老年期まで

サラ・ヘンドリックス
堀越英美 訳

河出書房新社

二人に。

ありのままの私と、本当の自分とうまく付き合うユーモアのセンス。

私がなしとげたことを二人に見てもらいたかった。

本書に寄せて

歴史的に、自閉症は主に男性の障害であるとみなされてきた。

古典的な自閉症における女性の行動パターンは、知的障害を伴えば明白だったが、言語能力・知的能力の高い女児や女性は見逃されていた。自閉スペクトラム症（以下、ＡＳＤ）における女性の行動パターンが認知され始めたのは、つい最近のことにすぎない。現在ではこのテーマに関するたくさんの書籍があり、その多くはＡＳＤの女性によって書かれている。本書は、洞察力に富んだ精度の高い分析により、ＡＳＤ女性の幼児期から老年期までの行動パターンについての知識を広めるものだ。

著者は、「なぜ私はこの本を書いたのか」と問題提起する。著者は多くの女性たちと同様に、ＡＳＤ男性の行動パターンしか知らず、既成概念にとらわれた専門家たちに、ＡＳＤだと信じてもらえないという経験を重ねてきた。著者が疑問視しているのは、女性のＡＳＤには当てはまらないことも多い行動パターンに基づいて、ＡＳＤが診断されているということだ。この事態を改善するには、新しい診断基準をつくる前に、ＡＳＤの行動が女性にはどのように現れるのかを深く理解することが必要だ。本書のような書籍は、女性の症状の複雑さを理解する上で有用な情報源となる。

本書は、本テーマに関する既存の研究と知見をまとめ、ＡＳＤの女性、および女児の家族の個人的な経験談によってその内容を裏づけている。ふんだんに盛り込まれた症例から、ASDの女性および女児の感じ方について、貴重な洞察が得られるだろう。

研究動向を概観すれば、結論は明らかである。ASDは当初考えられていたよりも多様であり、日々新しい考察が発表されているということだ。それどころか、「知れば知るほどわからないことが増えていく」のがASDである。全般的に見て、男性と女性の特性を区別する研究は数少ない。ASD者のは、未知のことが多い。特に性別がASD者にどれほど影響を与えているのかについて正確な男女比も、はっきりとはわかっていない。多くのASDの女性が未診断のままなら、現状の男女比は信頼に足るものとは言えない。本書には、ASDの女性および女児が経験した診断を得る難しさについて、ありありと語られている。

さらなる問題は、現在の診断テストのほとんどが性差を考慮しておらず、男性の行動特性に基づいたものにすぎないということである。適切な質問をしてデータを解釈し、正確な結果を得るためには、正しい知識を身につけて経験を積んだ臨床医の存在が欠かせない。

本書は、小児期から思春期、成人期にいたる人生のあらゆる場面をカバーしている。女性の人生はステージごとに、新たな問題とジレンマにぶつかることの連続だ。本書の調査参加者たちの経験談を読めば、診断がつかず、適切な理解と支援が得られないと、ASDの女性たちがいかにつらい学生時代を送ることになるかがわかる。

しかるべき手段を講じれば、ASD女性たちは人生という旅において、プラス面を最大化し、マイナス面を最小限に抑えることができるだろう。

成人になってから診断がつくことの価値も問題提起される。女性では男性以上に、安堵感を覚え、自己を受容できるようになったと語る人が多い。診断がついたおかげで、これまで経験してきた困難の説明がつくからだ。その後は、自身の問題を隠さず自分らしくいられるようになる。

本書全体を通じて描写されるのは、ＡＳＤの女性たちは困難に立ち向かう力が並外れて高いということだ。この能力は、特に苦手な部分を補うために発揮される。こうした努力のために、女性たちが払う代償は大きい。ＡＳＤの女性たちは、疲労、衰弱、精神衛生上の問題についてよく口にする。このような身体症状はＡＳＤを抱えて生きることの結果であって、ＡＳＤの症状ではないということは、強調してもしすぎることはない（切り離して考えることはできないとしても）。このことは、臨床医にとってきわめて重要なポイントである。

人生のあらゆる局面に触れた上で、本書を通して発せられるメッセージは次のようなものだ。人生は誰にとっても大変だが、特に人間関係、セクシュアリティ、性自認、妊娠と育児、心身の健康、そして仕事に関していえば、ＡＳＤの女性はさらなる困難を抱えているということである。人生のこうした局面についての章では、心強く、有益なヒントを与えてくれる。そこにあるのは、我々はみんな違っていてもいいのだということ、それは祝福されるべきことなのだという考えだ。

第15章「ＡＳＤとともに老いてゆく」は、重要な章である。最近診断を受けたばかりという年配女性がたくさんいるからだ。大切なのは、自分の人生を理解するのに遅すぎるということはない、と伝えることである。

最終章から、最も今日的な意味を帯びている言葉を引用しよう。「最初の一歩となるのは、女性と男性ではＡＳＤの特性の現れ方が異なるということを、専門家が理解することである。女性の特性を見つけるのには少々苦労するかもしれないが、ＡＳＤの特性はそこにある。そしてあまり目につかないからといって、『重度』ではないということにはならない」。

本書はＡＳＤの女性を扱ってきた私の臨床経験を裏づけ、人生のいついかなる段階でも診断がつくことの重要性を立証する。ＡＳＤ女性の診断、または支援に携わるすべての専門家に、本書を強くおすすめする。

臨床心理学者　ローナ・ウィング自閉症センター所長　ジュディス・グールド博士

謝辞

執筆にあたり多大な協力を得た方々に感謝を申し上げる。皆さんの協力なくしては本書は存在しえなかった。調査に参加した女性たちとのやりとりを担当し、その仕事ぶりでいつも人間の世界から私を守ってくれる娘のジェス。学者ではない私に代わって、プロパーの研究者として校正を担当し、研究論文へのアクセスを提供してくれたクリス・ガーバン博士。正統なＡＳＤ者として、参考文献リストのフォーマットづくりが楽しいと言ってくれたベッキー・ヒーバー博士（だまされてる？　そんなことないはず）。言葉にこだわりの強い兄のフランク。統計データと考察を提供してくれたＡＳＳＥＲＴ（ブライトン＆ホーブ）のサラ・Ｆ氏。質問に丁寧に答えてくれたトニー・アトウッド教授とジュディス・グールド博士。

私の尽きない質問に時間を割いて答えていただいたＡＳＤ女性や、ＡＳＤの女の子の家族の皆さん、私の助けを求める声をリツイートやシェアしてくれた皆さんには本当にお世話になった。合計で三〇人以上のＡＳＤの女の子・女性の実体験を、学術的な研究、私の職業上および個人的な経験、そしてＡＳＤの当事者とその分野の実践者である著者たちの経験と合わせて掲載することができた。匿名希望の方をのぞき、個人的に、または専門家としてご協力くださった方々のうち、ご本人の希望があった方をここに記載する。ジェン・リーブスリー、ハイディ・Ｍ・サンズ、メラニー・ピークス、スーザン・ネアン、カトリオナ・ステュワート博士、スコットランド自閉症女性ネットワーク（ＳＷＡＮ）、キャスリーン・コンバー、リンダ・アンダーソン、ベッキー・ヒーバー、キム・リチャードソン、ヘレン・エリス、ジェミマ・ピアース、ジュディス・ヴォーン、アンナ・ヴォーン、Ｃ・リンスキー、エマ・ダルリンプル、アリソン・パーマー、クレア・ロビンソン、デビー・アラン、ダーチ、ローズ・ウェイ、レイチェル・スローン、ジェイド・ウォーカー、マケイラ・マディソン、アーニャ・Ｋ・ウスタシェフスキ。皆さんありがとう。

はじめに

本書執筆の理由

私の息子は、家族で一番最後に自閉症（訳注※）の診断を受けた。私が自閉症の診断を受けたのは、数年前のことだ（この話は長くなるのでのちほど）。息子の診察にあたって、診断評価を行う精神科医に家族歴を話した。私や家族の診断の詳細を挙げ、遺伝の可能性を示したのである。

その精神科医は、私が自閉症であるという診断を疑い、誰が診断したのかと尋ねてきた。「見た目も自閉症らしくないし、双方向の会話ができる。自閉症だなんてありえるのかなあ?」と彼は問うのだった。私は、大人で女性だからかもしれないと答えた。精神科医は疑わしそうな顔で私を見

※二〇一三年に米国精神医学会（APA）が発行した『精神障害の診断・統計マニュアル第五版』（以下、DSM－5）によって、古典的な自閉症、知的発達や言語の遅れを伴わないアスペルガー症候群、特定不能の広汎性発達障害がまとめて「自閉スペクトラム症（Autism Spectrum Disorder）」という診断名に統合された。DSM－5に従い、本訳では、「自閉スペクトラム症」または「ASD」と訳語を統一している。ただし、DSM－5以前の研究や診断に言及している箇所、著書の引用などでは、元論文にAutism Spectrum Disorderと明記されていない限り、原文のautismをそのまま「自閉症」と訳している。そのため、本文では「ASD」「自閉症」表記が混在しているが、指示内容に大きな違いはない。

て、軽蔑の色をにじませながらこう告げた。「あなたは医師であるこの私に、女性であることで症状に違いがあると言うつもりなの？」。私はため息まじりに、そうだと答えた。精神科医は信じられないというように首を振った。

息子の（そして他の誰かの娘の）診断を担当する人が、無知であからさまに失礼であることに、私は憤慨し、惨めな気持ちになった。だが、何も言えないことはわかっていた。口をつぐみ、このまま来院した目的を果たせればそれでいいと考えるしかなかった。診察室を出てから、私は泣いて悔しさを爆発させた。自閉症に見えないからという理由で、自分の診断を正当だと説得しなければならない状況に追い込まれるのがこれ一度きりなら、どんなによかっただろう。実際はそうではなかったし、今後も続くのだ。

最初に診断を担当する人、支援をする人が気づかなければ、患者個人や家族にはなすすべがなく、必要なものが得られない。こんな不当なことがあっていいのかと、立腹せずにはおれない。

それが本書を執筆した理由だ。

目次

本書に寄せて　ジュディス・グールド博士　4

はじめに　9

序章　女の子たちも自分が何者なのか知る権利がある　13

第1章　女の人も自閉スペクトラム症になる　22

第2章　診断までの道のり　35

第3章　この子は何かが違う――乳幼児期　58

第4章　まわりになじめない――子ども時代の関係性　97

第5章　変わっていく身体と複雑な友人関係――思春期に出会う困難　112

第6章　家の外はカオス――学校生活に必要な支援　129

第7章　大人になってからASDだとわかった女性たち――成人診断がもたらすもの　159
第8章　「ASDに見えない」――大人になってからの困難　171
第9章　大人の人間関係――友人になるってどういうこと？　196
第10章　男か女かどちらでもないか？――セクシュアリティと性自認　210
第11章　好きな人とつながりたい――恋愛・性行為・パートナーシップ　228
第12章　子どもを産むとき――妊娠と育児のあれこれ　252
第13章　身体の不調とどう付き合うのか――健康で豊かな生活をおくるには　280
第14章　こんな働き方をしています――就職するとき　301
第15章　ASDとともに老いてゆく――老後を考える　309
第16章　理想の生き方とはどんなもの？――死ぬ前におこなっておきたいこと　327
第17章　おわりに――あなたはどう生きていく？　331

訳者あとがき　335
原注　342
参考文献　347
索引　349

序章

女の子たちも自分が何者なのか知る権利がある

見えないからといって、いないわけじゃない。

自閉スペクトラム症（以下、ＡＳＤ）に対する現代的な理解が始まってからというもの、ＡＳＤ者数は男性のほうが女性よりかなり多いというのが、大方の見方だった。最近まで、これは事実として広く受け入れられてきた。私はこの件について、運営している訓練コースの参加者たちとたびたび話し合っている。女性よりも男性のＡＳＤ者のほうが多いという通念については、「そんなものだろう」という意見が圧倒的だった。そもそも、女性のＡＳＤ者がいることに驚きを隠せない人もいる。まだ実態がどのようなものか解明されていないということもあり、人々に知ってもらうには長い道のりがある。だが、理解は着実に進んでいる。

ＡＳＤは男性に多いという「事実」の大本を疑い、可能性のある説を検討することによって、新しい見解が生まれつつある。つまり、ＡＳＤの女性はたくさんいるということだ。ＡＳＤの女性は上手に隠しているか、自分がＡＳＤだと気づいていない。あるいは、（ほぼ）男性のみを対象とした研究（もしくは性別の区別のない研究）から生まれた古典的な（男性の）兆候を探している人には気づかれない形で、ＡＳＤであることを示しているだけなのだ。

私自身も、ＡＳＤを巧みに隠してきた女性の一人である。あまりに巧みなので、自分すら気が付かなかったほどだ。「隠す」と表現したが、意識的にしたわけではない。生まれてこのかた、「本当の私」はあまり快く思われず、周囲の人に受け入れられないということを学習していたので、無意識のうちにそうふるまっていたのだ。生きていくうえで面倒は最小限にとどめたかったし、悪目立ちをしたくなかった。そのため、できのいい頭脳を使って、(心身にかなりのダメージを受けたものの)比較的うまく乗り切るやり方を編み出し、「本当の私」をできるだけ視界に入れないようにしていたのだった。

「本当の私」が漏れ出るのは、うわべを取り繕うために編み出した暗記学習システムのデータが不足しているときだけだった。「本当の私」を安心して出せるのは、まるごと受け入れられてすっかりくつろいでいるときに限られる(キーキー声を出したり、身体を揺らしたり、手を叩いたりする成人女性をありのまま愛して受け入れてくれる人はめったにいない――ありがとう、ありがとう、ありがとう、キース)。

私がASDの診断を受けたのは、四三歳のときである。その時点で私は、ASDに特化した職場で五年間働いていた。最初は一従業員として、その後は訓練組織「ヘンドリックス・アソシエイツ」[※1]を運営する自営業者として。私はASD研究で修士号を取得し、ASDに関する五冊の本を書き、多くのカンファレンスで講演し、数千人のASD者に訓練をほどこし、一〇〇人をゆうに上回るASD者を担当してきた。ASDの理論と実践の両方に通じている人間が、自身のASDを「見抜く」ことができなかったなんて、こっけいとすら思えた。

なぜこんなに時間がかかったのかといえば、長年ほかの人たちがASDの女性に対してしてきたのと同じ過ちを犯していたからだ。つまり、男性の症状と比較していたのである。そして自分は当てはまらなかった。具体的に言えば、私のパートナーで、ASDの診断が下りているキースを、比較参照データとして使っていたのだった。

実のところ、自分はそれなりに定型発達（NT：Neurotypical）だと確信していた。だからこそ、キースとともにアスペルガー症候群（AS）と定型発達との関わり合いについての書籍を執筆したのだ。※2

しだいに私は、二人が多くの面でとても似通っていて、定型発達者には難しいやり方で彼を「理解」していることに気づいた。自分は非常に論理的で、ルーティンにこだわり、きちょうめんではあるが、彼と違って技術的なことにはまったく興味がないということも。私が惹きつけられるのは人間と、その行動だ（顔をしかめて「なぜみんなはそうするの？」とぼやくのはしょっちゅうだ）。人付き合いは大の苦手だが、多大な精神的コストを費やして社交をどうにかこなしている。そうすることが期待されているからだ。一方彼は、ただ「いやだ」と言って、不快なことを避けようとするのみである。

分析好きで自分のことが気になる性質なので、数年間はこのパラドックスを解決する試みを楽しんだ。ＡＳＤの専門家やコーチとしての仕事を通じてＡＳＤ女性に会うたびに、じわじわと自覚し、少しずつ答えが見えてきた。仕事で担当した相手のライフストーリーや生き方を聞き出す中で、彼女たちの人生が自分と似ていることに衝撃を受けたのは、一度や二度ではない。数えきれないほどの人間関係や仕事の失敗、一夜にして興味が失せて放り投げてしまった数多くのプロジェクト、不安、（私に対して多くの人が放った言葉を引用すると）「狂気」——どれもなじみ深いものばかりだった。これらがＡＳＤの診断基準にどのように適合するかを、正確に理解することができた。そしてその理解は、自分に適用することも可能だった。データ収集と自己分析を数年重ねた結果、私は診断を受けに行き、疑いは無条件で裏づけられたのだった。

皮肉なことだが、ＡＳＤの分野で働いているせいで、かえって「カミングアウト」しにくいと感じられた。恥ずかしいだとか、現実から目をそらしたいだとかというわけでは断じてない。なんといっても、私の大好きな人たち（そして家族の大半）はＡＳＤだ。実のところ、ずっとＡＳＤに囲まれていたからこそ、自分がＡＳＤだとはにわかには飲み込めなかったのだ。専門家ならともかく、ＡＳＤをよく知らない人には、ひどく奇妙に聞こえるに違いない。

加えて、私は細心の注意を払って、きわめて体裁よく外面を取り繕っている。一生の趣味として人間観察を続けてきたおかげだが、同時にこれが足かせになった。私は、日常のシンプルなやりとりや指示に対応できない人には見えないのだ。人間観察をライフワークとした目的は、目立たなくする方法を学び、一〇〇％完璧で有能に見えるようにするためだった。ふう！　大それた、バカらしい制約である。

ＡＳＤという診断結果を開示すれば、これまで完璧に期待に沿える人間であろうと努力してきたのに、実態は違うと認めることになる。私にとって、これは大きなジレンマだった。他のＡＳＤ者を期待に沿えない人間だと思ったことは決してないが、自分の理屈に従うと、自分にこれらのばかげた基準を適用せざるをえないのだ（白黒はっきりさせたがる完璧主義――これはＡＳＤの診断基準そのものだ）。

私はまた、ＡＳＤの人が経験する差別がどれほどのものか、十分に認識していた。職場で開示すれば、仕事内容や職場での扱いに影響を与えるかもしれないと感じた。経験上、ＡＳＤだと知られてしまえば違った目で見られるようになるし、扱いも変わってしまう。私の目標は、いつだって目立たないことだった。そんなわけで、診断がついたばかりの人を折にふれて仕事上で支援するのと同時進行で、自分の診断を受け入れていくことにした。ASDという診断が、自分の心理、そして現実にどのような意味をもたらすのか考えながら。

家族以外の人に話せるようになったのは、診断から三年経ってからだ。私的な知人も仕事関係の人々も、おおむね肯定的に迎え入れてくれた。だが、周知したいという気持ちと、知られないように努めたいという気持ちは分裂したままだった。「ふつう」の仮面を完成させようとしてきた四六年間の人生から降りるのは難しい。だんだん疲れてきてふつうのふりを保てなくなり、自分を受け入れることが多少できるようになったにもかかわらず。

ASD者としての私の旅は、片時もとぎれることなく続く。知ることはほんの始まりにすぎない。ASDを理解し、それと共に生きることに終わりはない。毎日のように新しいことを学び、何十年間にもおよぶ混乱が何だったのかを解き明かそうとしている。

自分が今まで出会ってきたなかで、真の意味で「わかり合えた」他者は、ASDの人だけだったと思う。つまるところ、人は見たことも経験したこともないような人生を、本当の意味で想像することはできないのである。にもかかわらず、ASDではないのにASDに関心を持ち、「わかり合おう」と努めてくれる人々がいる。そんな彼らをASDの世界に案内し、理解を助ける責務は重大だ。探求の旅は続いていく。

前述のとおり、ASDの女性が人生をどのように経験するかについての情報は、比較的目新しく、まだあまり理解が進んでいない。私が本書で成し遂げたいのは、既存の研究と情報を、私自身の個人的な経験、および多くのASDの女性やその家族の経験と組み合わせることである。ASDの女性としての人生観を、始まりから終わりまで、誇りに満ちたものとしてまとめたかったのだ！

本書の内容が、すべてのＡＳＤ女性が送る人生像の決定版であると述べるつもりは毛頭ない。ＡＳＤの女性はたくさんいて、それぞれの人生は多様である。本書に掲載したのは、そんな彼女たちの体験の、ほんの一例にすぎない。さまざまな症例を示すことによって理解を広め、願わくばＡＳＤ女性の支えとなりたい。それが、私にできる精一杯のことだ。この試みがうまくいくことを願う。また、私自身の経験を盛り込んだことで、独りよがりな自分語りだと受け止められないことを祈る。私はただ、限られたリソースの範囲内で、できるだけ多くの当事者の声を掲載したかっただけである。もちろん、私の経験は誰よりも代表的なものだというわけではない。私たちは皆違う。それでもなお、同じなのだ。

本書を読んだ専門家の方々に望むのは、新しい指標を考案し、初期診断を下す際にさまざまな質問をしてくれるようになることだ。目に見えない仮面の奥の姿を見抜き、患者の言葉を疑わないでほしい。

そして自分はＡＳＤかもしれないと思っている女性が、自分は一人ではないと感じ、経験をわかちあい、必要であれば診断を受ける勇気を得られることを願っている。

ＡＳＤの世界で高く評価されている多くの専門家が、診断・特性・支援を検討するにあたって性別が重要であるという考えに基づいて書き、話し、研究している。彼らの研究を伝えるとともに、その末席に私自身の研究を加えたいと思う。

本書はＡＳＤの男性の経験や、性別に関係のない経験の価値を貶《おとし》めることを目的としたものではない。長年にわたり広く知られてきた、不完全な絵画の欠けた部分を提示することを目的としている。性別は、ＡＳＤに影響をもたらすのだ。自閉症に関する初期の研究のほとんどは、男の子を対象にしたもので、男の子の特性がデフォルトであると考えられてきた。女の子のＡＳＤが視界に入らなかったのは驚くにあたらない。性別はこれまで議論すべき重要な論点とみなされてこなかったが、実際には重要である。そもそも女の子が除外されていたからこそ、現在女の子のＡＳＤが見落とされているのである。そして女の子たちは、自分が何者なのかを知る必要がある。

本書について

本書は、読者がＡＳＤとその特性についてある程度の基礎知識があることを前提としている。理論的な概念や行動について、特に女性に関連しない限りは詳しく説明していない。ＡＳＤに関する理論の詳細については、他の優れた書籍を参考にしてほしい。

本書に記載する特性はＡＳＤを示すものであったとしても、単独で見れば他の原因による可能性もある。ＡＳＤの特性として提示したからといって、その特性はＡＳＤでしか解釈できないというわけではない。本書はＡＳＤの診断を下せるような知識や経験を授ける書籍ではないので、専門家のアドバイスや評価と併せて利用してもらいたい。

本書はＡＳＤの女性全般を扱う。学習障害を伴うＡＳＤの女性（およびその家族）の視点を取り入れようとしたものの、残念ながら期待したほどの数を集めることができなかった。本書のあちこちに引用された匿名コメントの数々は、協力の呼びかけに賛同してくれたＡＳＤの女性とＡＳＤの女の子の保護者によるものである。二〇一四年にメールでアンケートを取り、各章で取り上げているさまざまなテーマについて回答してもらった。合計で三〇人以上の女性が自らの経験を寄せてくれた。中には、年齢や特定の人生経験（親であるかどうか、仕事の経験があるかどうかなど）によって、他の人よりも多くの、あるいは他の人とは異なる情報を提供してくれた人もいた。参加女性のほとんどはイギリス人で、アメリカやヨーロッパの他の地域の女性も含まれている。参加者の年齢は五～六二歳、診断がついた年齢は四～五六歳までさまざまだ。

雇用や人間関係などを扱った、本書のいくつかの章は、深刻な学習障害がなく、自立を期待できる人（すなわち、アスペルガー症候群の人）と関わりが深いかもしれない。ＡＳＤの中でも、知的能力の高い女性に主眼を置いた箇所もある。

「自閉スペクトラム症」（ＡＳＤ：Autism Spectrum Disorder）という用語は、『精神障害の診断・統計マニュアル第五版』（ＤＳＭ－５、米国精神医学会、二〇一三年版）の記述に基づき、あらゆる形態の自閉症をまとめて表現する言葉として、本書全体を通して使用している。これは米国精神医学会の推奨用語である。

「定型発達（ＮＴ）」は、自閉症のスペクトラム上になく、神経学的に定型である人を表す用語として使用している。これは便宜上使われている標準的な用語であり、自閉症以外の人にレッテルを貼るためのものではない。

引用したアンケートへの回答、参考文献の中には、「アスピィ（Aspie、アスペルガー症候群の略称）」「アスペルガー症候群」「高機能自閉症」などの用語が使われているが、これらは書き手本人の言葉である。

私は「挑戦的行動」という用語をカギカッコ付きで使用している。この用語は専門家や家族の間で一般的に使われているので、他人が挑戦的であるとみなすであろう行動の概念を簡潔に説明するのに便利ではあるが、不正確に用いられがちな言葉でもあるからだ。

ＡＳＤの程度を示す用語として、「高機能」「低機能」「軽度」「重度」を用いるのは個人的に好まない。ここでその理由を詳しく述べるつもりはないが、私見ではこうした用語は、理解が不十分で誤用されることが多いため、誤解を招きやすい使いづらい言葉である。本書でこれらの用語を使用するのは、定義が限定的かつ具体的なものであるか、他の人の言葉を引用・参照した場合に限られる。同じ原則が、「欠損」「誤り」「欠陥」「異常」などの用語にも当てはまる。研究者や調査参加者の言葉をそのまま引き写した場合をのぞき、私自身の視点で用いることはない。

引用の中には、否定的な表現も見られる。これは私個人の意見ではなく、ＡＳＤにまつわるさまざまな視点を、当事者の考えや言葉とともに幅広く紹介するためである。ＡＳＤや当事者に対する否定的な意見を助長するものではない。また、楽観的な見方のみを提示するつもりもない。

第1章

女の人も自閉スペクトラム症になる

この調査結果は、自閉症の男性に見られるものが、そのまま女性にも当てはまると仮定すべきではないことを示唆している。これは、「スペクトラム」の多様性を示す重要な例だ。

メンチュアン・レイ博士、自閉症研究センター（ケンブリッジ大学、二〇一三年）

ASDには性差がある——研究の概観

自閉スペクトラム症（以下、ASD）は、幅が広くて複雑な障害だ。情報は着々と増え、理解が進みつつあるものの、今もなお未知の領域が多い。

米国の疾病管理予防センターの近年のデータによれば、六八人に一人がASDであるという。[※1] 七〇年以上前にレオ・カナーによって最初に記述されたものよりも、自閉症は多様であることが知られつつある。最新の研究におけるあらゆる飛躍的進歩をもってしても、ASDを完全に説明することは不可能で、全貌の解明には程遠い。

性別がASDの個人に影響を与えるかどうか、またはどのように影響するかについては、さらにわかっていない。男女別にASDの特性、症状、体験を調査し、差異を探る研究はかなり少ないからだ。そのため、ASDは圧倒的に男性に偏っているという通説、あるいは単に性別は考慮に値しないという通説が根強い。

診断特性はもっぱら男性の表現型に基づいて作成されているが、[※2]特筆すべきは、一九四〇年代にレオ・カナーとハンス・アスペルガーの双方が、女性の自閉症の症状の違いについて言及したことである。おそらく、当時は重要であるとは考えられていなかったのだろう。カナーは、ある女の子が遊びの規則を理解せず、犬になりきって四つん這いで歩き、犬の鳴き声をまねていたことを記している。[※3]

一般人の男性と女性の脳は神経学的に異なることを示唆するエビデンスがあるにもかかわらず、[※4]研究者はこれまで、どういうわけかＡＳＤは性別の違いに優越するものだと考えてきたようだ。「男性」「女性」の神経生理機能および認知特性があるのではなく、単に「ＡＳＤ」であると見られてきたのである。個人的には疑わしく思うが、最近まではこうした見方が主流だった。

以下は、最新の研究である程度調査が進んでいる議論のテーマである。

・ＡＳＤの男性と女性との間に、測定や観察が可能な生物学的、神経学的、行動的、認知的な違いはあるか。
・その違いは、認知や行動にどのように現れるか。
・現在の診断基準は、確認された性差を考慮に入れているか。ＡＳＤの男性と女性を正確に識別して診断しているか。
・そうでない場合、女性の過小診断の可能性はあるか。
・診断ツール、診断への理解、支援の観点から、さまざまな症状に対してどんな対応をすることが求められているか。

ＡＳＤと診断された女性は少ない。そのため、有意な発見をするのに十分な数の年齢と発達の条件が一致した女性を探し、研究に参加してもらうのは困難だ。[※5]

ＡＳＤの診断基準が（作成時に女性が考慮されていなかったために）女性を取りこぼしてしまうという理由で女性にＡＳＤの診断がつかなければ、診断を受けて研究に参加する女性は少なくなる。したがって研究は、男性の基準に一致する数少ない女性のサンプルから結論を導き出すことになる。その繰り返し。単純化して言えば、そういうことだ。

ＡＳＤ分野で高く評価されている研究者の中には、女性のＡＳＤの特性はＡＳＤの標準的な特性と区別するに値すると述べ、考察している人も多い。トニー・アトウッド、サイモン・バロン＝コーエン、スヴェニー・コップ、ローナ・ウィング、ジュディス・グールドらは、専門的な立場から、ＡＳＤの女性に対する理解と診断の向上を支援している。

ＡＳＤに関わる専門職の人々がデータを収集し、女性・女児に見られる特徴のリストを作成している。[※6]しかし、幅広い学術知識に基づいたものは少ない。対照的に、ＡＳＤの自伝的作品や事例的研究の出版物には、女性の書き手が多い。ざっと見ただけでも、テンプル・グランディン、リアン・ホリデー・ウィリー、ルディ・シモン、ドナ・ウィリアムズなどの名前が挙げられる。女性たちは自らの言葉で、ＡＳＤ者としての人生について公に語りたいという願望を持っているようだ。

こうした「ベテラン」の書き手たちは、科学者や専門職の代弁者ではない。彼女たちはＡＳＤの世界で名前と顔をよく知られており、自信に満ちた講演者・教育者として、独自の視点を提供しているが、今にいたるまで彼女たちは男性とほとんど区別がつかないと考えられてきた。

ASDの性差の問題を議論する際に、検討に値するいくつかの見解がある。[※7] 一つは、男性のASDと女性のASDは、神経学的または認知レベルで異なっている可能性があるという見解だ。[※8] もう一つの見解は、女性は何らかの形でASDの発症から保護されているために、女性の数が少なくなっていることを示唆するものだ。[※9] この見解は、数々の神経発達障害が女性よりも男性に多く見られる理由の説明になるかもしれない。[※10]

ASDの識別に使われる手法が、男性の特性に偏っている可能性があることも考慮する必要がある。行動特性が性別で明確に異なっていれば、女性のASDを見逃しかねない。ASDは現在、行動と観察に基づいて診断されている。そのため、認知レベルまたは神経発達レベルで潜在的な類似点や相違点があっても、女性たちは現状の診断基準には含まれない別の行動で、ASDを表現しているだけかもしれない。[※11]

こうした場合、診断を担当する臨床医は現行の診断基準を拡大して、女性の行動を検討する必要がある。なによりも、女性のASDの症状をすべて盛り込んだ新しい診断基準を開発する必要がありそうだ。このテーマについては、第2章でも触れている。

男女比はどれくらいか

ASDの男女比の推定には、大きなばらつきがある。ローナ・ウィングは、一九七〇年代に行ったロンドン特別区の子どもたちについての研究で、男子と女子の比率が2.6：1であることを明らかにした。[※12] なお調査対象は、知能指数の低い子どもたちである。一般的に、自閉症の女性は、知能指数の高い層よりも、知能指数の低い層のほうが多いと考えられている。[※13]

一九六六年から二〇〇五年までの三七件の疫学研究を概観したエリック・フォンボンは、男女比は1.4：1から15.7：1の範囲にあることを確認した。[※14] トニー・アトウッドは、自身のクリニックでの一二年間にわたる一〇〇件以上の診断評価を分析した結果、男女比が4：1であることを明らかにしている。[※15] ブライトンを拠点とする二つの成人自閉症サポートサービスの男女比は、2：1と3：1である。

こうした数値のばらつきは、男女比がわからないということを示しているにすぎない。研究と実践には、診断基準、参照元のASDに対する固定観念、臨床医の評価、サンプルのサイズと種類、知能指数など、男女比に影響を与えうるたくさんの要因が含まれる。知能指数の高いASD女性が診断の網からすり抜けてしまうため、現在診断されているよりもASDの女性は多いであろうというのが定説になっている。

症状が同じくらい重度である場合でも、女の子は男の子よりもASDの診断を受ける可能性が大幅に低くなることがわかっている。[※16] これはおそらく、保護者や専門家の性役割期待や固定観念のせいだろう。サイモン・バロン＝コーエンによる「極端な男性脳」説[※17]などの理論も、ASDは「男性」の障害であるという一般的な見方に寄与しているかもしれない。このことは、専門家が女性を診る際、ASDの可能性を検討するかどうかに影響を与える場合がある。

神経学的特性は男女で異なる

ASDの性差はほぼ無視されてきた一方で[※18]、男女の脳の発達の違いという神経学的観点を考慮し、それがASDの性差の潜在的な要因として働いているとする研究も少ないながらある。メンチュアン・レイらは、脳の神経解剖学的な特徴は性別に依存することを明らかにした[※19]。さらにこの研究は、自閉症の男性と女性との間の神経解剖学的特徴の重複は最小限であることを明らかにしている。これは、ASDの男性と女性は神経系と認知機能が実際に異なっている可能性を示唆するものだ。クレイグらの研究によれば、自閉症者の脳の各部位の灰白質と白質の密度の違いが、社会的行動の欠陥に関連していることがわかっている[※20]。

しばらくの間、ASDの女性はASDの男性に比べ、何らかの機能が損なわれているというのが一般的な見解だった。女性がASDを発症するには、おそらくASDの男性よりも神経または認知機能の「損傷」が大きい必要があるのだろうと考えられていたのだ。ある研究によると、クリニックに通院する「高機能」自閉症の女の子は、同じクリニックに通う同じ診断を受けた男の子よりも「神経認知機能に強い影響を受けている」[※21]ことがわかった。自閉症の女の子たちは男の子たちに比べ、他人の心を推察する「心の理論」と実行機能（訳注・目標を達成するために行動や思考をコントロールする認知機能）において、「広範な欠損」があると見られた。この研究が示唆するのは、クリニックに通う女の子は、男の子よりも支援を必要としている可能性があるということである[※22]。

フォルクマールらは、IQテストにおいて女性の自閉症者には男性に比べて知能指数が低く、学習障害を持つ者が多いことを明らかにした[※23]。このことは、一般に自閉症が女性に現れるには「より悪い」状態である必要があり、高機能タイプの自閉症の女性は少ないという考えを裏づけるものと思われる。他の研究でも、同様の発見がある。[※24]

一般の認識と性差の研究の両方に影響を与えてきた最も有力なASD理論の一つは、ケンブリッジ大学自閉症研究センターのサイモン・バロン＝コーエン教授らによる、男性ホルモン「テストステロン」などの化学物質のレベルに関する神経生物学的な研究だ。いくつもの研究が、バロン＝コーエンが提唱する自閉症の「極端な男性脳」説[※25]と、それが女性にどのように現れるかに焦点をあてている。

元になったバロン＝コーエンの研究は、自閉症の男性と女性を大きく区別していなかったが、以降はバロン＝コーエンを含む研究者たちがこの問題をさらに深く掘り下げている。ASDの女性は行動が男性化されているという説は、性差において研究が進んでいる領域の一つで、ASDのコミュニティからはさまざまな反応があった。

イングドムヌクルらの自閉症の男性ホルモン説[※26]によると、自閉症は胎児期のテストステロンレベルの上昇が原因の一つとされる。テストステロンレベルは、アイコンタクト、語彙、社会的な人間関係といった多くの自閉症の特徴と相関がある。こうした考えを再検討するベジェロットらの研究では、自閉症女性のテストステロンレベルは対照群よりも高く、自閉症女性はより男性化された特性を示すことが確認されている。[※27]

ASDの男性には、女性的特徴が見られることもわかっている。このことは、ASDの女性が男性化されているというよりも、男女ともに、言ってみれば両性具有的な「性別挑戦性障害（gender defiant disorder）」[※28]である可能性を示している。これらの研究がさらに示唆するのは、「ASD者においては身体の性別と性自認が一致しないのは予想されうることであり、自閉症の幅広い表現型の一つとみなされるべきである」ことだ[※29]。

ＡＳＤの女性が定型発達（ＮＴ）の女性に比べ、身体的、認知的または行動的にステレオタイプな女性らしさが希薄であるという見解は、本書の他の章で深く掘り下げている。これは、私が出会った多くのＡＳＤ女性からもよく聞く話だ。すべてのＡＳＤ女性に当てはまるわけではないにしても、「おてんば（tomboy）」は潜在的な診断指標だと認識されている。

特徴的な行動も違う

行動の性差に関する調査はそれほど多くなく、大規模な研究となると皆無だ[※30]。ちなみに本書でのちほど触れるとおり、専門家や個人はＡＳＤの男性と女性との間には明らかな違いがあることを証言するが、このことはデータ化されておらず、正式に大きな議論になったこともない。これまでに行われてきた性別で行動を比較する研究は、現在の診断基準のきわめて特殊な要素に注目したものだ。ここではいくつかの研究の概要を説明する。この分野における入手可能な研究を見つけるのは非常に難しい。単純に、数が少ないのである。

子どもの遊びの性差

クニックマイヤー、ウィールライト、バロン＝コーエンは、自閉症の女の子が女児らしい遊びをするかどうかを調べた。[※31] 彼らの調査によると、自閉症の女の子はごっこ要素のない遊びをしているとき、女児向けのおもちゃを好むことはなかった。このことは、自閉症の女の子は男性化しているという仮説のエビデンスとなりうる。

研究者たちは、自閉症の女の子は、男の子や女の子のおもちゃ選びに影響を与える社会的要因の影響を受けにくいのではないかと考察した。もしそうであれば、自閉症の男の子も同じように、ごっこ要素のない男児向けのおもちゃは好まないという結果が期待できるはずだ。だが結果は違った。男の子は、男児向けのおもちゃを好んだのである。

ごっこ要素のある、想像力が必要な遊びを見たとき、自閉症の男の子はほとんど興味を示さなかった。一方で自閉症の女の子は、定型発達の女の子と同様に、想像力を使う遊びに没頭した。想像力は一般的に、自閉症の人にとっては難しい領域と考えられている。だが、女の子は男の子ほど想像力に障害がない可能性がある。女の子は現実世界のストレスからのつかの間の休息として、空想の世界に逃避することが珍しくない。

クニックマイヤーらは、生育環境によって、女の子のほうが男の子よりもごっこ遊びのスキルを伸ばしやすいのではないかという可能性を示唆する調査を引用している。親は息子とよりも、娘とごっこ遊びをする可能性が高いというわけだ。

その他の行動の性差を見る

行動の一要素に特化した、もう一つの研究は、ＡＳＤの男女の反応抑制を比較したものだ。[※32] 被験者は、ライトが点灯したらボタンをできるだけ早く押すという反応を求められた。この研究では、

ＡＳＤの女性は、ＡＳＤの男性や定型発達の男女よりも、反応を停止する（すなわち、反応を抑制する）のが有意に遅いことが明らかになった。ＡＳＤの男性は、定型発達の男女と比較して、反応抑制時間に差は見られなかった。

この研究は、行動のごく一部の領域にのみ焦点を当てているが、ＡＳＤの女性はＡＳＤの男性とは神経行動特性が異なることを示唆している。抑制制御に障害があると、衝動性や危険な行動につながるほか、計画や意思決定を含む全般的な実行機能の障害をもたらす。このことは、特にストレス下における適切な行動反応など、他の社会生活上の困難にも影響を与える可能性がある。[※33]

カーターらはＡＳＤの幼児の性差を調べ、女児は男児に比べて視覚受容のスコアが高く、男児は女児に比べて言語、運動、社会的能力のスコアが高いことを明らかにした。[※34] 彼らは一〜三歳のＡＳＤの女児と男児の間に、統計的に有意な認知特性・発達特性の違いがあることを報告している。

似た年齢層を対象としたハートレーとシコラの研究[※35]では、男女の特性には多くの類似点があるものの、「男児と女児のＡＳＤ表現型の間には、わずかではあるが潜在的に重大な違い[※36]」があることを明らかにした。男の子には女の子よりも興味・活動が限定された反復的行動が多く、女の子にはコミュニケーション障害、睡眠障害、不安が多く見られた。

より年齢の高い集団（三〜一八歳）を対象としたマンディらの研究によれば、ＡＳＤの男の子は女の子よりも社会性の問題が表に現れやすいため、教室で支援が必要だと認識されることが多いと教師たちは報告している。[※37] この研究は、男女間に微妙な違いがあるというハートレーとシコラの研究とも一致している。マンディらは、女の子には「情緒障害[※38]」がより多く見られること、女の子のほうが微細運動能力が優れていることを明らかにした。他の研究と同様、限定された反復的な行動様式（訳注・「社会的コミュニケーションの障害」と並ぶ、DSM－5におけるASDの二大診断基準の一つ。おもちゃを一列に並べる、毎日同じ食べ物を食べる等の行為が例として挙げられる）は、女児では男児よりも少なかった。

ボルテらは、実行機能のスコアはASDの女の子のほうが高く、細部への注意のスコアはASDの男の子のほうが高いことを明らかにした。[※39]この結果は、ASDの男の子はASDの女の子よりも決まりきった儀式的行動を示すという指摘[※40]に説得力を与えるかもしれない。また、ASDの女性にはASDの男性よりも「ライフイベント」が多いという見解[※41]を裏づけるものともなりうる。実行機能が優れているおかげで、ASD女性たちは人生全般でより積極的に行動できると考えられるからだ（このことは、ASD女性たちの意思決定が常に有効であるということを意味しない）。

人懐こくておしゃべり

カナーは「極端な自閉的孤立[※42]」状態と記したが、コップとギルバーグは、自閉症の女の子たちが他人に「まとわりつく[※43]」ことが多いのを、研究で確認している。彼女たちは一般的な人付き合い（社会的相互作用）における暗黙の法則を深く理解しないまま、他者の話し方や動きを模倣していたのだ。

彼女たちには、質問攻めや「言語のほぼ日常的な使用[※44]」も見られた。典型的な（男性の）自閉症の特性では、予期されない行動である。この饒舌さによって社交的で双方向のやりとりができるように見えることもあるが、実態を調べてみると、決まったセリフを口にしているだけだったり、学習されたものであったり、大半が自己中心的な発話に過ぎなかったりする。

社会的に普通であるように見せかけて、ASD的な行動を隠す女性たちの能力については、文献にも何度か登場している。[※45] しかしいまだに、診断プロセスを変えて状況を改善しようと取り組んでいるASD分野の専門家の数は少ない。コップとギルバーグのその後の研究では、ASDの男の子よりもASDの女の子に、「要求の回避」「意志の固さ」「外見に無頓着」「主に年下の子どもと交流[※46]」といった行動が典型的に見られることがわかっている。

女の子は自分を隠す

自閉症の男の子と女の子を比較したレイらの研究では、どちらも子ども時代は「同じように自閉症的[※47]」であったが、大人になると女性のほうが社会的コミュニケーションの問題が改善する傾向にあることが明らかにされた。この結果は、女性たちは「社会的に典型的[※48]」に見せようと代償戦略を学習し、生涯を通じてそうするように動機づけされている可能性を示唆している。この研究に参加した男性たちは、成人になる過程で同じ軌跡をたどることはなかった。このような自閉症の特徴を隠す行為（マスキング）は、アトウッド、グールドら他の研究者によっても記録されている。[※49] 本書ではさらに詳しく解説するつもりだ。

ここで考えられるのは、ASDの女性は、ASDの脳が得意とするシステム化[※50]によって他者の能力を研究・再現することで、普通の人に擬態して社会参加できるのではないかということだ。しかし、こうした戦略は（直感的ではなく）意識的になされることから、ストレス時や予期しない状況、あるいは一定期間が過ぎると、維持できないことがある。[※51] 非常に有能に見えるASD女性もいるものの、その有能さは限界を超えると維持できず、崩壊してしまうかもしれない（ときには自分自身も）。

社会的に普通であるように見せかける行為が、長年にわたって個人にどのような悪影響を与えるのかは、まだ研究されていない。

自閉症女性は、自己認識や自己参照能力が優れているため、自閉症の特徴を隠すのに優れていることもアトウッドやレイの研究によって示唆されている。[※52]ＡＳＤの女性たちは社会的に何が求められているか、期待にどのように応えるかを理解するようになることが報告されているが、このような能力の向上のおかげだろう。

臨床的な自閉症診断ツール（ＡＤＯＳ）を用いたテストでは、観察される行動が少ないにもかかわらず、女性のほうが自閉症特性を自己報告することが多いとわかっている。このことは、観察可能な特徴がさほどはっきり現れない場合でも、女性たちは男性たちと同じくＡＳＤとその影響についての認識を（より高くはないにしても）持っていることを示唆している。これに関連して、保護者による自閉症の特徴の観察と評価を必要とする研究では、保護者は男の子よりも女の子の社会的行動やコミュニケーション行動に高い期待を抱くことが多く、それが調査結果をゆがめる可能性があると指摘されている。[※53]

第2章
診断までの道のり

私が支援している女性の多くは、精神保健システムをまったくといっていいほど信用していません。かなりひどい経験をしたせいです。興味深いのは、ＡＳＤの診断を受ける際、医師にＡＳＤの特徴を指摘されるのではなく、自分からＡＳＤではないかという提案をしなければならなかった女性が多かったということです。

ＡＳＤ専門支援ワーカー

診断を受けるということ

診断基準ＤＳＭ‐５の改訂による影響

最近まで、「精神障害の診断・統計マニュアル」（ＤＳＭ）や国際疾病分類（ＩＣＤ）といった一般的な診断基準は、性差をまったく考慮していなかった。※1「精神障害の診断・統計マニュアル」の二〇一三年のＤＳＭ‐５への改訂（米国精神医学会）で、自閉スペクトラム症（以下、ＡＳＤ）の一般的な基準に、大幅な変更がもたらされた。アスペルガー症候群が独立した診断名ではなくなり、必要な指標に変更が加えられたほか、性差についても初めて言及されている。「臨床サンプルでは、女性は知的障害を伴う傾向がある。このため、知的障害や言語の遅れを伴わない女性では、社会性およびコミュニケーションの困難が目立たず、過小評価されている可能性がある」※2。マンディは、この箇所がもたらしうる影響について、次のように論評している。

そういった意味で、DSM－5の設計者は、研究者に課題を与えている。臨床医が（知的障害を伴わない）ASDの女性をしっかり識別して支援できるように、女性の表現型について説明せよと。[※3]

DSM－5には、診断を求める女性の助けになるかもしれない一文も追加されている。「C.症状は発達早期の段階で必ず出現する（しかし、社会的要求が能力の限界を超えるまでは症状は完全には明らかにならないかもしれないし、その後の生活で学んだ対応の仕方によって隠されている場合もある）」。

ASDは、当事者にとって生活に支障をきたすまで「完全には明らかにならない」可能性があるという明確な認識ができれば、成人診断を求める人々の救済となるだろう。今にいたるまで、彼らは次のように言われてきたからだ。「あなたは自閉症であるはずがない。自閉症だったら、とっくに診断がついていただろう」。さらに「対応の仕方」を身につけている場合があるとはっきり書かれ、そうした対応の仕方を潜在的なASDの指標とみなしうると推定していることが正確な診断の助けになるのは、男女を問わない。とはいえ、女性の隠す能力が確認されていることと、特に関連があると思われる。

新しいDSM－5の基準では、限定された常同的な行動（訳注・同じ動作を繰り返すこと）が観察されることが、より重視されている。しかしいくつかの研究では、ASDの女性はASDの男性ほど常同行動をしない、あるいは少なくとも男性と同じやりかたではしないことがわかっている。このため、一部の女性がASDの診断から除外されてしまう場合がある。[※4]

臨床医の知識と経験によって診断が大きく変わる

ＡＳＤ研究の専門家の中には、女性のＡＳＤをしっかり識別するにあたり、性別を特定しない基準を変更する必要はないと感じている人もいる。女性のＡＳＤの症状を十分に理解した上で、基準を正確に解釈する責任は臨床医にあるという考えだ。ジュディス・グールド博士は、診断ツール「ＤＩＳＣＯ（ソーシャル・コミュニケーション障害診断面接）」の使い方を臨床医に訓練する際、収集したデータを広い視野で検討することをすすめている。

この診断基準で示す症状は、性別を問わない。重要なのは、基準を変更することではなく、臨床医が基準をどのように解釈するかということである。（…）そのためには、適切な質問をすることがカギとなる。残念ながら、何が適切な質問であるかは、女性の症状に関する経験と知識がなければわからない。私たちが診断の訓練で行っているように、専門家を教育することが、前に進む方法の一つとなる（ジュディス・グールド[※5]）。

現在の診断テストや診断ツールは、性差を考慮せず、ＤＳＭの基準で定められた診断要件に従うのみである。フレイザーは、いくつかの診断プロセスにおいては、性差を考慮した基準が有用であることを示唆している[※6]。診断の手法を教える際には、新人臨床医がＡＳＤの症状の幅広さを理解できるよう、性別によって異なる症例についても教えるべきである。本書が試みようとしているのも、同じことだ。ＡＳＤがどのような症状で女性に現れ、影響を与えるかについて、当事者の声とともに専門家の視点を伝えたいと思っている。

診断プロセス自体は、年齢、知的能力、診断サービスや臨床医の素養に応じて、さまざまな形をとる。決定的といえるASDのテストはなく、標準的な診断方法もない。診断評価の結果は主観的な要素を含んでおり、収集された論拠の質と量、関与している臨床医の経験と意見に基づく。適切な質問をして必要なデータを引き出し、データを解釈して正確な診断結果を導くにあたって、臨床医の知識と経験が不可欠であるのはこのためだ。これは女性の診断プロセスにおいて、特に大きな意味を持つ。

アイリーン・ライリー＝ホールは自著『ガイド 自閉スペクトラムの少女の子育て』（牧野恵訳、スペクトラム出版）の中で、二人の娘の（米国での）診断プロセスについて詳細に解説している。診断後のフォローとして、専門家は地元の診療科の紹介先と、当事者と家族が診断を理解できるような情報について、十分な知識を持っている必要がある。診断は旅の始まりであって、終わりではない。

女性はASDと診断されづらい

前述の通り、女性は男性よりもASDと診断される可能性が有意に低い[※7]。現在の診断法では、ASDではないように「見える」ものの、実際にはASDであるか、自分はASDだと感じている女性がいる[※8]。女児と男児は同じような年齢で診断評価を受けるが、男女ともに臨床的にASDに関連するマーカーや徴候を示しているにもかかわらず、男児のほうがASDの診断を受ける可能性が高く、女児は異なる診断がつく場合がある[※9]。

ASDは男性に多く見られると考える臨床医は、特定の行動を男児がとった場合はASDだとみなし、同じ行動を女児がとった場合は異なる障害だと考える。一方で、ASDの男性と女性が同じように行動すると考える臨床医もいるかもしれない。定型発達の子どもたちであっても、男の子と女の子の行動が同じだとは考えられていないのにもかかわらず。[※10]

ヘッドらは、ASDの男女の社会的・情緒的スキルを調査し、一二〜一六歳の定型発達の同年代グループと比較した。[※11] その結果、ASDの女性はASDの男性よりもスコアが高く、定型発達の男性と同レベルであったが、定型発達の女性よりはスコアが低いことがわかった。この研究では、現状の診断基準に社会性の現れ方についての男女の区別がないことが、女性の過小診断の一因になっているのではないかと結論付けられている。この研究結果が示唆しているのは、ASDの女性がASDの男性よりも高機能である場合、女性の能力は表面的には定型発達であるように見える（かつ、定型発達の男性と似ている）可能性があるということだ。したがって、臨床医がASD男性の社会的スキルの特性を診断に使用している場合は、ASD女性の社会的スキルは注視に値しないとみなされてしまう。

他の病名がつく場合

ASDの診断を受けていない子どもでは、女児は全般的な発達の遅れ、もしくは発作性障害と診断されるのが通例だ。凝視発作とてんかん様活動が見られた女の子は、男の子の五倍にのぼる。[※12] コップとギルバーグは自身の精神医学センターで、「一般に自閉症に関連するとされる症状を臨床で示さない」[※13] 女の子を数多く診てきたと報告している。こうした女の子たちは幼少期に診断基準を満たしていても、成長するにつれて男性とはまったく異なる特性を示すようになる。コップとギルバーグが示唆するところによれば、このような成人女性が幼少期には自閉症の特性に当てはまっていた可能性があるとは信じない臨床医もいる。
このような女の子たちが確定診断を受けられるほどの症状を示さない潜在的な要因は、ASDの診断基準は所定の時間内に回答する必要がないことにあるのかもしれない。ASDの女の子が抱えているよく知られている問題の一つに、対人反応に時間がかかるということがある。最終的に反応できたとしても、同年代の集団に比べて著しく遅い。[※14]
一〇代や成人では、食欲不振や不安障害といった併発する精神疾患のほうに臨床医の注意がひきつけられる場合がある。こうした症状はASDの特性かもしれないが、自動的にASDが原因として考えられるとは限らない。[※15]『私の障害、私の個性。』(ニキ・リンコ訳、花風社)の著者ウェンディ・ローソンは、統合失調症と誤診された後、アスペルガー症候群と診断されるまでに二五年かかったと述べている。本書のアンケートに答えてくれた女性の大半は、ASDの診断を受ける前に、何年にもわたる精神上の問題(おもに不安)とそれに対する治療介入を経験していた。

◦AS[アスペルガー症候群]に関する予備的な記述式質問票で高スコアを挙げてから五年ほどたって、ようやく特定されました。他の問題のせいで、自分のふるまいの根本原因が見えにくくなっていたのです。双極性障害から統合失調症までさまざまな病名で呼ばれ、これらの症状を抑えるための薬を処方されてきました。
(ASD女性)

◦生まれてからずっと誤診を受けてきました。情緒面の問題がある、注意をひこうとしている、神経系の病気がある、神経症であるなどと医師が母に告げるのを耳にしてきました。その後、高校時代に学習障害と診断されました。大学では、当初私を精神障害だと思っていた医師が、最終的に統合失調症傾向のある重度の神経症であると診断しました。（ＡＳＤ女性）

女性のＡＳＤ診断への道のり

ニコルズらは、女性のＡＳＤ診断への道のりには、次のような段階があることを示した。[※16] 臨床医がこのような女性のＡＳＤ診断の知識と理解を深めれば、患者を評価する際にＡＳＤを考慮することができ、より正確な診断が可能になるという。

・注意欠陥多動性障害（ＡＤＨＤ）、不安、抑うつ、強迫性障害、摂食障害など一つ以上の障害の既往診断。ニコルズらは、年齢が高い女の子ほど、より多くの診断を受けている可能性が高いことを示唆している。
・社交不安障害または社会生活における全般的な困難の診断。
・統合失調症または精神病性障害の診断を受けたことのある成人女性。
・ＡＳＤと診断された家族がいること。
・対人関係がより繊細で複雑になる思春期に、対処能力が明らかに低下する。
・思春期になっても、ファッションや人間関係など典型的な「女性らしい」社会的関心を示さない場合がある。

女性に特化したASD診断の方法

ASD女性にとって、変化の過程は、診断手段と、それを臨床医がどのように適用するかというところから始まる。診断ツールが女児を正確に識別できるものでなければ、臨床医が女児を正確に評価するのが難しくなる。真の男女比を正確に示すためには、性別に特化した行動または認知のASDの診断基準が必要であることが複数の研究によって示唆されている。[※17] 女性のASDを包括する新しい診断基準が開発されるまでは、どこを注目して誰の言葉に耳を傾けるべきかを幅広く理解することによって、臨床医は自分自身でギャップを埋めていかなければならない。

トニー・アトウッドは、女児のASDの識別を支援する保護者向けのスクリーニングテストを開発した。[※18] ASD女性の特徴である、女児向け玩具の好み、ファンタジーの世界、人間や動物との関係などに特化したテストだ。このテストは、広範な診断評価の一部として使用されており、少なくとも保護者に適切な質問をすることで、女性のASD像を正確につくり上げるきっかけとなった。タニア・マーシャルは、ASDの女性や女の子によく見られる特徴のリストを作成している（現在も作成中）。[※19]

保護者は必ずしもASDの専門家ではなく、診断評価の際にどのような関連情報を提示すべきかがわからない。臨床医の役割は、特定の領域における記憶を保護者に思い起こしてもらうことである。アトウッドのスクリーニングテストで問われる質問は、一般にASD男性に関連するとされるものではないため、保護者が言及の価値があるとは思いもしない要素が多く含まれる。

グールドとアシュトン・スミスも、女児と男児における自閉症の特徴の主な違いをいくつか挙げ、臨床医がより広い視野で診断分類を用いることを推奨している。[※20] 特に考察が必要な項目として挙げられているのは、フィクションを読むことへの関心の高さや、(従うことのできる一定のルールがある)ファンタジーの世界への没頭などだ。

このような性別に特化した診断材料を参考にせずに、女性のＡＳＤを診断できる(あるいは診断を除外できる)臨床医はいないと言っていい。将来的には正式な診断ツールの普及が望まれるが、それまでは臨床医は十分な情報に基づいて判断を下し、必要に応じて既存の診断ツールを調整しなければならない。経験の浅い臨床医がＡＳＤの診断基準に合っているかどうかだけで機械的に判断する「チェックボックス」式のやりかたは、異なる行動特性を示す患者には悪影響を及ぼす可能性がある。ＡＳＤについての幅広い知識と、多くのＡＳＤ女性との対面経験が求められている。ＡＳＤ女性による自伝やブログ、ユーチューブの動画に接したり、特別支援学校や女性のサポートグループで一日か二日過ごすことは、有能な臨床医になるために必要とされる実践的知識を身につけるのに役立つだろう。

ＡＳＤだと信じてもらえない

。(アスペルガー症候群診断サービスの)神経行動学研究チームは、精神保健医療チームにいる顧問精神科医からの紹介しか受け付けていません。自閉症を理解していない精神保健医療チームは、いわゆる「古典的な」自閉症だけが自閉症だと思い込んでおり、自閉症がスペクトラムだと把握しておらず、私のことを紹介しようとしませんでした。

(ＡＳＤ女性)

女性の(あるいは誰のであっても)ＡＳＤに明らかな身体的症状があると想定することは、経験の浅い臨床医が最初に犯しがちな間違いかもしれない。小児期の行動、自己申告、認知機能の評価などを総合的に判断する必要がある。

ASDの女性の一人としていえば、構造化面接（訳注・あらかじめ評価基準と質問項目を決めておき、それに沿って質問をしていく面接手法）という状況で現れる私の観察可能な行動では、必ずしもASDであると信じてもらえるとは限らない。ASDである自分の経験を、歯切れよく話すことができるにもかかわらず。家族の言葉や自己申告は無視され、臨床医が「見える」ものが優先されやすい傾向がある。話す内容に耳を傾け、見た目や様子から推測しないことが大切である。

私はASDの疑いのある人に非臨床評価を行う仕事をしているが、自分自身について誤った認識を持っている人はきわめてまれだ。パートナーや家族にASDを疑われて連れてこられた成人の場合は、ASDを否定する評価となることが多い。しかし本人が自分で調査し、自分から診断プロセスにたどり着いた場合は、たいてい正しい評価になる。

ASD者の数を増やして世界を制覇したいという個人的な目的で、こんなことを言うのではない。人々が軽々しく診断を求めているわけではないということを言いたいのだ。彼らは診断を求める前に、自分で調べてしっかりと結論を出している。専門家として、こうした人々は一般的に時間を無駄にしないという事実を尊重しなければならない。彼らは自分自身について、そしてたいていは自分の症状について、私たちよりも知識がある。彼らが診断を求めた際、専門家の無知を示す恐ろしいコメントを受けたことが報告されている。「（英国の国家診断サービスは）最悪だった。彼らは女の子の自閉症はわからないとあっさり認めた」「（…）心理学者は、女の子が自閉症になりうるなんて知らなかったと私に告げた[※21]」。

。私たちは二年後にオランダに移住し、そこの小児病院でようやく娘はアスペルガー症候群と診断されました。オランダ人は非常にリベラルで前向きな考えを持っていると思っていましたが、恐ろしいことに、彼らは娘を施設に入れたほうがいいと言い出したのです！（ＡＳＤの女の子の保護者）

あらゆる診断や支援の場で働く専門家と臨床医へのＡＳＤ教育を改善することが、最優先事項でなければならない。悲しいことに多くの場合、このことが正確な診断と適切な支援の妨げになっている。

イングランドのある地域における精神保健の専門家を対象とした調査では、七九％の人が自閉症に関する自分の知識は「限られている」または「まあまあ」と評価し、五九％が過去二年以内に自閉症に関する訓練を受けていないと回答している。同じ調査で、自閉症のサービス利用者に精神保健サービスについての認識を尋ねたところ、スタッフが自閉症に関連する自分のニーズを理解していると感じたのはわずか一七％で、受けた精神保健支援に満足しているのは二三％にすぎないことがわかった。[※22] 最終的に肯定的な経験をした人でさえ、そこにいたるまでに障害物コースを乗り越えてきたことは珍しくないようだ。

正確な診断を受けるために

。地元の病院のすばらしい精神科の小児科医、（…）彼は、私たちを「よい」親であるように扱ってくれた初めての人でした。彼は私たちや娘の話に耳を傾け、優しく、敬意に満ちた態度で、信じられないほど助けになってくれました。それまで何年にもわたって、ひどい専門家たちから不当な診断を受け、私たちが恐ろしい人間であるかのように感じさせられてきたのです。

（ＡＳＤの女の子の保護者）

。学校の記録と履歴を見て、わずか数時間で診断がつきました。でも、その段階にいたるまでに二年かかったのです！　三歳で知能が遅れていると言われましたが、娘がとても賢いことはわかっていました。娘は一〇ヶ月でまとまった文章をしゃべり、それ以来しゃべるのをやめません。

（ＡＳＤ女性の保護者）

経験上、最善の結果を得られた保護者は、自分たちの権利のために戦える自信と能力の持ち主だった。医療従事者に異議を申し立てるのは気が重いものだが、残念ながらＡＳＤ女性の保護者にとっては、たびたび必要となることである。

親のサポートを受けられない高齢の女性の場合、診断までの道のりは一人でたどることが多く、専門家からの抵抗に遭うこともある。専門のＡＳＤ支援団体を頼れば、女性が診療を受ける過程で必要なサポートを受けることができる。彼らは評価の場に同行し、診断面接に先立って必要となる生涯データの収集を助けてくれる。

。たくさんの専門家に、診断は必要ないと何度も言われました。でも私は常に、ちゃんと信じてもらえていない、診断なしに自分が正当だと証明しなければならないと感じていました。（ＡＳＤ女性）

すみやかに正確な診断が行われるためには、保護者や本人がＡＳＤ女性の行動に重点を置いたＡＳＤ行動特性リストや質問票※23を参照し、診断面接にこれらのコピーを持っていくことが重要である。インターネットは、ＡＳＤの行動チェックリストのすばらしい情報源だ。ＡＳＤの行動で想定すべきことを概説した書籍もたくさんある。

特性リストや質問票の各項目では、子ども／当事者がどのように診断基準を満たしているか、具体的な例を挙げて、詳しく述べなくてはいけない。大人の場合は、幼少期の様子を示す根拠を用意するのが望ましい。学校の報告書、家族との会話、幼少期の思い出は、それまでの人生をイメージするのに役立つ。

要は診断を求める側は、臨床医が仕事をやりやすくなるように、自分の症例を裏づける根拠をなるべく多く提出する必要があるということだ。これは女性の診断を求める場合には欠かせない。

最初に診断を受けた年齢

予想通り、本人や家族が最初にＡＳＤかもしれないと考えたときの患者の年齢、状況には大きな幅がある。

。四歳です。女の子の症状の現れ方が男の子と違っているということを読んで、やっぱり、と思いました。

（ＡＳＤの女の子の保護者）

・国の反対側でガーデンツアーをしていた児童心理学者とランチをしているときに、思い付きのようにそういわれました。大人になってから暴力や金銭的搾取に巻き込まれやすい関係性に悩んでいた私の娘を見て、彼女の研究の最後のピースがちょうど完成したのです。（ＡＳＤ女性の保護者）

・私はいつも「人と違う」と感じ、他の人から仲間はずれにされている感覚があったので、その理由を知りたいと思っていました。友人が診断に行くことになり、自分が思っていたほど自閉症について知らないことに気づきました。インターネットでアスペルガーの女性の体験談を読んで、自分もアスペルガーだとわかって涙がこぼれました。少なくとも自分がアスペルガーなのかそうでないのかを確認するために、その可能性を探らなければならないと思い知りました。

（ＡＳＤ女性、診断年齢三一歳）

・私の息子に診断がつき、ＡＳＤに関するカンファレンスに参加したとき、私は座りながらカチカチ独り言を言っていたのです。（…）それで診断を受けました。（ＡＳＤ女性、診断年齢三七歳）

自分がＡＳＤだなんて頭をかすめもしなかったという人もいた。それでも、はっきりと「人と違う」という感覚が確かにあったという。人によっては、幼い頃から違いを感じていた。

・学校に通い始めて、みんなが自分と違っていることに気づきましたが、しばらくしてから、違うのは自分であってみんなじゃないと悟りました。

（ＡＳＤ女性、診断年齢三四歳）

・娘がすべての学校から追い出された理由を解明しようと考え続けました。なぜ娘には友達がいなかったのか。なぜ娘は仕事を続けることができなかったのか。

（ASD女性の保護者）

成人女性も女児の保護者も、診断に確信が持てないでいると語る。広まっている伝統的な（男性の）ASD像に完全に合致していなかったり、人に話しても信じてもらえなかったりするためだ。自閉症がスペクトラムであることが一般に知られていないということもあって、我が子や自身の症状の原因としてASDを指摘されると、否定的な反応をしてしまう人もいた。

・娘が生後三週間のときに、母が言いました。「この子は自閉症かな?」。私は激怒しました。娘はいろいろな意味でとても育てにくい赤ちゃんだったし、最初から娘が「人と違う」ことは明らかだったのに。重度の自閉症の親戚が何人かいますが、自閉症にも程度があることを知らなかったのです。娘は自閉症というにはあまりに賢すぎると思ったため、私は自閉症という判断を除外していました。（…）保育園から「アスペルガー症候群についてネットで調べてください」と言われて、やっと自分たちが直面している問題に気づいたのです。

（ASDの女の子の保護者）

・自分がASDかもしれないと最初に思い始めたのは、二六歳のときでした。テレビでアスペルガーの女の子についての番組を見たのです。（…）彼女が語るすべての言葉に共感できました。それまでは、アスペルガーは男性だけの障害だと思っていました。

（ASD女性）

なぜ診断するのか？

子どもの保護者にとっても成人自身にとっても、ＡＳＤの診断は、理解、受容、期待の調整といった新たな旅の始まりである。診断がついてようやく、正式なプロセスを開始し、適切な支援計画を実行に移すことができる。診断は本人とその家族にとって先に進むために必要な手段で、そのメリットは「医学的な」説明にとどまらない。適切な時期に診断を受ける重要性は、どんなに強調してもしすぎることはない。

心理学的見地から言えば、家族や本人は何に直面しているかを知ることで、前向きに対処できるようになる。[※24] 悲しみ、罪悪感、怒りなどが入り混じった感情が現れ、ときおり安心、受容、希望なども織り込まれる。ここに女性が適切な診断を受けることが難しいという点も加わると、これらの感情は特に強くなる。話を聞いてもらいたい、真剣に受け止めてもらいたいという気持ちは、ＡＳＤの子どもの保護者や成人女性の間で広く共有されているものである。診断が無事につけば、この感情が満たされた証となる。成人女性が口にする「正当性が裏づけられた（vindication）」という言葉は、この感情の強さと診断の重要性を裏づけている。

◦人生の後半でＡＳＤであるという自己認識と気づきを武器にしたことで、私の人生が前半よりも生産的で実りある誠実なものとなることを願っています。無価値で愚かな役立たずだとか、人生の落伍者だなんてもう感じなくて済むように。さらに、自分がそうしてもらいたかった方法で子どもたちの人生を導けるようになりたいと思いました。（…）私は自己受容と発見の旅を始めました。私は自分が何者であるかを学び、長年つけていた鎧や仮面を外して、その下にある本当の素顔をさらけだそうとしています。生活をやりやすくするためにこまごまとした交渉事をするときは、今まではよりはっきり自己主張するようにしています。他人に奇異に思われる風変わりなふるまいや人との違いに、申し訳なさそうな顔をするのはやめました。

（ASD女性、診断年齢四一歳）

子どもの診断

早期診断はよいことだという考えは、ほぼ誰もが理解している。理解が深まり、適切なサポートが可能になってきている現代においては、確かにそうだろう。しかし、診断がつくのが遅かったASD女性の友人や同僚らと話し合ったことがあるが、私たちにとって早期診断の利点はそれほど明確ではなかった。早期診断は、過度のストレスから身を守ろうとする自分自身、そして家族や教師といった身の回りの人たちから善意の制限を受けることを意味するという結論に、各人が達したのである。

私たちは皆、何の便宜もはかってくれなかった世界で自分自身を追い込んできたことから、重大な精神衛生上の問題（主に不安障害）を抱えているものの、各人はそのおかげでより多くのことを成し遂げたと感じている。私たちの場合は、ラベルが自立の助けにならなかっただろうという感覚がある。

（診断には）デメリットが一つあります。かつては、自分は他の人と同じだと思い込もうとしていました。今は、人と違うのがバレてしまうと反射的に考え、自閉症と関係のないことに参加するのをためらってしまいます。以前はもっと参加していたと思います。

（ＡＳＤ女性、診断年齢四六歳）

これは誰にも知られず、誰にも理解されない場所から来た、私たちの体験である。石にかじりついてでも適応してやるという私たちの猛々しい決意は、自立という点では実を結んだものの、ときには心身の健康を犠牲にすることもあった。幸い、自分を大事にすることを知っている現代の少女や若い女性たちの場合は、早期診断が前向きな結果をもたらし、年配の女性たちが経験したような精神衛生上の二次障害から守られるかもしれない。彼女たちには支援がある。

私が働く国内の大学で出会う若い女性の多くは、ＡＳＤであることになじんでいる。ＡＳＤは大した問題ではない。だってずっとＡＳＤだったのだから。彼女たちはＡＳＤについて話したがらず、ただＡＳＤ者としてなんとかやっていくというだけだ。診断がつくのが遅かった成人女性が初めてＡＳＤであることに気づくのとは、まったく違う認識である。私たちはＡＳＤについて話し、根掘り葉掘り分析したいのだ。

家族は、子どもが診断を受けることの主な利点は、支援プロセスを正式に始められることにあると考える。家族はまた、ＡＳＤであると確認したことで、子育ての方法を見直し、修正する必要性を理解したと口にする。私の調査に参加した家族にとって、診断は子どものケアに向かう姿勢に、前向きな方向性を新たにもたらすものだ。

。私たちは、それまでの行動テクニックを使おうとするのをやめ、そもそもなぜうまくいかなかったのかを理解した上でテクニックに手を加えました。おかげで保護者として、「親のしつけに問題がある」という言葉で自分たちを責めるのをやめることができました。子どもの行動が（良く言えば）非定型、（悪く言えば）危険な場合、多くの人が（専門家も素人も）しきりに「親のしつけに問題がある」という言葉の棒を振りかざすのです。

（ＡＳＤの女の子の保護者）

。家族にとっては、この違いがおそらく心理的な意味で最も大きかったでしょう。私たち家族はずっと、娘は少し神経質で知的なだけだと都合よく考えていたのです。ＡＤＯＳ［自閉症診断ツール］のスコアが非常に高く出たとき、娘が実際に多くの点できわめて深刻な状況にあると理解して、少し衝撃を受けました。おかげで、私たちは娘をよりよく理解し、共感できるようになりました。そして、娘がただ「気難しい」だけだと思い込んでいた他の家族を黙らせることもできたのです。

（ＡＳＤの女の子の保護者）

成人の診断

成人になってからＡＳＤと診断されることの利点は、実際に役立つ支援にアクセスできること、サービス提供者がより真剣に受け止めてくれることにある。多くの人にとって、診断を受ける二大メリットは自覚と安堵感だ。自分がこれほど人と違っている理由、これまで直面してきたあらゆる問題の理由がわかり、自尊心と自信を向上させることができる。このことは第7章で詳しく説明するつもりだ。

> 当時の娘の財政状況は破綻しており、その他にも深刻な問題を抱えていました。診断のおかげで、適切な住居に移ることができ、給付金が支給され、銀行などへの説明材料を得ることができました。こうした状況の重圧がすべて母である私の肩のみにかかっていたのが、他の人と共有できるようになりました。週に一〇時間半のサポートを受けられるようになったのです。私にとって人生の転機です！
>
> （二四歳でＡＳＤと診断された女性の保護者）

一方で、不満を感じている人もいる。というのも、専門家の知見を得られるのが診断の時点止まりであることが多く[※25]、当事者や家族は診断以降、大したフォローアップも専門知識も得られないままということが往々にしてあるからだ。

診断情報の開示

＊雇用に関わる情報開示については、第14章で取り扱う。

ＡＳＤの診断が確定すると、誰に、どのように伝えるかを決めるプロセスが始まる。ＡＳＤ運動家となり、自身や子どものユニークさを称え、知識を伝えて他者の理解を深めることに自分の役割を見出す人もいる。リアン・ホリデー・ウィリーは、ＡＳＤ女性の心理を見事に描いた著書『アスペルガー的人生』で、一章を割いて全面開示を提唱している（同書はあらゆる臨床医と専門家の必読書だ）。保護者視点で考えれば、あらかじめ開示しておけば、困難な状況に陥ったときに子どものふるまいを多少は大目に見てもらえるかもしれない。

外出時、私たち夫婦は文句を言われる前に、まっしぐらに人に歩み寄る娘の特性について周りの人に説明します（たとえばレストランでは、よそのテーブルに向かって他人に話しかけようとするのです。娘は空気を読めませんし、食べている最中でもおかまいなしです）。前もって説明しておけば、たいてい皆さん大目に見てくださいます。娘はとても愛想がいいので、素敵な交流が生まれることもたびたびです。

（ＡＳＤの女の子の保護者）

ＡＳＤという診断を他人に伝えたとき、驚かれたり信じてもらえなかったりといった反応を示されることは、本書に協力してくれた人たちにとって珍しいことではない。女の子だからということもあるし、「あまりにも普通に見えた」からということもある。

。ある人にこんなことを言われました。「自閉症の人って、知的障害があってしゃべれないと思ってた」。

（ASD女性、診断年齢三六歳）

。別の友人は、私をIQがとても低い人のように扱い始めました。寒いときにはコートのボタンを留めてくれたり、私への質問に代わりに答えてくれたり、私の代わりに判断したり、大丈夫かどうか何度も聞いてきたりといったようなことです。落ち着かないし、少し馬鹿にされているような気分になりました。

（ASD女性、診断年齢三三歳）

。娘がASDではないかと疑っていると他人に伝えたところ、眉をひそめられたり、「目が合うから／言葉がしっかりしているから／手をひらひらさせたり揺れたりしないから違う」と言われたりしました。でも診断がついてからは、女の子の症状がどれくらい違うのかということにも耳を傾けてもらえるようになりました。

（ASDの女の子の保護者）

私自身はASDの診断を受けた際、診断を担当した医師に、公言しないほうがいいと助言された。医師曰く、私はあまりに（見かけ上の）能力が高すぎて「ASDの良き広告塔」とはいえないし、誰も信じてくれないだろうというのだった。医師のASDの臨床経験や、当時（二〇一〇年）のASD女性への理解度を考慮すれば、この助言は正しく、善意で言ってくれたのだと思う。

私は三年にわたり、家族以外の誰にも口外しなかった。ASDであるパートナーですら、「私の」

ＡＳＤがあまりにも「彼の」ＡＳＤと異なって見えるので、なかなか信じてくれなかった。

今でも、私の最大の恐怖、憤りと悲しみの源は、他の人に信じてもらえないことである。ほんの数分前に会ったばかりの人に、自信たっぷりに「あなたはＡＳＤじゃないよ」と言われた際、礼節を保って対応するにはどうすればいいのか、ずっとわからないでいる。そんなとき、内心は「で、あなたに何がわかるってわけ？」と言いたい気持ちでいっぱいで、泣きたくなるのだ。死にものぐるいで戦ってきたことを信じてもらえないことほど、つらいものはない。ＡＳＤの症状がパッと見でわかるほどではないなら、配慮は不要ということに世の中ではなっているが、私にとってはそうではないのだ。

第3章

この子は何かが違う――乳幼児期

三つになる頃には、父も母も、私がふつうの子ではないことに気づいていた。

リアン・ホリデー・ウィリー『アスペルガー的人生』（ニキ・リンコ訳）

なかなか診断がつかない

大きくなってから娘がASDと診断された保護者が、赤ちゃんの頃から、あるいは幼い頃から、何かが違うと「わかっていた」と口にするのは珍しくない。現在のような正式な診断指標が使われるようになる、ずっと前であってもだ。

子どもに言語や発達の遅れがある場合は、診断が早めにつく可能性が高くなる。必ずしもASD特有の行動がないとしても、年齢相応の発達段階に到達しないことから、専門家の目に留まりやすくなるのだ。このときにASDの診断が（ときには二歳やそこらで）下りることもあるが、多くの場合、ASDの診断の決定は、もう少し年齢が高くなるまで保留される。診断を下すには、時とともに自然な発達を経ても、ASDという評価が正しく、一貫していることを確認する必要があるからだ。

ASDの知識や理解のない家族にとっては、診断がつくのは衝撃が大きく、最初は世界の終わりのように感じられるかもしれない。

。娘がまだちっちゃな赤ちゃんだった頃から、私たちは何かがおかしいと感じていました。笑顔を見せるのが同年齢の子よりもずっと遅く、自然に他の子と遊ぶことができませんでした。人付き合いも不器用で、体を動かすのも手先を動かすのも苦手でした。けれど言葉は達者で、三歳ぐらいで自力で文章を読めるようになりました。当時の私たちはＡＳＤについて何も知らなかったので、恐ろしい病気のように思っていました。六歳ぐらいで先生からＡＳＤを示唆されたとき、私たちは恐ろしさのあまり絶望しました。

（六歳で診断されたＡＳＤの女の子の保護者）

女児の診断の遅れ

学習障害や言葉の遅れのない子どもの場合、三〜四歳未満では必ずしもはっきりした結論が出ないため、診断が遅くなることが予想される。このような診断の遅れは、特に女児に多く見られる。ある研究によれば、女児の診断の平均年齢は八歳である。※1

ジャレッツリらは、男女ともほぼ同じ年齢で同じような言語と発達の遅れがあると認識されても、男の子の方が女の子よりも早くＡＳＤの診断を下される傾向があることを明らかにした。※2これらの女の子は当初、別の疾患の診断を受けている。このことは、適切な支援の開始が遅れることを意味する。

私のアンケートに答えてくれた人のうち、最も早い診断を受けたのは四歳で、学習障害のある女の子だった。学習障害のない女の子たちは、もう少し診断が遅くなる。臨床医の中に、このような女の子のＡＳＤを早期に発見し、女性の診断基準をどのように解釈すればよいかを明確に理解している人がいるのは心強いことである。

こうした子どもたちの保護者にとって、子どもに医療支援を必要とするような明確な「問題」がまったく見られないことも多い。それでも、どことははっきり言えないながらも、何かが違うという感覚はぬぐえない。それは、遊び方が違うとか、異常に集中して自分の世界に没頭しているように見えるといったことかもしれない。[※3] こうした感覚は、女の子の保護者に特に見られる。女の子の行動は男の子に比べ、他人からは単に「恥ずかしがり屋」[※4] なせいだと思われやすいためだ。

私の経験上、保護者の直感は往々にして正しいが、「心配しすぎ」「気のせい」だと思われがちだ。むろん、あらゆるケースで早期にASDの診断を下すことは今のところ適切ではないが、このような気質を心配する保護者の観察に注意を払う必要はあるかもしれない。将来ASDの診断を受ける際に、有益な根拠を提供できる可能性があるからだ。ある女の子は、自身を診断する洞察力の持ち主だった。

◦八歳になると、娘は自分がASDではないかという疑いを抱くようになりました。私たちはすでに(専門家に)聞いていましたが、娘が女の子だからという理由ではぐらかされていました。弟が診断のプロセスを始めたとき、弟は六歳で娘が八歳でした。娘が九歳になる頃には、弟のほうはもうAS[アスペルガー症候群]と診断がついていました。娘も自分がASであることを確信していました(診断にはさらに一二年かかりました!)。

(ASDの女の子の保護者)

幼児期の指標

ＡＳＤの子どもに典型的とされる行動を考察する際、ＡＳＤ女性の話や、ＡＳＤの女の子の保護者の話を聞けば、その世界を的確にとらえることができるだろう。これらの行動の中には、性別に関係なく、特に乳幼児期なら男の子に見られるものもある。しかし女の子の「あるべき姿」への期待は、診断前の行動の解釈に影響を与えかねない。

このような女の子たちの特定の行動の原因を考察するにあたり、ＡＳＤの可能性を常に念頭に置いておくことが重要である。ＡＳＤの診断が適切だったかもしれない女性たちに、精神衛生上の問題や全般的発達遅滞という診断が与えられがちだったことを忘れてはならない（第1章参照）。子どもの行動に対する保護者の観察は、結果論になりがちだ。そのときは懸念を抱いたにしても、被害妄想だとか心配しすぎだとか言われることを恐れるあまり、保護者はこうした悩みを胸に秘める。振り返ってみれば、本書のアンケートに答えてくれた保護者は皆、乳幼児期に早くから非定型行動に気づいていたのである。それがのちに、ＡＳＤという診断への理解につながった。

ごく初期に見られる典型的な指標と、保護者によるエピソードの報告には、次のような特徴や行動がある。

・保護者が乳幼児に対して疎外感をおぼえる。――多くの保護者にとって、この感覚を明確に説明するのは難しい。ただ乳幼児が「自分の世界にいる」と感じるのみだ。

・普通でないアイコンタクト（ほとんど目が合わない、もしくは長く見つめすぎる）。
・人や顔への関心の欠如——人への関心が物より優先されない。
・人からの刺激（ほほえみ、声、いないいないばぁ）に対する関心や反応が少ない。
・社会的表情や社会的手がかり（笑顔、指さし）の読み取りや表現が少ない。
・人を探したり、人からの反応を求めたりすることが少ない。
・非常に穏やかで声を出さないおとなしい赤ちゃん——「不気味でした。娘はまるで幽霊みたいに静かで動かず、ただ横たわっていたんです」。（ASDの女の子の保護者）

あるいは、
・ひどい不安に苦しみ、いつもべったりくっついてくる赤ちゃん——「激しい感情、特に極度の不安があり、愛情によって安心させることができない[※5]」。
・感覚の好みと感覚過敏
温度の許容範囲が狭く、熱性けいれんを起こすことがある。
衣類——質感と手触り。
物理的接触——抱っこを嫌がる。
食べ物の好き嫌いが激しい。
食物などへの不耐症とアレルギー。

トニー・アトウッド教授は、女児用自閉スペクトラム症状質問紙（Girls' Questionnaire for Autism

Spectrum Conditions）[※6]を開発した。これは臨床医が診断を求める女児の保護者とともに使えるよう、女性の特徴を強調し、完全かつ正確な自閉症像を提供することを目的としてつくられたものだ。このツールは、それ自体でＡＳＤの診断テストになるものではないが、適切な質問をして適切な情報を得るための補助的な情報源である。

質問には、おもちゃの好み、空想の友達／動物、状況に応じた人格の使いわけ、社会生活上のトラブルへの対応などの項目がある。アトウッドの質問紙に記載されている項目はすべて、本書のアンケートに答えてくれた女児や女性に見られるものばかりだ。従来の診断方法では通常、指標とはみなされないＡＳＤの側面を示している。女性のＡＳＤの専門家であるタニア・マーシャルも、女児および成人女性のために、女性の特性のプロファイルを作成している。[※7]これは通常の診断で測定されるものより範囲も幅広く、本書で扱っているような特性も反映している。

私たちが学習してきたように、社会的なふるまいをうまくこなすために、（世間的には）直感的になされるコミュニケーションの様式を丸暗記したりまねたりすることに長けているＡＳＤの女の子は多い。しかしながら、幼いうちはこうした学習が完全に根付いているとは考えられないため、社会との関わり方の違いは歴然としているはずである。

幼稚園や保育園に入って初めて、保護者が自分の「風変わりな」子どもが他の子とまったく違うことに気づく場合がある。自宅でならたやすく対応できる好みや行動も、二〇人の幼児でいっぱいの部屋では、そう簡単には受け入れてもらえないかもしれない。組織的な遊びの場で集団の相互作用が始まると、ＡＳＤの子どもは他の子との関わりや求められることの多さに苦労するようにもなるだろう。そのため、自宅ではさしたる問題が見られなかった子どもにも、環境の変化と新たにかかる期待のために、突如としてＡＳＤの可能性が出てくることがある。これは特に女の子に見られる事例かもしれない。このような環境において、女の子はごっこ遊びや集団遊び、想像的な遊びを奨励されることがあるからだ。

本書ではアンケート回答者たちに、ＡＳＤの診断基準との関連を示す幼児期の非定型行動の事例とともに、女性のＡＳＤの兆候である可能性が高いとされる事例を求めた。次に掲載するトピックのリストは、網羅的なものでも、診断上の特徴の包括的なリストでもない。女児や女性に特に関連するものであるとして、私の調査の中で最もひんぱんに出てきたトピックである。

非言語コミュニケーションのなかで気づくこと

アイコンタクト、表情、口調、身ぶりといった非言語的手がかりの表現と読み取りに困難を抱えることは、ＡＳＤの明白な特徴であると考えられている。定型的な発達段階にある子どもたちにとって、これは相互的なスキルであることに留意しなくてはいけない。他人を「読む」能力だけでなく、他人が自分を「読む」ことができるように、適切な非言語的手がかりを示す能力でもあるのだ。

ＡＳＤの子どもは、他者からの手がかりを拾って反応できないだけでなく、自分のメッセージを発信して他者に受け止めてもらうために必要な表情をつくることができない場合がある。したがって、表情に乏しい子、その場の空気にそぐわない表情をする子は、手がかりに積極的に反応しない子と同様、確実にＡＳＤを検討する候補になる。

休暇中だった八歳の頃、私が笑わないのを見た親切なホテルのオーナーが、なぜいつも心配そうな顔をしているのかと尋ねてきました。何と答えていいかわからず、慌てた私がもっともらしく見える心配の対象として最初に思いついたのは、「オゾン層」でした。きっとニュースで聞いたことがあったからでしょう。

（ＡＳＤ女性）

ＡＳＤの女の子の保護者が、乳児期に大きく人と違っていた点として口にするのが、アイコンタクトだ。アイコンタクトは通常、（視覚障害がないと仮定して）生後数週間のうちに見られるようになる。ＡＳＤ者のアイコンタクトは、まったくない人からじっと見つめる人まで、多岐にわたる。こうした違いは、アイコンタクトを双方向のコミュニケーション手段として直感的に理解していないこと（したがって、人の目を見ることに何らかのはたらきがあると認識していない）、複数の感覚入力に同時に注意を払うことが難しいこと、あるいは単に人の目を見ることへの強い不快感によって生まれる。ＡＳＤの人は大人になるとアイコンタクトが社会的規範であることを観察し、独学で模倣することもある（うまくいくかどうかは人それぞれだが）。一方、小さな子どもはありのままにふるまい、学習して行動を変えることは少ない。

。授乳中に見つめると、娘はよく体をそらしていました。ドアバウンサー（訳注・鴨居などにひっかけて赤ちゃんをジャンプさせて遊ばせる室内玩具）に入っているときに私が声をかけようとすると、そっぽを向いたものです。

（ＡＳＤの女の子の保護者）

。二歳以降のことをたくさん覚えています。人についての幼児期の記憶のほとんどは体の一部（足、

手、毛など）のもので、顔や目のものではありません。（ASD女性）

ASDの場合、アイコンタクトがないからといって、理解していないわけでも聞いていないわけでもないことを心に留めておかなくてはいけない。アイコンタクトがない子どもが、「空想家」だとか「小さな自分の世界に閉じこもっている」だとか言われることもあるだろう。しかし社会的に要求される非言語的手がかりを発していないだけで、心ここにあらずというわけではない。何を考えているのかわからない顔の動きを同時に見る必要がないことで、他の感覚をより効果的に活用できている可能性もある。

- 家では「人の話を聞かない人」と言われていました。人の顔をまっすぐ見なかったり、相手の話に耳を傾けているように見えなかったりといったことが多かったからかもしれません。家族はよく言っていましたね。「耳を澄ましてちゃんと聞いて！」「私が話しかけてるときはこっちを見て」「注意を払いなさい」って。（ASD女性）

指さしや物を見せるといった、通常は幼児でもできるとされる非言語コミュニケーションのスキルが人と違うと気づいた保護者もいた。ロビン・スチュワード[※8]によると、彼女の母親はわずか生後数ヶ月で、娘が自閉症であるとわかったという。母にくっついてきたり、目を合わせたり、物を指さしたりしなかったからだ。母が娘に向かって歌を歌うようになると、それが二人のつながる手段になった。

診断がついてしまえば、振り返って何が起きていたのかを理解するのはたやすいかもしれない。しかし基準が何もなかった当時、異常なまでに安心を求めるといった特異な行動の原因を特定するのは難しかっただろう。こうした行動は不安から来ているのだと誤解されがちだ。顔から必要な情報を受け取ることができないなどとは、なかなか思われない。臨床医や専門家は、このような個々の手がかりをＡＳＤのレンズを通して検討し、本当の原因を突き止めることが重要である。

◦娘は非言語的手がかりを見落としがちで、特に表情や口調を読み取ることに難儀しているようです。一緒にいる人がイライラしているか楽しんでいるか、定期的に尋ねます。自分ではわからないのです。

（ＡＳＤの女の子の保護者）

◦はっきり言ってもらわないと、指さしが「見なければいけない」という意味だとはわからなかったです。相手が何を指さしているのかもわからないことがよくありました。私自身、コミュニケーションツールとしては大して役に立たないと思っていたので、あまり使っていませんでしたね。

（ＡＳＤ女性）

◦他の子どもたちが娘と遊びたがっていないことがわかるような、言葉によらないサインとか微妙な空気とか、普通ならあったはずなんですけど、娘はそれを見逃してしまうんですよね。それで状況が悪化してしまう。

（ＡＳＤの女の子の保護者）

発話、言語コミュニケーション、言語理解で感じるずれ

言語の障害は長らくＡＳＤの診断基準に含まれていたが、新しい診断基準ＤＳＭ－５では、別個の尺度として除外されている。ＡＳＤ者の言語能力については、発話も言語理解も人によって特性はさまざまだ。生涯を通じてまったく言葉を発しないのに、優れた知性と洗練された理解力を有する人もいる。

本書のアンケートに答えてくれた人の大半は、発話が早く、語彙も豊富だった。中には、「息つくひまもなくおしゃべり」な人もいた。全般的に学習が遅れている場合でも、他の分野が弱い場合でも同様だった。こうした女の子たちの多くは、発話と言語において早熟であり、この点で特に周囲の人の目をひいていた。私もその一人で、母の報告によれば、生後九ヶ月になる頃には完全な文章で話していたらしい。言語能力と発話は、知能と社会性を測る指標として重視されている。そのため、ＡＳＤ少女たちの雄弁さが、保護者や臨床医がＡＳＤという診断を検討する妨げになっていた可能性がある。

。三歳の娘は、目に何かが入ったときに「瞳孔に障害物がある」と言っていました。

（ＡＳＤの女の子の保護者）

この例のように語用論的には必ずしも巧みではないにもかかわらず、おしゃべりの量と語彙が豊かで高度な言葉を使うからという理由で、社会的困難を抱えている可能性を保護者や専門家が見過ごしてしまうかもしれない。※9 こうした女の子たちは饒舌で見かけ上は社交的である一方で、社会的

な手がかりの理解や相互関係を築き上げていくことに困難を抱えているようだ。

。私は二歳ですらすらと話せるようになりました。母は、私が「辞書を飲み込んだ」ようだったとよく口にします。（…）私の言語理解力は昔から非常に高かったものの、言葉の使い方はぼんやりしていました。文脈はわかっても、正確な意味はわかっていなかったのです。（ＡＳＤ女性）

発話を、知能や社会性を測る基本的な尺度としてとらえないことが重要である。ＡＳＤには言語能力が高い人もそうでない人もいるが、いずれの場合においても、うわべにとらわれて間違った診断を下すおそれがあるからだ。語彙の下に隠れているものに目を向け、コミュニケーションや関係性の力学の質や中身を分析する必要がある。その言葉は、お気に入りのテレビ番組から学んだセリフかもしれないし、バスの中で耳にした言葉かもしれない。すらすらと正確に話すことができても、その意味するところを理解していない場合もある。

。発話の遅れはありませんでしたが、その発話の多くはエコラリア（訳注・相手が言った内容をそのまま繰り返すこと）でした（たとえば、けがをした場合なら「痛いです」ではなく、「痛いですか？」と言います）。また、長ったらしい単語を使って非常に衒学《げんがく》的な話し方をしたり、やけに格式ばった言葉で話すこともありました。（ＡＳＤ女性）

。娘は慣用句、皮肉、口調、複数の複雑な指示の理解が苦手です。同じ年の子どもたちがこれらの言葉の使い方を理解するようになると、このことはますますあらわになりました。娘が幼かった頃は、こうした能力を持っている子どもはほとんどいなかったので、あまり目立たなかったのです。

（ASDの女の子の保護者）

ASDの人はしばしば「字義通り理解する（literal）」と言われるが、実際にどういうことであるかは、この言葉だけでは表現できない。あらゆる年齢のASD者に見られることだが、すばらしく容赦のない単刀直入さと正直さも、結果として生じる行動の一つだ。多くの定型発達の子どもたちが思ったことをそのまま口にしたり、不適切なことを言ったりするのは知られているが、彼らは確実に自分の過ちから学び、すぐに言語スキルを身につけ、非言語の微妙なニュアンスを学習していく。これらのスキルにともなって他人の気持ちを理解し、穏やかな交流ができるようになる。率直すぎる言動は、特に女の子だと容認されづらい。気をきかせることが期待されているためだ。

「太ったおばあちゃんは自転車に乗れないよ」（…）
「リアン、おばあちゃんを新しい自転車に乗らせてあげて」
「やだ。おばあちゃんは太りすぎてるから自転車が壊れちゃうよ」（…）
そして、私は自転車に乗って走り出した。おばあちゃんを置いて。（リアン・ホリデー・ウィリー）[※10]

真実に忠実であることは必ずしも最善の策ではないとまだ学んでいないASDの女の子は、この種の正直さを叱られることで、ひどく戸惑う。

。五歳くらいの頃、年上の子どもたちが九九の表（タイムズテーブル）に取り組んでいたことを覚えています。テーブルを積み重ねていくことを想像していたのに、そうではないと知ってガッカリしました。

（ASD女性）

ASDの人は、ASDではない人が予測も理解もできないようなやり方で、文字通りに言葉を発したり、他人の言葉を解釈したりすることがある。多くのASDの人にとって、話された内容を実際の（文字通りの）意味を超えて理解することの難しさは、常に不安の原因となる。というのも、通常それは人と関わること（社会的相互作用）であるから、失敗や混乱、予期せぬことが起こる可能性がある。どれもストレスフルで、避けるべきものだ。

本書のアンケートに女性回答者が寄せてくれた事例は、輝かしくも痛々しく、幼い頃に耐えざるをえなかった不可解でつらい世界がどのようなものであったかを、見事に描き出している。このような悩ましいすれ違いについて、一章まるごと費やして紹介してもよいほどだ。

。七歳くらいのときに母に年齢を尋ねたところ、二一歳だと言われて（実際は五〇歳くらいでした）、信じてしまいました。先生にそのことを伝えると、二一歳のはずがないと断言され、私はだまされたと感じました。なぜ母がそんなウソをつくのか、わかりませんでした。

（ASD女性）

。学校の式典で皆勤賞の表彰をされましたが、私は何度呼ばれても返事をしませんでした。母から

「なぜ名前を呼ばれても返事をしないのか」と聞かれ、私は「他にも○○（同じ苗字と名前の人）がいるかもしれないし、私のことを言われていると確信が持てなかったから」と答えました。当時、苗字と名前の組み合わせが通常一人一人に固有のものであることを知らなかったのです。

（ASD女性）

。母が仮装パーティーを企画してくれました。パーティー中にやりたかったのは、自分に合ったものが見つかるまで、衣装を着たり脱いだりすることだけだったのを覚えています。遊びたがっていたほかの女の子たちは、退屈だと言い続けていました。仮装パーティーの目的が、仮装だけしていつも通り遊ぶことだと気づいていなかったのです。仮装パーティーは衣装を着替えて遊ぶものだと思っていました。

（ASD女性）

予測できない状況が苦手

ASDが遺伝性であることは、ASDの女の子にとっては幸いなことかもしれない。保護者にも似たような特徴が備わっている家庭で育てられる場合があるからだ。

。私たちは決まりきった日課をこなし、初対面の人に会うことはほとんどありませんでした。休日にお出かけすることもなければ、知らない土地に行くこともなく、誕生日パーティーを開くこともありませんでした。おかげで、あまり変化に対処せずに済みました。（…）両親は二人ともASDで、慣れ親しんだ環境が好きだったんだと思います。

（ASD女性）

予期せぬ状況や出来事に対する闘争・逃走反応は、ＡＳＤではよく知られており、保護者が娘の行動を説明するときにも報告されている。潜在的な誘因を避けるように気をつければ、保護者は子どもの安全を保つことができる。その代わり、予測できない世界への反応として、何としてでも世界を避けて家に一人きりでいようとする子どもに悩む保護者もいる。娘が社交的である「べき」だと感じる保護者は、娘が孤立して見えることに、極度の罪悪感や悲しみをおぼえるだろう。もっとも、当の子ども自身にとっては、家で自分の趣味に没頭するのはとても楽しくて、心が落ち着き、安心できることなのだ。

。娘は家にいることが好きで、外に出かけたがりません。普通の生活を送るように説得するのは、私たちにとってもストレスが溜まります。
（ＡＳＤの女の子の保護者）

。ゆっくり時間をかけてきちんと説明し、十分に余裕をもって知らせておけば、日課を変更することができます（これは状況にもよるので難しいのですが——変更の発表や旅行の提案が早すぎると、娘は不安がって強迫的に質問を繰り返すようになります！）。
（ＡＳＤの女の子の保護者）

遊ぶ様子から見えること

遊びの選択は、ＡＳＤの初期の指標の一つになりうる。[※11] 興味深いことに、ＡＳＤ児の性差の研究から得られた知見の一つに、ＡＳＤの女の子は男の子ほど固執した常同的な興味（訳注・ＡＳＤの特性の一つで、時刻表を読み込んで暗記する、回転するものを眺め続けるといった行為が一般的によく知られる）を持たないということがある。[※12]

私の調査では、確かに限定された反復的な行動様式は調査対象の女の子にもまったく普通に見られることがわかったものの、行動の種類は異なる。繰り返し行うお気に入りの活動として何度も登場するのは、ごくわずかな種類にとどまった。たとえば同じテレビ番組・ビデオ・DVDを繰り返し見る（『メリー・ポピンズ』『ポストマン・パット』『ペッパピッグ』など）、同じ本を何度も読む（イーニッド・ブライトンの本や『ジェーン・エア』など）、同じ歌やテープを聴き続けるといったようなことだ。このような子どもたちは、お気に入りの番組の台本や本の文章、歌の歌詞を一語一句覚えていた。

。八歳の頃の私は、『サウンド・オブ・ミュージック』『チキ・チキ・バン・バン』『アニー』『メリー・ポピンズ』などの映画の歌とセリフをまるまる覚えていました。（ASD女性）

特定の物をコレクションし、分類することも挙げられる。私は、自分の膨大なレゴコレクションを効率的に分類する方法を何時間も考えていたことを覚えている。しかしブロックの大きさ、色、機能など、どの基準を使って分類するべきか悩み、満足のいく分類法を見つけることはできなかった。今でも孫のレゴを眺めていると、気になって仕方がない。

限定された反復的な行動様式がASDの中核であることに変わりはないが、男性の「並べる」行動と女性の行動には質的な違いがあると思われる。女の子の活動は一般的に、物よりも人に関係するものが多い（ほぼ全員に共通するレゴへの愛は別として）。人といっても架空のキャラクターであったり、声だけ（音楽の場合）であったりするものの、女の子のこうした関心対象は純然たる物（恐竜やバスなど）ではなく、人に基づくものである。関心を表現する行動も、ある程度言葉とコミュニケーションを伴う。

回答してくれた人の多くが早くから高度な発話があったことを考えると、少なくとも私のサンプルでは、女の子たちは幼少期からコミュニケーションや言語、言葉を求めていると思われる。目的を必ずしも伴わず、社会的ルールを直感的に理解していないとしてもだ。ASDの女性は男性よりも著しく少ないと報告されているにもかかわらず、ASD分野での著作の多い有名な著述家（特に自身の体験を語る著述家）の多くが女性であることは、決して偶然ではない。おそらくASDの女性には、生まれながらにして人に伝えたいという気持ちがあるのだろう。

◦（娘は）目にしたシナリオ（現実のものでも、本や映画のものでも）をよく演じていました。同じシーンを何度も何度も演じたものです。（…）セリフが終わると必ず、「と彼は言った」「と彼女は言った」と付け加えました。まるで本を読んでいるかのように。（ASD女性の保護者）

強い関心を示す対象がある

◦私はテレビドラマ『コロネーション・ストリート』に興味を持つようになりました。連続ドラマを楽しむのはごく普通のことですし、クラスメイトに昨晩のエピソードを見たかどうかを尋ねるのはまったく問題ないと思っていました。話さないほうがいいテーマもわかっていました。「ローバーズリターン」（訳注・『コロネーション・ストリート』に登場する架空のパブ）をつくるのに使われたレンガの個数だとか、各登場人物が初めて登場した正確な日付だとか、ドラマのセットのミニチュア模型のつくり方だとか。

（エリザベス・ハーレー『ウルトラバイオレット・ボイシーズ（未訳、*Ultraviolet Voices*）』[※13]）

一つ以上の対象に強い関心を持つことは、ＡＳＤの特性の中核をなす要素である。しかしこの特性の具体的な内容について、性差があることがトニー・アトウッドの研究で指摘されている。[※14]男の子の関心の対象は電車、恐竜、宇宙といった物ベースが多いのに対し、女の子の関心の対象は連続ドラマ、架空のキャラクター、動物、有名人など、人・動物ベースになる傾向がある。この質的な違いこそが、女児の行動が異常であると認識されない理由となる。ＡＳＤの女の子の関心の対象は、「ふつうの女の子」らしいのだ。[※15]友達とサッカーをするのではなく古代史の出来事を延々と引用する男の子は、非定型と指摘される。一方で、ポップスターに入れあげる女の子が、必ずしも同じように見られるとは限らない。

ＡＳＤの女の子と典型的な子どもとの違いは、話題の狭さと関心の強さにある。ＡＳＤの女の子は、一つのことにずっと関心を抱く。長期間にわたり、自分が熱中していること以外考えたり話したりしない。自分の興味の対象については幅広い知識を持っていても、それを実践したいという欲望よりも、事実への関心のほうが強い。馬の話しかしない子どもは、実際の馬を欲しがらないとしても、馬についての知識をただ楽しんでいる。

私が考えるのは、このような関心はＡＳＤの男女双方に同じ効果をもたらすのではないかということだ。趣味の世界なら予測がしやすく、混沌とした現実世界から逃れることができる。対象についてすべてを知っていれば、その世界は既知のものとなり、何が起こるかわからないといういつもの不安やストレスから逃れる安らぎの場所となる。

動物は一般的に、大半のASD女性にとって人間よりはるかに扱いやすいため、関心の対象として人気が高い。動物の目的は明快で（隠された意図はない）、非言語的な表現は最小限であり（猫はさほど表情豊かではない）、要求はわかりやすく、無条件のゆるぎない愛着と愛情をもたらしてくれる。中には動物と強い一体感を感じるあまり、動物そのものになることを想像したり望んだりする女の子もいる。※16

。仔馬を飼う前から、私は仔馬でした。どこへでも駆けてゆき、馬のように大きくいないて、想像上の障害物を飛び越えていきました。

（ASD女性）

動物を好むのは、ASDの男の子よりも女の子のほうに多いのではないかと思う。前述の通り、ASDの女の子の多くは、無生物を好みがちな男の子と違い、何らかの形で生き物（人、動物、昆虫）とつながりたいという願望があるようだ。しかしこうしたつながりの性質は、定型発達の子どもたちが経験するものとは大きく異なるかもしれない。

ASDの女の子の典型的な関心対象

ASDの女の子の関心対象には、次のようなものがある。

・動物……猫、馬
・自然
・ぬいぐるみ
・本の登場人物
・収集
・テレビ番組
・テレビドラマ・映画の俳優
・歴史上の人物

。キーホルダーからガガンボ（昆虫）まで、私はたくさんのものを集めていました。（…）空き瓶にこれらの昆虫をあふれんばかりに詰め込んでいました。虫たちの苦しみを思うと、本当にひどいことをしたと感じます。瓶の中の昆虫を眺めるのが大好きでした。ぎっしり詰め込まれてうごめく姿に魅了されていたのです。

（ＡＳＤ女性）

。娘は特定の憧れの人に執着します。対象は実在の人物（例　上級生の女の子）、歴史上の人物（例　ヴィクトリア女王の娘ヴィッキー王女）、想像上の人物（例　本や映画の登場人物）などさまざまです。

（ＡＳＤの女の子の保護者）

。『ホビットの冒険』と『指輪物語』を読んだ娘は、クウェンヤ語とエルフ語という二つの言語を習得し、何時間もかけて書いていました。

（ASDの女の子の保護者）

おもちゃの選択

本書のアンケートへの回答では、女の子が好むおもちゃは想像遊びやごっこ遊び向けのものよりも、何かを「する」ためのものが圧倒的に多かった。クニックマイヤーらは、自閉症の女の子は、ごっこ要素のない遊びをするときに、女児特有のものを好む傾向を示さないことを発見した。[※17] 自閉症の女の子が好んだのは、車、レゴ、組立おもちゃ、ポケモン、ロボット、モンスターなどだった。

一九七〇年代の子どもだった私は、車やレゴのほかに、エアフィックスのプラモデルが好きだった。柔らかくてかわいいおもちゃや人形が大好きな女の子であっても、会話をしたり想像的な遊びをしたりするよりも、整理したり、集めたり、分類したりといった遊び方が多かった。

。二歳くらいの頃、祖母から人形をもらいました。どれほど嫌いだったかを覚えています。ゴミ箱に捨てました。

（ASD女性）

ASDの女の子が、同世代の女の子よりも多くの人形を持っていることもある。その場合、人形は特定の順序で並べられ、想像を共有するような遊びには使われないという。[※18] テディベアや人形を使ってストーリーを演じる女の子については、過去の出来事の再現であるか、保護者の行動のまねであることが多いと保護者や当事者から報告されている。ある子どもは、学校での一日を自宅でおもちゃを使ってまるまる再現していた（保護者が当日の様子を教師に聞いて確認した）。

一見すると、このような活動はきわめて典型的で想像力に富んでいるように見えるが、その見え方が必ずしも実態に即しているとは限らない。独り言を言ったり、さまざまな声色を使ったりする子どもは、想像上のキャラクターや複雑な世界をつくっているのではなく、テレビ番組や実際に体験した会話・できごとを暗唱しているのかもしれない。観察結果を見たまま受け止めると正しい理解にたどりつけない恐れがあるので、遊びの内容については正確で詳細な情報を集めることが大切だ。

◦女の子のおもちゃで遊ぶとき、娘は非常に規則的な遊びをしています。全員の服を脱がせ、全員をベッドに寝かせます。物語もなければ、人形どうしのやりとりもありません。

（ＡＳＤの女の子の保護者）

◦自分のぬいぐるみに風変わりで機能的な名前をつけました。ベストテッドとファットテッドです（「ファット」はバカにする意味ではなく、見た目を説明する意味で使用しました）。（ＡＳＤ女性）

私の調査対象の中には、おもちゃでまったく遊ばず、外に出て活発に自然を楽しむことを好む女の子もいた。トニー・アトウッドは、女児用のスクリーニング質問紙（62〜63頁参照）に、自然への関心を含めている。

◦普通のおもちゃでは遊びませんでした。外を自由に走り回ることが好きだったんです。

（ＡＳＤ女性）

他によく報告される活動に、塗り絵、アイテム収集、読書が挙げられる。ＡＳＤの女の子の多くは、本の読み方を自力で習得する。※19 情報ベースの本であれ、物語であれ、見つけた本をむさぼるように読んで、すぐに字が読めるようになる。ルディ・シモンに言わせれば、「情報が混乱と入れ替わる」※20 のだ。

読書は混沌とした世界から、一人で逃避する手段となる。のみならず、現実に戻らなければならなくなったときに、世界に立ち向かうのに役立つ知識やデータを与えてくれる。複数人でのごっこ遊びは、私の調査に参加した多くの女の子たちにとって魅力的なものではなかった。彼女たちは「いる」ことよりも、「する」ことを好む。自分でつくり上げたファンタジーの世界に没頭しているときは話は別だが、これについては後述する。

関心の追求や知識への欲求を奨励することは、ＡＳＤの女の子を支援し、やる気を引き出すよい方法である。保護者や専門家は、孤立や社会的交流のなさを心配するかもしれない。しかし他の子どもよりもはるかに学校や家庭生活で疲れやすい彼女たちの潜在能力を奮い立たせるためにも、一人で過ごすことを許容する必要がある。このことをよく理解してあげないと、最終的にシャットダウン、パニック発作、不安の増大は避けられない。

。娘は本が大好きです。読むだけでなく本と遊んでいます。あたかも本に人格があるみたいに。

（ＡＳＤの女の子の保護者）

私の調査対象では、六歳未満の女の子たちの遊びは、ほとんど一人遊びだった。中には遊び仲間を求める子もいたが、他の子どもたちを怒らせたり、遊びを共有するという概念に混乱したりして、一緒に遊べるのはごくわずかな時間だけだった。こうした女の子は、すべての活動を自分の思うがままにできる支配的な役割か、社会的能力の高い女の子にお世話される受動的な役割のどちらかを担うようだ。

これらの調査結果は、自閉症の男児は「男性的」なアイテムを好むのに対し、女児は非ごっこ遊びでは「女性的」なアイテムを好まないという別の研究成果[※21]を裏づける。ごっこ遊びでは、自閉症の女の子は（自閉症の男の子と同じように）性別特有のおもちゃを好む傾向を示す。一説によれば、自閉症の女の子は男の子よりもごっこ遊びを奨励されることが多く、保護者からごっこ遊びの方法を学んでいる可能性が高いという。私たちがこれまで聞いてきたように、女の子は典型的な女の子に期待されているような適応の仕方やふるまい方を学ぶことにも意欲的であるようだ。これは模倣の能力が高いことを示しているのかもしれない。

人形や昔ながらの女の子らしいおもちゃで遊ぶ少数の女の子たちについては、保護者や当事者の報告によれば、社会的な交流や友情を考慮して、他の女の子に受け入れられ、求められるものを意識した結果であることが多い。

- 娘はピンクやプリンセスが好きです。他の女の子が好んでいるからでしょう。お友達と遊んでいるとき以外は、実のところプリンセスの人形で遊ぶことはありません。外で花や虫を採集しているほうが好きなんです。

（ASDの女の子の保護者）

広がる空想の世界

男女で異なるASDの症状としてよく知られているのが、これまで見てきたような想像力を働かせる遊びの概念である。これまでASDの子どもたちは、架空の世界やアイデアを生み出す能力が乏しいため、想像的な遊びをしないと考えられてきた。

遊びの観察は、標準的な診断評価の一部である。多くの人がASDを連想する「車を一列に並べる」という遊びは、通常期待される想像力とは異なっていること、限界があることを示す明確な指標であると考えられている。しかし女の子の場合は、異なった遊び方を見せることがある。これはASDの女の子の遊びは創造性に乏しいという、これまでの論評と矛盾しているように見えるかもしれない。よく知られているのが、心のうちでひそかに、想像上の友達や動物、生き物でいっぱいの豊かな空想の世界に住んでいるASDの女の子がいるということだ[※22]。子どもが想像上の友達を持つこと自体は特に珍しくはないが、トニー・アトウッド曰く、「アスペルガー症候群の子どもの中には、想像上の友達しかいない子もいる。そして想像上のつながりの強さと持続時間が質的に普通ではない場合がある」[※23]。

。想像の友だちのほうがずっと好きだった。ペニーと弟のジョナ。二人は私の親友だった。といっても、二人の姿は、私にしか見えなかったのだけれど。母の話では、私は食卓でも二人のために席を空けるよう言い張り、みんなでドライブに行くときにも二人をいっしょに乗せて行けとせがんでいたらしい。

（リアン・ホリデー・ウィリー『アスペルガー的人生』ニキ・リンコ訳）

私がつくった中で一番大きい宇宙には、もともと一〇〇匹くらいの生き物が生息していました。ずっと心の中で温め続けた結果、今では一〇〇〇匹を超えています。この空想の世界は、子どもの頃、特に人を避けたいときに入りこむ場でした。想像上の友達は六四人以上いて、誰かと交流するよりも、これらのキャラクターと遊ぶほうがずっと好きでした。

（ASD女性）

私が思うに、これは矛盾ではない。ASDの女の子が（たいていは他人が関わっている）遊びやゲームで見せるふるまいと、自分しかいない頭の中の世界で起きていることの違いを表しているのだろう。頭の中なら縛りも制限もなく、社会的なルールにとらわれることもない。

物語への無関心は、男性の特性を調査して開発されたいくつかの自閉症評価ツールの指標となっている（意図的に女性を排除したわけではなく、サンプリングに利用できる男性の数が多いためだ）。しかし、圧倒的に女の子に見られるのは、物語やテレビ番組の登場人物に、異常なまでに同化することである。ときにその同化は、自分の知っている人や愛着を感じている人に対してもなされる。女の子は実際にその登場人物に「なりきる」のだ。これには、本や映画、テレビのシーンを何度も再現したり、まねしたり、現実の生活と切り離しがたいほど空想に没頭したりといったようなことも含まれる。

前述の通り、人間よりもはるかに動物に親近感を抱いて一体化し、自分が猫であるかのように信じて行動する女の子も見られる。私が担当した一八歳の女性は、「大人になるのが怖い。大人になりたくない。猫になればみんなが世話をしてくれるのに」と口にしていた。猫の耳と猫のしっぽをつけることもよくあった。

。娘は『ポストマン・パット』に登場する猫のジェスに夢中で、猫のように話しかけられたり、猫語で返事をしたりしたがっていました。

（ＡＳＤ女性の保護者）

診断的な視点からは、妄想や精神障害とみなされる可能性もあるだろう。だが私が話を聞いた女の子たちにとっては、それはむしろ厳しく、ときに惨めな現実世界から、より望ましい場への逃避だった。

。近くの丘陵地に逃げ込み、『サウンド・オブ・ミュージック』のマリアになりきって、声を張り上げて歌いながら歩き回っていました。空想は私の逃避場所でした。架空の世界では、私はすばらしい天才少女になれました。

（ＡＳＤ女性）

。私は現実よりも自分の想像上の世界のほうがずっと好きで、（本を読んでいるとき以外は）できるだけ多くの時間を空想の世界について考えることに費やしていました。ベッドから出るのがイヤになることもしょっちゅうでした。だってそこは想像上の友達について誰にも邪魔されず考えられる最高の場所だったからです。ベッドから我が身を引きはがして現実に戻らなければならないのは、ひどく憂うつでした。

（ＡＳＤ女性）

感覚のするどさ

◦小さい頃に大好きだったのは、揺れることでした。アヒルや木馬に乗ってゆらゆらしたり、ベッドや床の上で体を揺らしたりしました。（ASD女性）

ASDの子どもたちには、感覚の違いが早い段階から観察可能な形で現れることがある。乳幼児は、このことをはっきり知らせてくれるだろう。特定の物体や感覚に出会ったときに、拒否したり、叫んだり、ひどく不安がったりするのは、何かに耐えられないことを示しているのかもしれない。同様に、気持ちをなだめて落ち着かせてくれる感覚を見つけた場合、その刺激を絶え間なく求めるようになることがある。

これらの行動の中には、騒音や触り心地といった外部からの感覚刺激に起因するものもあれば、自分でつくり出すものもある。それ自体を楽しんだり、自分を落ち着かせたり、ストレスを感じたときに伝える手段として使われたりもする。ウェンディ・ローソンは自著の中で、音や感覚の豊かな世界を描写した[※24]。彼女は、友人たちが自分のように世界を感知していないことに気づいたという。彼女の世界においては、さまざまな感覚体験によるストレスと癒しが混在していた。

◦なぜ触られるのが怖いのかはわかっていませんでした。今になって思うに、触られることでたくさんの感覚が生まれ、処理しきれなくなっていたのでしょう。それに、触られたら何らかの形での反応を求められます。どう反応するのか、自分で決めなくてはいけません。決断を迫られるのは私に

とって混乱の元でした。安全を期してなじんでいる感覚にとどまるほうが楽だったのです。※25

リアン・ホリデー・ウィリーは、おびただしい騒音やまばゆい光が自分の生活を耐え難いものにしたこと、そして彼女が「安全地帯」※26である水中に救いを見出したことを記している。私のアンケートでは、大半のＡＳＤ女性やＡＳＤの女の子の保護者が、乳幼児期からはっきりとした感覚嗜好があったと回答している。その数はかなりのものだ。成人になってから診断がついた人の場合、これらの行動が子どもだった頃の（もし原因があるならば）何に起因していたのかが必ずしもわかるわけではない。しかし頻度と重さからして、当時気づいていなかったとは考えにくい。

。メッシュの布地に顔を押し付けたり、裸でフリースにくるまったり、スコップで泥を飲んだりしている写真がたくさんあります！
（ＡＳＤの女の子の保護者）

。娘は洗濯機のドラムにおでこを押し当て、振動を感じるのが好きでした。幼児の頃はよく紙袋をかぶり、物にぶつかるまでひたすら走っていました。
（ＡＳＤの女の子の保護者）

。興奮すると典型的な全身性チックが出ます。手首をひねりながら手をグーパーしたり、つま先を伸ばしたり曲げたり、口を開けたりをすべて同時にするのです。
（ＡＳＤの女の子の保護者）

食べ物の好みから見えるもの

。「マーマレードとチーズって！」友人はギョッとして叫んだ。

「うん、バナナも混ぜるともっとおいしいよ」

（ウェンディ・ローソン[※27]）

ＡＳＤの多くの特性と同様に、食べ物にまつわる行動や好みは診断基準の複数の要素に及ぶ。これらは感覚に対する耐性、抑制、同一性や予測可能性への好み（すなわち、知らないもの、目新しいものを避けたがるということ）を表している場合がある。食べ物の社会的役割について、人とは違う理解をしていることもある。

色、歯ごたえ、種類、組み合わせ、食品どうしの近似性、時間、匂い、味に関する特定の基準やルールは、ＡＳＤの女の子に比較的よく見られる特徴である。ウェンディ・ローソンは、歯ごたえが変化することを避けるために「食べ物を混ぜてすりつぶす[※28]」必要があることや、学校で新しい食べ物を試すのが「怖い」と感じて半年間ほとんどランチを食べられなかったことを記している。

この年齢では、典型的な子どもにおける発達の一段階や気まぐれと、複雑なＡＳＤ的行動との区別をつけるのは難しい。こうした行動単独であれば、ＡＳＤであることを決定づけるものとはならない。しかし、他の指標と組み合わせれば、食べ物にまつわる子どもの行動はＡＳＤ診断の可能性を裏づけるものとなりうる。

。塊の多い食べ物や十分に火が通っていない料理が苦手でした。また、味をごまかすために、ほぼすべての料理にトマトケチャップをかけていました。私は味に非常に敏感で、甘いもの、またはとて

も口当たりのよいものが好きでした。（ASD女性）

◦食事や食べ物の種類ごとに決まったお皿で食事をするのが好きです。何らかの理由でそのお皿が使えないと、違和感を覚え、落ち着きません。（ASD女性）

◦娘は二、三歳頃から、三、四種類の食べ物への好みを示すようになりました。（…）一晩で好みが変わり、また別の三、四種類の食べ物を欲しがるということを繰り返しました。娘は今もこんな食生活をしていて、ローテーションは半年ほど続きます。（ASDの女の子の保護者）

「女の子らしい」服装はあまり好まない

アンケートへの回答では全体的に、着心地が良く、柔らかく、伸縮性があり、ゆったりとしていて肌触りのいい服が好まれる傾向があった。「女の子らしい」とされる服をはっきり嫌う子どもも多かった。このように、特定の肌触りや色、生地に関する好き嫌いだけでなく、スカート、ワンピースといった一般的に女性のものとされている衣類への主体的なこだわりが見られる。

コップとギルバーグは、ASDの女の子の特徴として、「身だしなみに気を配らない（careless）」ことがあると報告している。[※29] 私はこの評価で「気を配らない（careless）」という言葉を使うことに疑問を感じる。これは外側から観察した判断だ。本人は、特定の服や肌触りを避けるべく細心の注意を払っているかもしれない。結果として「気を配らない」ように見えたり、非定型に見えるとしても、それは実態とは異なる場合がある。

このような服選びは、第10章で詳しく述べるような、女の子たちの幼少期における性自認や社会的適合性とのなんらかの関連を示しているのかもしれない。確かに、こうした女の子や女性たちには総じて、着心地の悪さを耐え忍んでまでも、（間違いなく社会性の尺度である）ファッション性を優先する様子は見られなかった。

- 柔らかく滑らかで、やや伸縮性のある生地でつくられたスウェットの上下を愛用していました。ウールの服はちくちくして痛いし、伸縮性のない服はサイズがなんであれ息苦しく感じました。（ASD女性）
- 娘にはかなり奇抜な服装を好む傾向があり、友達の目線や流行は気にしません。（ASDの女の子の保護者）
- 娘は服が大嫌いです。部屋に入ったとたん、許してくれそうな家ならどこでもすぐに脱いでしまいます。（ASDの女の子の保護者）
- 腰回りがぴったりして、首回りがゆったりした服が好きです。靴下が嫌いで、忌まわしい縫い目の感覚が爪にあたらないよう、裏返して履くことが多いです。（ASD女性）

トイレの自立と衛生習慣が身につきにくい

私のアンケートへの回答で予想外だった結果の一つは、トイレの自立に困難を感じていた女の子の多さだ。トイレの問題はASDの人でよく報告されているので、これは驚くべきことではない。社会的なルール、感覚的な問題、予測のできなさのすべてが、トイレの自立と衛生習慣にはある。

驚きだったのは、こうした女の子の大半に知的障害がなく、学業面においてきわめて優秀な人もいたことだ。言語力や理解力が乏しい子どもが、トイレでの体験に戸惑い、怯え、ストレスを感じることは想像がつく。しかし知的能力の高い子どもなら、そんなことはないだろうと思っていたのだ。原因はいろいろあるだろうが、ASDの人が不安や過敏性腸症候群（IBS）に苦しみやすいのはよく知られている。これらが原因で、子どもが身なりを清潔に保ちづらくなっている可能性がある。トイレをうまく使えない原因が心理的なものであると思い込む前に、身体的な原因を除外しないことが重要なのは言うまでもない。

。私は一一歳ぐらいになるまで、トイレの自立が完了していませんでした。というのも、排便後にうしろのほうを拭くのに手助けが必要だったからです。最終的に自分でできるようになりました。子どもの頃からずっと、過敏性腸症候群と思われる症状を抱えてきました。

（ASD女性）

。娘のトイレトレーニングが遅れたのは、我慢できなかったせいでも、トイレを使えなかったせいでもなく、極度の排泄恐怖症のせいでした。ウンチへの不安を乗り越えて自分一人で拭けるようになるまでに、何年もかかりました。最初は赤ちゃん用のおしりふきを使っていましたが、その後トイレットペーパーを使うようになりました。

（ASDの女の子の保護者）

。二、三歳の頃、私は特別な便座を持っていて、それなしにはトイレに行きたがりませんでした。

（ＡＳＤ女性）

。私は一五歳までベッドでおねしょをしていました。

（ハーマン・ヤンセン、ベティ・ロンバート『オーティパワー！（未訳、*Autipower!*）』※30）

本書のアンケート回答者は、トイレに行きたいという体からのサインを認識することの難しさや、自宅以外の場所でトイレを使うことへの不安を挙げた。トイレや衛生面でのルールとふるまいは直感で理解できるはずだと期待されていることについて、何人かの女性が報告している。彼女たちは、やり方を間違っていたことにあとから気づいている。というのも、それらが重要である理由（および正しい方法）はとっくに理解していると思われていたせいで、教えてもらえなかったのである。

。自分できちんときれいにしなかったために、厳しく罰せられました。（…）正しいやり方を教えてくれるだけでよかったのに。

（ＡＳＤ女性）

。衛生習慣の目的がよくわかっていませんでした。八歳で寮に入ったとき、他の女の子たちから歯を磨いていないことを注意されたので、こうしたことをより意識するようになりました。いまだに歯を磨くのは、人に会うときか、最後に磨いてから三日くらい経って汚れを感じたときだけです。

（ASD女性）

睡眠時の特徴

睡眠の問題は、しばしばASDの子ども（と大人）に見られる。一般的な乳幼児においても、睡眠のあり方はいろいろだ。寝ることがストレスに満ちた昼間の時間からの休息となる人もいれば、ベッドに入ってから新たな混乱と恐怖の時間が始まる人もいる。

いくつかの回答で挙げられたのが、熱性けいれんだ。「頭がぼーっとしてクラクラする」[※31]という回答も、数人の女の子から寄せられている。一人で眠りにつくことへの不安、夜間に目が覚めることやその苦痛、そして誰かに隣で寝てもらう必要性などもよく挙げられた。睡眠パターンの混乱は、ほぼすべての回答者から報告されており、主に前述の理由によるものであった。

睡眠障害がASDの子どもでよく報告されるが、原因ははっきりしていない。不安だけでなく、ネガティブな出来事を思い出してくよくよ思い悩む反芻思考や感覚的な問題（温度、布地）などが原因となっている可能性もある。睡眠の問題は、人によっては一生続くこともあり、健康問題や仕事上の困難に加え、（眠れないことへの）不安を引き起こす。

。生後八ヶ月までは昼間中泣いて、夜はずっと寝ていました。一晩で一四時間寝ることもあり、娘はとても疲れているようでした。

（ASDの女の子の保護者）

。娘は「頭が忙しくて、目を閉じると点や線がみえる」ため、眠れないと訴えています。

（ＡＳＤの女の子の保護者）

◦眠りにつくために、いつも数を数えていました。（…）これは気分を落ち込ませるようなことについて考えないようにするためのテクニックです。次の数字に集中できなくなった頃には、すっかり疲れてすぐに寝つけるようになるとわかっていました。とはいえ、ときには一〇〇〇以上数えてしまうこともありました。

（ＡＳＤ女性）

小児期における性自認

サイモン・バロン＝コーエンらの研究によれば、自閉症の女児および女性は、神経学的側面が男性化、または中性化している可能性が示唆されている。[※32] これについては第10章で詳しく論じるが、ＡＳＤ女性の多くは、この兆候が早い時期から明らかになる。

服装やおもちゃの選択といった外から見える部分が、必ずしも内面的な認知特性を表しているとは限らないことを考慮することが重要である。ＡＳＤの女の子の中にはピンク色の服を着て人形で遊ぶ子もいるが、彼女たちの脳や思考プロセスは定型発達の女性に比べ、実利的かつ合理的で、直感的な人付き合いを苦手とする傾向がある。

◦おてんばではありませんでした。とても女の子っぽかったけれど、論理的で現実的な脳の持ち主でした。あまり感情的ではなく、安定して落ち着いた性質を好みます。ゲームやドラマは好きではありません。ピンクが嫌いで、青や赤、もしくはネイビーや白が好きでした。
（ＡＳＤ女性）

アンケート回答者のうち七五％が、女の子に典型的とされる行動は幼い頃からあまり自分にはそぐわないと感じていたと語る。このことは女の子の保護者からも成人女性からも報告されている。しかし前述のとおり、実際には単に性別に関係ない行動であっても、男性的か女性的かの二項対立でとらえられる傾向がある。回答者の大半は「おてんば（tomboy）」という言葉を用いていた（この言葉は質問では意図的に使用しておらず、参加者自身が提示したものである）。典型的な男の子らしい行動を好まなかった人は、より中性的なものに自分を重ね合わせていた。

。自分のことを男の子とも女の子とも思っていませんでした（頭では、自分が女性であることは知っていましたが）。どちらかといえば、自分はアンドロイドかエイリアンだと認識していました。みんなには見えないものや人生の真実が見える自分は、同級生とあまりにも違いすぎていて、自分が人間であるはずがないと思ったのです。
（ＡＳＤ女性）

。私はピンクという色が大嫌いでした。大人になったら配管工になりたいと思っていました。悲しいことに、これを口にしたら冷ややかな目で見られてしまいました。たぶん、稼ぎのいい優秀な配管工になれただろうと思うのですが。
（ＡＳＤ女性）

◦女の子っぽくはありませんが、自分らしくふるまうことはできます。プリンセスには絶対なりたくありません。むしろスーパーヒーローやマッチョになりたい！

（ＡＳＤ女性）

◦男の子のほうが仲良くなりやすいし、彼らと一緒にいるほうが楽しかったです。ときどき、自分も男の子だったらいいのにと思うことがありました。男の子だったら、すべてがもっとやりやすかったただろうな、と。女の子は理解できませんでした。

（ＡＳＤ女性）

女の子にＡＳＤはないという思い込みのレンズではなく、ＡＳＤのレンズを通して、これまで示してきた証言を見てほしい。本書の証言によって、女の子の特性がＡＳＤの診断において明確な証拠になりうるという考えが広まることを望む。

第４章

まわりになじめない——子ども時代の関係性

そのころの私にとって、一人でいるのは別にいやなことではなかった。だって私は、一人が幸せだったのだから。ただ、気になってしかたがなかったのは、ほかの人たちはどうやら、誰かといっしょにいるのが楽しいらしいこと、そして、わざわざ自分から、友だちや恋人をつくりたがっているらしいことだった。

ウェンディ・ローソン『私の障害、私の個性。』（ニキ・リンコ訳）

友達や他人とどのように接しているか

自閉スペクトラム症（以下、ＡＳＤ）の人は、社交に関して定型発達とは異なる理解と要求があると一般に考えられている。「孤独好き」はＡＳＤの特性と見られがちだ。しかし、必ずしもそうとは限らない。ＡＳＤの女の子の場合、積極的な社交性自体がＡＳＤ発覚の手がかりになることもある。（期待される規範からすれば）あまりにも積極的で、なれなれしく、人の気持ちも意図も理解できていないことがあるからだ。

ＡＳＤの女性には、まったく人と関わらない人や積極的に交流を避ける人だけでなく、関わってはいけないタイミングがわからない人、何をどのくらいの頻度で行うか、いつやめればいいのかがわからない人もいる。他人の気持ちを推察する心の理論や、直感的な共感といったスキルは、定型発達の子どもたちでも四歳頃まで身につかない。そのため、四歳以下の子どもでは潜在的なＡＳＤの兆候とはならない。

・娘は信じられないほど社交的で、誰とでもふれ合いたがります。(…)大人相手だと、娘は無防備です——電話技師とドッグフードの配達員に抱きつきたがっていました(六、七歳の頃のことです)。(…)誰かを「気に入った」ら、揺るがないんです。

(ASDの女の子の保護者)

・人とふれ合っても、それは不適切なものでした。たとえば幼児の頃は、特定の大人に身体を刺激する活動や乱暴な遊びを求めることがありました。その人に体をこすりつけたり、その人の膝の間でゆらゆらしたり、自分の背中や腕をひっかいてもらったりくすぐってもらったり、その人の髪や手を手荒くつかんだりといったようなことです。

(ASD女性)

社会的状況のルールや期待されるふるまいを理解するのが難しいのは、ASDに共通する特徴である。言葉やしぐさを解釈したり表現したりするだけでなく、特定の状況で何が求められているか、期待されているかという文化の理解が必要とされるからだ。ASDの人は、このような細かい観察力に欠けることがあり、どう行動すべきかを知るためには直接的な指示が必要となる。ASDの人は、他の人が直感的に(無意識に)学ぶことを、機械的に(意識的に)学ばなければならないようだ。

・母は私に、非言語的な手がかりを読み取る方法と、適切なタイミングで適切なことを言う方法について、たゆむことなく訓練を施してくれました。さまざまな状況を想定して何をするべきか、何を言うべきか、二人で何度もロールプレイをしました。私は異なる状況を一般化するのが苦手でした。その状況が過去の経験とどんなに似ていたとしても、状況や出会いごとに具体的な台本を知らない

といけないような気がしました。　（ＡＳＤ女性）

繰り返すが女の子の場合、刻々と変わる状況に直感的に適応するという、きわめてつかみどころのない繊細なスキルを自然に体得することが期待されている。ＡＳＤの女性に、これができるとは思われない。同じようなふるまいをするＡＳＤの男の子以上に女の子を厳しく叱責しないよう、注意を払わねばならない。女の子がこうした行動をとる理由が何なのか、別の意図があるのだろうと考えるのではなく、そのまま認識することも重要である。

私のアンケートに回答したほとんどの女の子や女性には、人と交流したいという欲求があり、にもかかわらず幼い頃からその難しさをはっきり自覚している人が多かった。彼女たちは直感的に何をすべきかを考えるのではなく、遠目から状況を観察し、意識的に経験を処理しているように見える。しかし友達とはどういう存在なのか、友達になるとはどういうことなのかといった重要な要素を取りこぼしていることが多い。このことは、友達付き合いには幼い頃からの強い意識と膨大な量の認知処理が必要であることを示唆している。ＡＳＤの幼い子どもがこのために孤立し、疲れ、困惑するであろうことは想像にかたくない。他のみんなはちゃんと「わかっている」ように見えるのに、と感じてしまうこともあるだろう。

遊びの時間はとても難しかったです。他の子どもたちはどうやって遊びの内容や遊ぶ相手がわかるんだろうって思っていました。だから私はただ一人でぶらぶらして、運動場をほっつき歩いていたんです。ときどき、子どもたちの集団の中で、不気味に突っ立っていることもありました。そんなときはろくに口もきかず、みんなが遊んでいるゲームの一部になっていると思ってもらえればそれで十分だと思っていました。たいていは見ていただけです。
（ASD女性）

。一対一で遊んだほうがいいと感じていたのは覚えています。だって、誰も一人で遊んでいなかったからです。けれど、どうすればいいのかはわかりませんでした。
（ASD女性）

もちろん、交流を求めることに前向きではなく、積極的に交流を避ける女性もいる。リアン・ホリデー・ウィリーは、小さかった頃は同年代の子どもたちと離れていたいという強烈な衝動があり、想像上の友達と一緒にいるほうが好きだったと回想している。※1 私の調査対象となった女の子たちには、物静かな子もいれば積極的に聞き手を求めていた子もいる。しかしいずれにしろ、あとから考えれば人と異なる明らかな兆候が見られたにもかかわらず、大半が大人になるまでASDの可能性があるとは考えられていなかった。振り返ってみて、彼女たちのふるまいを内気なせいだとか、場合によっては高い知能のせいであるとするのはたやすい。しかしASDを理解し、その特性の範囲を広く見れば、将来診断を受ける兆候を見出すのは難しいことではない。

。他の人たちは、ただの歩くノイズマシンです。みんなと一緒にいたくなくて、なんとかして一人になりたいって、ずっと思っていました。
（ASD女性）

。娘は遊びの時間を、フェンスの周りを走り回ったり、手をバタバタさせたり叩いたり、一人で会話したりして過ごしています。

（ＡＳＤの女の子の保護者）

大人を好む

幼い頃から同世代の子どもよりも大人との交流を求めることは、多くのＡＳＤの女の子に見られる共通の特徴であるようだ。アンケート回答者の約六〇％が、話し相手に真っ先に選ぶのは大人だったと回答している。お気に入りの話し相手は母親や祖父母で、中には遊び相手としてそれ以外の人を必要としない女の子もいた。

。私と一緒にいられればそれでいい。娘はいつも私にそう言うのです。（ＡＳＤの女の子の保護者）

。私はめったに他人を求めませんでした。他人が必要な作業や遊びをしたり、作品を手伝ってもらったりするときだけ人に頼りました。ただの雑談や遊び、ハグをしてもらいたいといったくだらないことのために他人を求めたことはありませんでした。大人と一緒にいるほうが好きでした。

（ＡＳＤ女性）

大人は同世代の子どもたちより関わり方がわかりやすく、伝え方も明快であることが多い。子どもの頃の私が好きだった誕生日パーティーでの過ごし方は、母の昔からの知人である家族と夜のカードゲーム大会をすることだった。招待する家族は年老いた夫婦と成人したお子さんたちで、その中で子どもは私一人きりだった。これ以外の誕生日パーティーを経験したことはない。望んだこともなかった。子どもたちが集まる社交の場で自分が注目の的になるなんて、考えるだけで恐ろしいと思っていたのである。

私の調査では、女の子たちに友人関係について思いのままに書いてもらった。同世代が心の理論を獲得するようになっても、彼女たちは人の気持ちがほとんどわかっておらず、意識もしていないことがあった。こうした女の子たちは、定型発達の子どもに比べ、幼少期から同世代とつながりを持とうとすることが少ない。つながろうとするときも、やり方がぎこちないのだ。

> 。娘は、大人や年上の子どもたちと関わりたがりました。お友達との付き合い方を「わかって」いなかったようです。(…)それどころか娘は人の頭を叩いたり、絵の具を人に塗りつけたりしていたので、お友達にもそのご両親にも快く思われませんでした。
>
> (ASDの女の子の保護者)

同世代との友人関係

アンケートへの回答では、五〇%が幼児期に「内気」だと思われていたという。研究や自伝でも、同じ経験を語る女性の存在が確かめられている。[※2] 他人の気持ちをないがしろにする「威圧的(overpowering)」に分類される子どもも少数いるものの、一般的にASDの女の子は、異常ともいえるくらいおとなしい。おとなしいからといって、専門家は潜在的な問題があると注目したりはしない。静かにしていれば無害であり、何の問題も引き起こさないというわけだ。だがアンケートへの回答を読めば、静かな外面の裏でどんな心の動きがあったかがわかる。

・幼稚園登園初日、私はママの足のうしろに隠れ、保護者側に立って子どもたちを見つめていました。みんなと交流したい、遊びたいという気持ちは皆無でした。（ＡＳＤ女性）

回答者の中には、積極的に好かれているというよりも、他の子に大目に見てもらっているという意識が強かった人もいた。こんなふうに思ってしまっては、自尊心や心の健康にかなりの悪影響があったはずだ。

・クラスの友達が何人かできましたが、みんな私に対して上からの対応で、そのうちみんなが私にうんざりするようになりました。クラスの友達がいないときは下級生と遊んでいましたが、ついに下級生たちからも「同い年の子と遊んだほうがいいよ」と指摘されてしまいました。（ＡＳＤ女性）

アンケートに回答した女性の約二五％が、子どもの頃にいじめを経験している。ＡＳＤの人がいじめに遭うのは今に始まったことではなく、仕事で私が会ったＡＳＤの人の中で、学校やそれ以外の場でいじめを経験したことがない人はまれだ。女の子の中には、「内気さ」や目立たなさ、物静かな態度によって、ある程度いじめられずに済んだ女子もいるだろう。もしかしたら、いじめられていた女の子は、どこかしら他の子と明らかに違うところがあって、いじめの標的になっていたのかもしれない。

回答の大半からは、ＡＳＤの女の子はいじめっ子（あるいは他の人たち）の関心をひかなかったので、単にほったらかされていたという印象を受ける。しかし悲しいことに、常にそうだったわけではない。

。私はいつもいじめられていました。親友だと思っていた人からいじめられることも多々ありました。班分けでは最後まで選ばれずに残り、パーティーに誘われることはなく、悪口を言われ、椅子に接着剤を塗られることまでありました。（ASD女性）

ASDの女の子のすべてが、消極的なタイプというわけではない。大声でずけずけものを言って、ケンカ腰、または横暴な印象を与えてしまう女の子もいる。そういう子は、人との関わり方をコントロールする必要がある。状況がガラッと変わったり、物事が自分の想い通りにいかなかったりすると、悪戦苦闘することになるだろう。真面目すぎて、他人が「間違えている」ことに気づいたら我慢できないということもある。

。妹が言うには、子どもの頃の私はいつも妹にイライラしている印象があったそうです。（…）自分がとても横暴で、きょうだいに遊び方を指図したがっていたのを覚えています。（ASD女性）

このような女の子たちの社会的困難は、もっと前のめりで不器用なふるまいによってあらわになることがある。それはときに、威圧的に見えるほどだ。アイリーン・ライリー＝ホールは、教師は女の子の攻撃性に対して男の子に対するほど寛容ではなく、女の子は幼い頃から礼儀正しく、人の気持ちを思いやることが期待されていると指摘する。[※3]

・私は暴君のようでした。（…）でもそれは、悪いことをしたとみなした相手に対してだけです。年齢のわりに正義感が強く、私の中でいたずらっ子リスト入りした相手には、動物じみたふるまいをすることもありました。すると、乱暴だからという理由で仲間外れにされてしまいました。

（ＡＳＤ女性）

・特に年下の子と一緒にいるとき、いじめっ子になることもありました。その子たちは気に入らない子を殴りに行くように、私をそそのかしたのです。そうすれば私は年下の子たちの間で人気者になれるから、言う通りにしました。

（ＡＳＤ女性）

・私はかなり暴力的でした。何が間違っているのか伝えられなくて、口より先に手が出てしまったんだと思います。

（ＡＳＤ女性）

ＡＳＤの女の子に、友達（正確には、〝達〟ではなく一人ということも多い）がいるように見えることもある。その子は特に孤立しているようにも、「一匹狼」であるようにも見えないだろう。この唯一の友達がライフラインになって、社交の場に入れる手助けをしてくれていることもある。ＡＳＤの女の子にとって、この友達はあこがれであると同時に、執着の対象にもなりうる。一人の友達に執着することで、この友達が別の子と遊びたくなったときに、不安でいっぱいになってしまう。

・幼い頃から、「親友」を独占することを強く望んでいました。（ASD女性）

他の事例では、大きなグループが最高の居場所だったと語るASDの女性もいる。すみっこのほうにまぎれていれば、参加する必要がほぼないからである。※4

・小学校では、一番「ステータスの高い」グループにくっついていました。（…）いじめに遭うリスクを減らすのが目的です。（…）真の意味での「友情」とは呼べないでしょう。どちらかといえば便宜上の人付き合いでした。（ASD女性）

・大きなグループだと笑って仲良くやれました。グループと一体化して溶け込むことで、目立たずに済んだのです。（ASD女性）

ASDの女の子の友達も、ASDの女の子と非常に似通っていることは珍しくない。さまざまな事情で、騒々しい人付き合いに巻き込まれるのが難しいと感じている女の子たちだ。逆にASDの女の子とはまったく違うのに、友達になってくれる子もいる。はぐれ者をすくい上げ、世話を焼いてくれる非常に社交的な女の子である。このような上っ面だけ見れば、ASDの女の子の人付き合いはすべてうまくいっていると結論づけられてしまう。

・友達は、変人扱いされていた人たちでした。その理由はいろいろですが。（ASD女性）

・私は娘のお友達を「社交面での松葉杖」と呼んでいます。

（ASDの女の子の保護者）

・娘のお友達はずっと、言葉が違う外国人のお子さんたちでした。

（ASDの女の子の保護者）

ASDの女の子が友達になりやすい相手のもう一つの属性は、男の子である。これまで見てきたとおり、ASDの女の子や女性たちは、自分のことを「おてんば（tomboy）」だと認識している。また女の子の人付き合いは、男の子よりもはるかに複雑で繊細だとも感じている。これは特に、関心事に基づいた友人関係から、人柄に基づく友人関係に変わる一〇代で顕著になる。ASDの女の子は、複雑に込み入った一〇代女子の人間関係についていくのに苦労する（第5章で詳述する）。

・学校では男の子と遊びたいと思っていました。女の子が理解できなかったんだと思います。いつもひそひそ話してくすくす笑っている女の子と一緒にいるのは、居心地が悪く感じました。女の子は温かみがなく、陰険で群れているんです。

（ASD女性）

・女子グループの力学を理解できませんでした。いつもそのすみっこにいて、自分は全然向いていないなと感じていました。

（ASD女性）

観察し、模倣する

ＡＳＤの女の子は、他人のふるまいを観察し、模倣することで人付き合いの方法を学んでいる。人形やおもちゃで遊ぶことが、社会的行動の練習になることもある。ＡＳＤの女の子が社交スキルの高い女の子のようにふるまっているときは、これまで見聞きしたことのあるセリフや会話を再現しているのかもしれない。このロールプレイは、状況を分析し、予行練習をするのに役立つ。[※5]

ＡＳＤの女の子に共通している「物語を読む」趣味も、コミュニケーションや人間関係について学べる貴重なツールである。後々、心理学や自己啓発書などを参考にすることもあるかもしれないが、この時点ではおそらくイーニッド・ブライトン（訳注・『おちゃめなふたご』シリーズで知られるイギリスの児童文学作家）が、ＡＳＤの女の子たちの社会研究の情報源になっているのだろう。思春期を扱う第5章では、ＡＳＤの女の子が同世代を模倣することで社会に適応しようとする様子について、より詳しく説明する。

。娘は他人のふるまいを観察して模倣することで友達をつくろうとしていましたが、特にうまくいくといったこともなかったようです。

（ＡＳＤの女の子の保護者）

。擬態という言葉がありますが、決して意識してやったわけではありません。無自覚に人のアクセントをまねることもありますが、わざとじゃないんです。（…）他の人から見れば、確実に変人枠だったと思います。当時は自覚していなかっただけで。小さな集団のそばで、ただ座っていたことを覚えています。存在しているだけでムカつかれることなく、社交の時間をやり過ごせればいいなと思って。

（ASD女性）

。私はただ自分の好きなことをやっていて、誰かに話しかけられたり、遊びたいと言われたりしたら、いつもこんなふうに言っていました。「いいよ。私はこのおもちゃで遊んでいるから、あなたはそっちのおもちゃで遊びなよ」。

（ASD女性）

物事を共有できない

幼い子どもたちが、必ずしも共有という概念を理解できるとは限らない。「ちょっとしか残らなくなるのに、どうしてあなたにあげなきゃいけないの？」。

通常、四～六歳頃に心の理論が発達することで、このような考え方が変化し、「自分のものをあげたら、お返しにもっといいものがもらえるという取引があるかもしれない」ことを理解するようになる。

ASDの子どもはこのスキルの発達が遅く、同程度に育たないこともあると考えられている。ASDの人と一緒に暮らしている人や、支援する人がよく口にするのが、「自分の思うがままの」世界を求めるということだ。ASDの子は、極端に自己中心的であるように見えることがある。それは他者にも要求があるという概念が、まだ発達していないだけかもしれない。女の子は他者の要求を感知することを求められるため、このような態度はあまり大目に見てもらえない。

共有には、次のような要素が含まれる。

・計画／現状の変化：今までしていたこととは違う状況に、適応しなければならない。
・他者：みんなが何を望んでいるのかわからない。自分一人のほうが楽だ。
・非言語コミュニケーション：この人には隠れた意図があるか？
・予測できなさ：いつになったらそれを返してもらえる？　自分の番はいつ？
・口頭での交渉：その場で社会的に受け入れられる対応が必要とされる。
・他人の行動の予測。
・持ち物や空間の共有：リスクが高く、コントロールと安全性が損なわれる。
・したくない可能性のあることをしなければならないこと。

多くのＡＳＤの子どもたちにとって、幼い頃に共有が有意義な取引だと思えない理由、単独行動のほうが理にかなっていてストレスが少ない理由を探るのは難しくない。かなりの数のアンケート回答者が、共有という概念に関する問題に言及している。共有の結果と利益を説明してもらえれば、必ずしも反対するわけではないという人もいる。そういう人は、周りの人たちから共有を期待されていると気づいていなかっただけなのである。

。娘は人とものを共有するのが非常に難しく、すべてを自分の思い通りにしたがります。（…）「大切な」おもちゃは、他の子どもたちが遊びに来る前に隠さなければなりません。他の人にお菓子をあげようなどとは決して思うことはなく、促されても拒否します。

（ＡＳＤの女の子の保護者）

。私は共有する能力はありましたし、実際そうしていました。ただ、特に共有したいという気持ちはありませんでした。なぜ共有しなくてもいいように、学校が十分な準備をしてくれなかったのか、理解に苦しみました。非合理的に思えました。

（ＡＳＤ女性）

直感的に他者の気持ちを読み取り、解釈し、理解できる能力の乏しさは、ＡＳＤの特性の中核である。つまりＡＳＤの人にとってはあらゆる人との関係が、ストレスや誤解のもとになる可能性をはらんでいるということになる。

第5章

変わっていく身体と複雑な友人関係
――思春期に出会う困難

一〇代は人生で最悪の時期でした。世界のことがさっぱりわからず、水から飛び出した魚みたいな気分でした。第二次性徴や体の変化もいたたまれなくて、「ゲッ!」でしたね。

ASD女性

何から始めればいいの?

人付き合いがぎこちなくて女友達がおらず、ボーイッシュでおとなしい女の子に、大量のホルモンを浴びせかける。これがASDの女の子にとっての思春期だ。うまくいくはずがない。

思春期は、あらゆる少女にとって難しい時期である。しかしそこにASDが組み合わさると、独自の問題が出てくる。家族からすると、思春期の子の行動がASDのせいなのか年齢のせいなのか、日によってわからなくなるという[※1]。

友人関係が変わり、求められるものが変わり、身体が変わり、感情が変わる。変化に慣れるのに時間がかかる人にとって、対応するのは一苦労だ。こうした変化に対する準備ができておらず、ただレゴを組み立てたり仔馬のまねをしたりしたいだけの女の子の場合は、なおさらである(クラスメイトは芸能人に夢中になったり、着るものに頭を悩ませたりしているというのに)。

。小学六年生のある時期(一一歳ぐらい)から、クラスの女の子たちの大半がハグをするようになりました。顔を合わせればハグ、別れの挨拶でハグ、廊下ですれ違ったらハグ。うれしいときも悲しいときもハグです。みんながハグして、興奮のあまり叫んだり歓声をあげたりするのを、私は戸惑いながら遠巻きに眺めていました。いったいハグにどんな意味があったのでしょう？　さらに言えば、なぜ私は三〇秒ごとにいきなり誰かをハグする必要を感じなかったのでしょう？

（エリザベス・ハーレー『ウルトラバイオレット・ボイシーズ（未訳、*Ultraviolet Voices*）』※2）

思春期を経験し、多くは当時未診断だったアンケート回答者の大半が、人生におけるこの時期をよいものとしては語らない。肯定的に報告してくれた人もいたが、その多くは同じような考え方をする変わり者の友人や、ＡＳＤを受け入れてくれる親切な定型発達の友人に恵まれた人だった。そのような人は必死に探さないと見つからない。一方で、受け入れられなくても幸せに生きていけるタイプの女の子もいた。

女性たちに一〇代の頃について話してもらうと、記憶に残っている典型的な感情として挙げられるのは次のようなものである。

。閉じ込められているという感じ。かごの中に入れられ、結局は縛られる。多くの人々にとっての一〇代は、自分を発見し、広い世界を切り拓き、キャリアや人生観などの新たな方向性を模索する輝かしい季節ですが、私の場合は何事も起こらず、相対的にぼんやりしている時期です。

（ＡＳＤ女性）

。のぞき見をしているような気分になることがよくありました。他人が何をしているのかを見て、その行動や反応をたえず観察していました。そのようにして、「普通にふるまう」ことを学んだのです。アスピィだと告げたときの周囲の反応から察するに、私は名女優です。

（ＡＳＤ女性）

同世代との関係性

。小さかったころは、社会の規範に無関心すぎて、自分がどれだけ変わっているかも、自分が「正しく」やれていないことにも気づいていなかったと思います。でも、大きくなるにつれて、自分は人と違っていると感づくようになり、なんとしても好かれたいと思うようになりました。

（ＡＳＤ女性）

難しくなる人間関係

ＡＳＤの女の子は、幼少期にはＡＳＤの男の子に比べ、社会性やコミュニケーション行動の問題がさほど深刻ではない。しかし思春期や成人になると、特に同世代との関係性において、社会的な困難を抱えることになる。※3

一般的な見解として、女性が同世代と行う活動は、男性と比較して、人付き合いやコミュニケーションに依存したものが主となる。男性の人間関係の大半は話題ベースやスポーツ・趣味の活動ベースであるため、言葉やしぐさの解釈をあまり必要としないことが多い。ルディ・シモンは、自身の相対的な社会的スキルの変化について、次のように説明している。

たくさんの友達がいました。（…）思春期までは。ところが突然、あたかも一夜にして、私の変わっているところがとてもイケてないということになりました。それまで単なる「違い」にすぎなかった私の社会性の「障害」が、あからさまな人格上の欠陥になったのです。※4

アンケートへの回答では、懸命に適応しようとして失敗したという話が多く見られた。難しい社交のルールを理解してその場の仲間に入り、受け入れてもらうには、研究と模倣と努力が必要だ。リアン・ホリデー・ウィリーは、自身の「同化行動」について次のように述べる。

私は物まねが上手だった。ことばのアクセントやイントネーション、顔の表情、手の動き、歩き方、細かなしぐさ、どれも薄気味悪いほど巧みにまねてしまう。まるで、相手その人になってしまったかのようだった。

（『アスペルガー的人生』ニキ・リンコ訳）

難しいのは、一〇代の友人関係を支配するシグナルやルールを理解できないことだけではない。特別な関心の対象とした他人に異常なほどに魅了され、夢中になってしまうことの影響から生じる困難もある。そのようなASDの少女は、「友人」を独占したがり、なぜ友人が他の人と過ごしたがるのかわからず混乱することがある。

。コニーはきれいだし、ピアノが弾けるなんて、すごくおしゃれだと思いました。コニーの行くところなら、どこへでもついていきました。なぜコニーがときどき私を追い払おうとするのか、なぜ私ではなく他の子と遊びたがるのか、理解に苦しみました。

（ウェンディ・ローソン[※5]）

「違い」の自覚

大きくなるにつれて、大半のASDの女の子は、自分は「人と違う」と認識するようになる。[※6]おそらく、同世代の女性の社会性の高さと自身を直接比較するようになるためだろう。アンケートに答えてくれた女性の多くは、診断を受けたのが何年も後であったにもかかわらず、当時の認識を覚えている。

。人と異なるOSを搭載し、優れたエミュレータを走らせているような気分です。何人かの人に打ち明けましたが、私が自閉症であることを知ってショックを受けたようです。私は適応できますし、ある程度までは人に合わせて行動することが可能です。でも、それは私ではないし、自分の中に何も満たされるものがありません。空虚で無意味です。

（ASD女性）

。自分が「人と違う」こと、なじめないことは強く意識していました。NT［定型発達］であることの何がそんなにすばらしいのかわからなかったので、なじみたいとも思わなかったのです。同世代と仲良くしようとしてもうまくいかないことが多くて、拒絶されているように感じていました。それに、恥ずかしい変な子だと親に思われているような気がしました。

（ASD女性）

こうした証言からは、多くのＡＳＤの人が抱えているパラドックスが感じられる。そのパラドックスとは、同世代に受け入れられたいという願望と、同世代の上っ面な関係性を軽蔑する気持ちとの板挟みである。アンケート回答には、大人になって、異質に思えた一〇代の世界に関わらなくて済むようになったことにホッとしたという感想も見られた。一〇代は、成熟した社会的関係で発生するあらゆるストレスと混乱がありながら、（通学の必要があるために）逃げるという大人の選択肢が与えられない時期であるようだ。

なじもうとする努力

ウェンディ・ローソンは、父親から女の子を紹介され、友達になるように言われた際、自らがとった作戦を次のように説明した。「彼女はたくさん質問をしてきました。私はそのほとんどに『はい』と答えました。それが一番安全だと思えたのです。それまでの私の経験では、『はい』と答えられた人は、みんな満足そうでしたから[※7]」。

なじもうとしていろいろな努力をしましたが、どれも失敗に終わりました。一〇代後半の頃には諦めの境地でしたね。小さい頃からわかっていたんです。自分が変わっているって。正直に言うと、最近は人に合わせることをほとんど気にしなくなりました。定型発達の世界と文化をありのままに見て、その一部になるために自分を売り渡すことにあまり興味がわかないのです。（ＡＳＤ女性）

・ふさわしい服装をしたり、人が興味を持っているものに興味を持とうとしたのですが、なかなかうまくいきませんでした。堪能ではない外国の言葉を話そうとするようなものでした。しばらくは気づかれずに済んでも、結局はいつもバレて自分の無知が露呈してしまうのです。

（ASD女性）

社会的関係、特に他の女の子との関係についての意見は、ASDの若い女性たちが同世代とは違う考え方や感じ方をしていることを明確に示している。彼女たちは友情の目的も、友情に求めるものも、友情への関心のあり方も、同世代とは異なっていた。いじめられていた人もいれば、排除されていた人、すみっこにいれば許されていた人もいた。

・現実の女の子たちは、一緒にいて楽しいもんじゃありません。特にうるさくて、キャーキャーはしゃいで、ヘアメイクした高校生たちはね。

（ASD女性）

・一三歳のとき、ある女の子が私を「ビッチ」と呼ぶ実験をしました。彼女は普通に親切にしてくれる、少なくともつらくあたったりはしない数少ない一人だったので、私は戸惑いました。それから彼女は「どう反応していいのかわからないのね？」と言いました。彼女ははっきり気づいていたのです。単に私がそのような発言に対する反応のレパートリーを持ち合わせていないということに。

（ASD女性）

目立たないようにする、興味を持たれないようにする、かわいがられて大目に見てもらう。このようなやり方で、同世代の女性たちに嫌われずに済んだ女性もいた。

。一〇代の頃はとてもラッキーでした。幼い頃から親友だった二人の女の子に「お情けで」くっついていられたからです。
（ASD女性）

。私はおてんばで、メイクこそしなかったけれど、もっと他の女の子のようになりたいと思っていました。大好きだったのはバイクです。バイクを手に入れて、分解して修理する方法を覚えました。
（ASD女性）

ネットの友達

現代の若い女性にとって、インターネットは対面のやりとりのややこしさを抜きにして、興味に基づいた友人関係を築ける場となっているようだ。インターネットで服装がふさわしいかどうか、表情が適切かどうかを気にする者はいない。若い女性の中には、すべての交流がインターネットベースで、リアルで社会と接触することはまったくないと答えた人もいた。ゲームが大切な交流の場となっている若い回答者も何人かいた。彼女たちはゲームのコミュニティに参加することで友人をつくっていた。

。友達はネットの人たちです。男性も女性もいますし、その中間の人もいます。頻度はまちまちですが、いつも一対一で話しています。もっとたくさん友達がほしいけれど、彼らの負担にならないようにはしたいです。

（ASD女性）

精神衛生上の問題

思春期に入ったASDの少女は、社会生活能力、自己管理、学力、自立などの面で、期待されることが増える。このため、精神衛生上の問題が目につきやすくなることがある。この時期に不安、自傷行為、摂食障害の明らかな兆候が見られたとしても、未診断であれば専門家はASDに関連づけることはないだろう。こうした行動は単に思春期のせいだと誤解され、ASD生活のストレスに根本から対処することなく治療されることもある。

- 一〇代の頃の私は、周囲に溶け込むために若者らしい行動をとりました。ナイトクラブにだって行きました。まったく好きになれませんでしたが。ガールスカウトのキャンプに行ったら、ストレスのあまり体調を崩す始末です。そんなことがあったというのに、学校の友達とスペイン旅行に行ってしまいました。ただ、そうすることが期待されているからという理由で。でも精神的なダメージが大きく、途中で帰ってきました。回復には一年かかりました。

（ASD女性）

- 孤独感もありますが、自分の問題で人に負担をかけてはいけないし、何事も一人で取り組むべきだと思っています。というか、みんなと同じくらい自分だってできるんだって証明するには、こうするしかないんです。

（ASD女性、一八歳）

特徴が見えなくなる

女の子が成長するにつれて、ＡＳＤの典型的な特徴が目立たなくなることがある。このことは特に、知的能力と自己認識力の高い人に当てはまるかもしれない。何を求められているか、何が許されないとされているかを学習したおかげだ。これまで見てきたとおり、ＡＳＤの若い女性は、しばしば優秀な社会人類学者となることがある。他者の行動を研究することで、定型発達者ならどうふるまうかを正確に予測し、それを模倣して社会的な承認を得るのだ。少なくとも、見過ごしてはもらえる。彼女たちの試みは、必ずしも完璧に成功しているとはいえない。まだ診断のついていない若い女性のどこを見ればよいのかは、彼女たちの経験が参考になるだろう。

コミュニケーションと社会的理解

◦一七歳にしてようやく、アイコンタクトのしかたを教わりました。それまでは、適切なやり方がわからなかったので、ただただ避けていました。

（ＡＳＤ女性）

◦人付き合いで、私は冷たくすかしているように見えたかもしれません。そんなつもりはなかったので残念です。定型発達の人たちが好む表情やしぐさをしないので、自分のことを知ってもらう前にネガティブな判断を下されてしまうのです。

（ＡＳＤ女性）

。一〇代の頃は、他の女の子から「何見てんだよ」と言われてばかりでした。そんなふうに言われる理由がまったくわからず、怖かったです。私の表情のせいで怒っているのは明らかなのに、私には何がなんだかわかりませんでした。

（ＡＳＤ女性）

この時期の関心事

ＡＳＤの人は生涯を通じて強い関心事を持つが、関心の対象は年齢とともに変化し、発展していくことがある。アンケートに答えてくれた若い女性たちの場合、子どもの頃と同様に読書に熱中する人が多かった。絵を描くこと、文章を書くこと、裁縫、コレクションも報告されている。これらは一人で楽しむ趣味で、こうした趣味を同世代と分かち合うと述べた人はいなかった（例外は、同じ部屋にいなくてもリモートでやりとりできるゲームだ）。

ＡＳＤ少女の関心対象で多くを占めるのは、やはり人である。その関心は、架空のキャラクター、あるいは顔見知りへの執着や恋という形で現れる。このような趣味は人と交わらなくてもできるため、引っ込み思案、孤立、抑うつ、社交不安につながるという考えもあるだろう。実際そうだとしても、同時に原因となっているＡＳＤを隠してくれる可能性もある。

。私は音楽に首ったけでした。自分が生まれる前の音楽が好きで、同世代がハマっているものは嫌いでした。一〇代の頃は、五〇〜六〇年代のロックンロールが好きで、お気に入りの曲を何度も何度も再生していました。歌詞もアーティストにまつわることもすべて知りつくしました。

（ＡＳＤ女性）

◦一〇代の頃は、イギリス海軍に夢中でした。当時、私が夢中になったのはほとんど人間だったと思います。彼らとパートナーになって、一緒に未来を築いていきたいと思っていました。クリケットにも数年間夢中になりました。プレイするのも観戦するのも好きでした。（ＡＳＤ女性）

◦一〇代から大人になるまで、物語を読んだり、ゲームをしたり、テレビでドラマを見たりすることに大半の時間を費やしていました。実在の人物よりも、フィクションの登場人物に親近感をおぼえたことは何度もありました。（ＡＳＤ女性）

変化への対処が難しい

◦家に帰ると、新しいソファが置いてあり、古いソファは庭に出されていました。またしても私は頭にきて、庭にある古いソファの上に座り、外で暮らすと言い張りました。自分でも理由がわからない強烈な反発心が生まれ、母にひどいことを言ってしまいました。（ＡＳＤ女性）

私が質問した女性のほとんどが、有能そうに見えるにもかかわらず、計画や日課が変更されると対処できないという問題をずっと抱えていることを報告した。一〇代であれば、このような問題によって感情が暴発したり、再確認や詳細な情報を求めて不安になったりすることもあるだろう。これは典型的な一〇代らしい行動かもしれないが、後から振り返ってみればＡＳＤの特性で説明がつくこともある。

環境や計画に少し変更が加えられただけでも、ASDの少女にとっては言葉にできないほどの多大なストレスになったり、その時点での人生の見通しが立たなくなってしまったりする。ASDの女性は変化に伴う不安やストレスを内に秘めてしまう傾向にあるという事例が、しばしば報告されている。状況に対処できない自分に注目が集まるのを避けたいと考えているようだ。そのため、実際には対処できていないのに、他の人には対処できていると思われてしまうことになる。感情を抑圧し、隠そうと苦心することで、長期的な精神衛生上の問題が発生することもある。取り繕ってきたうわべが最終的に崩壊し、抑圧されたストレスが表出してしまうのだ。

自立スキルを養う

ASDの少女の多くは、潜在的な困難を隠しながらも、高い能力を持ち自立していた。普段は行儀よくふるまい、頼まれたことをきっちりとこなし、成熟した良識のある人と見られていたのである。往々にして大人は、小さな大人のようにふるまう子どもを気に入りがちだ。子どもが大人のようにふるまうということが、必ずしも望ましいとは限らないということをわかっていないのだろう。

。私は誠実で責任感のある人間でした。（ASD女性）

。私は世界のことを、解かなくてはいけないパズルだというふうにとらえています。ストレスはあるものの、入念に計画を立てれば支障はありません。（ASD女性）

。細かく書き込んだスケジュールとやることリストを使って管理しています。私は短期記憶が苦手なので、これなしではうまくやれません。（ASD女性）

能力に対する期待に応えることができないことに気づき、そうした困難を隠しつつ、自分なりの対処法を見つけている人もいた。

。公共交通機関が苦手で、バスに乗らずに片道二マイルの距離を歩いて通学していました。なぜバス通学が困難だったのかはわかりません。おそらくバスの運転手や、同乗している生徒たちとの交流が避けられなかったせいでしょう。私はただ、それに対処することができなかったのです。一人の時間がほとんどなかったので、往復四〇分を一人で歩くのが癒しでした。（ASD女性）

生理と身体の変化

ASDの女の子の場合、同性の友達が少ないために、思春期における身体やホルモンの変化についての理解と知識を十分に得られないおそれがある。一般に、若者たちの性知識の主な情報源は、同性の同世代集団である。ASDの若い女性が性知識に関する情報に触れ、質問する機会を得られるようにする支援は欠かせない。

シャナ・ニコルズらの著書『自閉症スペクトラムの少女が大人になるまで』（テーラー幸恵訳、東京書籍）は、ＡＳＤの女の子があらゆる思春期関連の問題に対処するための総合的なガイドである。何が起こっているのかまったくわからないまま、自分の身体の変化を目の当たりにすると、まったく正常であることに対して不安や恐怖を引き起こしかねない。ＡＳＤの女の子は、自分が異常なのではないかと恐れて、悩みを誰にも話せなくなることがある。

○一一歳くらいの頃、新聞売り場で“Mizz Book of Love”と題された雑誌を見つけました。この雑誌は思春期の身体の変化、セックス、性感染症、妊娠などの事実に基づいた情報の宝庫でした。この雑誌に出会えてよかったです。身体の変化にショックを受けなかったのは、何が起こるかわかっていたおかげです。それどころか、大人の女性に変わることがうれしくて、わくわくしていました。私は、ＡＳＤの女の子に対して、踏み込んだ性教育が必要だと確信しています。私はすでに六歳の娘と、性虐待を含む人生の現実について語り合っています。娘は何でも質問しますし、私はどんなことにでも答えます。性教育の大切さを痛切に感じています。娘には知る必要があるのです。

（ＡＳＤ女性）

○一二歳のときに生理が始まったのですが、いやでたまりませんでした。ママは生理について何も教えてくれなかったし、他の女の子からも教えてもらえませんでした。学校で生理についての話を聞きましたが、ずっと内容にゾッとするばかりで、理解したくないって思いました。生理用ナプキンが回ってきて、触れるのを拒否したのを覚えています。「余計なお世話。こんなことが私の身に起こるわけない！」ということにしたかったんだと思います。

（ＡＳＤ女性）

清潔を保ち、生理用品を取り換え、いたたまれないミスを避けることは、思春期に達する少女たちに教える必要のあるスキルである。リアン・ホリデー・ウィリーは、タンポンを替えるのを忘れて家具に血のしみをつけてしまったという、よくある「事故」について書いている。[※8]少女の中には、いつブラジャーを着け始めるべきか、保護者にどうやって話せばいいのかわからないという人もいる。

ブラジャーの着用には、慣れが必要である。特に触覚過敏のある場合には、耐えられないほどの不快感を覚えることもある。『自閉症スペクトラムの少女が大人になるまで』には、ブラジャー着用の問題と、どうしてつけなければいけないかという考えについて記されている。

ASDの女性の中には、ブラジャーを着用しないことを選んだまま大人になった人もいる。それは個人の権利ではあるが、好ましくない事態を招きかねない行為である。ブラジャーの必要性がわからないという、非常に胸が豊かな若い女性を担当したことがある。胸の形があからさまに見えていたために、周囲にじろじろ見られて否定的にあげつらわれていたことに、彼女は気づいていなかった。ブラジャーを着けないと胸や背中を支えるものがないため、身体的な健康にも影響を及ぼしかねない。決定権は本人にあるが、情報に基づいて選択できるよう、他人の認識や身体への影響についての率直なアドバイスが必要だ。アドバイスを受けた結果、彼女はノーブラを続行した。他人にどう思われようが気にしないということだった。

ASDの女性の中には、しっくりしない社会的規範には従いたくないという人もいる。引き起こされる結果をすべて知った上でそうするのであれば、支援しなくてはいけない。

思春期の始まりに伴い、衛生も重要視される領域となる。ＡＳＤの少女は、不潔さや臭いが健康や社会に与える影響をあまり理解していなかったり、気にしていなかったりすることがある。不潔さや臭いがもたらす結果や身だしなみの実践的な技術について、細かく教える必要があるかもしれない。ＡＳＤの人がシャンプーの必要量やすすぎ方、デオドラント剤の目的について知らないことは十分想像できる。

◦衛生意識が高くないので、私が洗うのは炎症を防いだり、他人に臭いと思われたりしないようにするためです。私は臭くてもあまり気になりません。（ＡＳＤ女性）

概して一〇代は、ＡＳＤの少女にとって大きく変化する時期であり、発達や学習の時期であると結論づけることができる。あらゆる若者にとって難しい時期ではあるものの、交友関係から排除されたり、友人関係の性質が変化したり、家族や教師からの期待が高まったりすることによって、ＡＳＤの少女はさらなる課題に直面するのである。

第6章

家の外はカオス――学校生活に必要な支援

学ぶことが大好きで、知識への欲求がとても強いのに、アスパーガールにとって、学校は楽しい場所とは限りません。きっと楽しいはずだと他の人たちは思うかもしれませんが、そうではないのです。

ルディ・シモン『アスパーガール』（牧野恵訳）

学校でどう過ごすか

わかりきったことをいうようだが、子どもは起きている時間の大半を学校で過ごしている。学校は、家とは違う。学校には、父母・家族などの保護者はいない。さらには、完璧にカラーコーディネートされた「マイリトルポニー」や「X-MEN」の未開封コレクションもない。学校にはたくさんの人がいる。ルディ・シモンはこう書く。「ほとんどのアスパーガールが同じことを言います。学校は退屈で、自分はいじめられていたと[※1]」。

自閉スペクトラム症（以下、ASD）の子どもにとって、学校はあらゆる面で自分がコントロールできないもので構成されており、大きなトラウマと不安が生じやすい場所だ。学校はたえず人付き合いが発生する環境であるとともに、知識を深め、役に立つことを学べる、構造化された場でもある。子どもにとって学校での経験がポジティブなものになるかネガティブなものになるかは、多くの場合、権限のある人たちがＡＳＤを理解し、助けようとする意志を持っているかどうかにかかっている。

女児の場合、前述のように診断が遅かったり、未診断だったり、女性の症状への理解が進んでいなかったり（「この子はおとなしいから問題ない」）するために、学校経験がポジティブとは程遠いものになりがちだ。アメリカとイギリスにおける教育の選択肢とプロセスについて、一章を割いて概説している。英米の学校生活について実用的な情報と考慮事項を知りたい方には、同書をおすすめする。

本書でＡＳＤ女性が成人になった結果を見ていけば、知性が必ずしも一般的な意味での成功をもたらすものではないことがわかるだろう。ＡＳＤの女性の多くは、自分なりの成功への険しい道のりを見つけなければならない。その成功は、聡明で物静かな「本の虫」から想像されるような将来像とは異なる形で、人より遅れて訪れるかもしれない。

本書の調査に参加したＡＳＤの少女や女性たち（特に大人になってから診断された人）は、概して学校でつらい思いをしていた。早期診断や支援がなく、学校生活をどう受け止めているかをわかってもらえなかったためだ。彼女たちがどのように感じていたか、何がうまくいかなかったのかを知っておけば、ＡＳＤの女の子が同じ経験をしないように対策を講じるのに役立つ。次の文章は、ある母親が娘に対して抱いている望みである。

。娘がＡＳＤであると認められるまでには、長い道のりがありました。一度支援が整えば、その違いは目覚ましいものです。私にもこれくらい理解があったらよかったのにと思って、あやうく嫉妬しそうになりました。娘が私のようにならないようにすることが、私の使命です。自宅は娘の避難所で、私たち両親は娘を愛し、理解し、支援します。そして私は、学校が同じようにしてくれることを求めるつもりです。娘の望みや興味のあることが、すべて支援されるように。娘がかつての私のような満たされない思いをするなんて、考えるだけでも耐えられません。振り返って、自分の興味が満たされていたらどうなっていただろうと思います。

（ＡＳＤの娘を持つＡＳＤの母）

何らかの形で正規の教育を受けるようになってから、子どものＡＳＤが明らかになることがある。どんな子どもにもそれぞれ癖や好みがあるが、それは家庭の中で満たされ、管理されている。一日に数時間、たくさんの子どもや数人の見知らぬ人と過ごすことを強いられるようになって初めて、問題が生じるということもあるだろう。

家では母親を積極的に手伝い、お客さんに礼儀正しく話しかけ、家族にはリラックスして接し、おもちゃやコレクションを喜んで整理しているような子は、目に見えるストレスの兆候を示さない。おそらくストレスがないからだ。子どもが登園し始めた体験談を尋ねると、次のような報告が得られた。

就園は大変でした。それまでの娘は、それは幸せそうなかわいらしい女の子だったんですよ。よほど不安に苦しんだのでしょう。正直なところ、娘は登園を諦めてしまったのだと思います。娘がもう少し大きくなって、学校が難しいようだったら、ホームスクールを検討するつもりです。この子が受けているダメージは、わかりすぎるぐらいわかるのです。

（ＡＳＤの女の子の保護者）

。ひどいものでした。そのときになってようやく、娘が人と違っていることを心から思い知りました。

（ASDの女の子の保護者）

なぜこの新しい場所に行かなければならないのか、まったくわからないという子もいる。ある程度の年齢になれば、単に「そういうもの」だと自明に思えるようなことでも、ASDの子どもの場合はそう思えない可能性がある。

遊びの場は社会生活への順応を促す側面があり、子どものためになるとみなされている。これはほぼ普遍的な信念だろう。女の子の場合はなおさらそうだ。だが、ASDの子どもには合わないかもしれない。集団での遊びの場に参加することに意味も利点も見出せず、利点よりも苦痛のほうがまさるというASDの子もいる。多くの保護者には、この意見を認めるのは難しい。一人でいるのは、子どものためにならないと信じているからだ。しかし、年齢を問わず多くのASDの人にとって、一人でいることは何よりもすばらしいことなのである。

。私は取り乱して涙を流しました。行きたくなかったのです。意味がわかりませんでした。幼稚園に向かう車の中で、いつも吐いていました。

（ASD女性）

子どもの対応能力が生まれて初めて限界に達し、これまでとはまったく異なる行動が観察されることがある。子どもから見れば、世界が突然見る影もなく変貌し、きわめて恐ろしいものになっているのかもしれない。（聖域である）自宅を離れてみれば、そこは不協和音に満ちた迷宮のような、見知らぬ人だらけのカオスなのだ。

アンケートへの回答では、大人になるまで診断がつかず、配慮を受けることなく学校生活を送らざるをえなかった人たちと、子ども時代に診断を受けて支援を得られた人たちとの間には顕著な違いが見られた（ただし、支援は両親が懸命に戦ってきた結果で、子どもにとっては当初はトラウマだったかもしれないが）。

。幼稚園への移行が至難の業でした。娘は取り乱し、行きたくないと言うのです。園長先生からは三週間毎日付き添うように言われ、私は少しずつ付き添う時間を減らしていきました。園長先生はこんなに長い間、このような反応をする子は初めてだと言っていました。小学校への移行のほうがはるかにましでした。この頃には、おそらくＡＳＤであることがわかっていたので、包括的な移行計画が立てられました。娘はすぐに学校になじんで、楽しんでいました。（ＡＳＤの女の子の保護者）

アイリーン・ライリー＝ホールは、娘の教育について話し合う面談の際は、娘の写真を持参することをアドバイスしている。娘が「費用対効果の高い方法で作成されるプログラムではなく、一人の人間である」[※2]ことをその場にいる人々に思い起こしてもらうためである。

大人になってから診断を受けた女性の思い出には、悲観的で読み進めるのがつらいものが多い。「恐ろしい」「ひどい」「ゾッとする」「取り乱した」といった言葉が並ぶ。一方、支援を受けることができた子どもたちの保護者は、まったく異なる肯定的な体験をしているようだ。両者の経験を比較すれば、大いなる希望がもたらされる。知識を身につけ、接し方を変えれば、ＡＳＤの子どもたちの日常を実質的に改善できるという考えが裏づけられるからだ。大人になってから診断された女性の体験談は、現代のＡＳＤの子どもが体験するべきではない世界とはなにかを伝えてくれる。

- 初めの頃（…）教室から別の教室に移るときに、泣いてドアの後ろに隠れていたことを覚えています。何が起こるのかわからなかったからです。（ＡＳＤ女性）
- 母曰く、私は保育園を嫌っていたそうです。私が大泣きするので先生にしょっちゅう呼び出され、いつになってもフルで預けることができなかったって。（ＡＳＤ女性）
- 恐ろしいトラウマ体験。残念ながら改善されることはありませんでした。（ＡＳＤ女性）
- 学校の環境はストレスフルで、騒々しく、わけもなく私を嫌っているように見える人ばかりでした。（ＡＳＤ女性）

このようなコメントや体験談の多くは、男の子にも女の子にも当てはまるだろう。だが中には、女性の特性をよく表しているものや、女の子のふるまい・社交力への周囲の期待の大きさを示すものもある。ＡＳＤの女の子は、そのような期待に合わせることができない（もしくは合わせる気がない）かもしれない。

このような女の子らしさへの期待が、いかに根強く、社会の中核をなしているかを伝えるのは難しい。期待に応えることができない女の子たちを意識的に認め、人と違っていても等しく受け入れられるべき存在として見るのは、いかに大変なことか。

ＡＳＤの子どもの教育に関する本はたくさん出版されており、いずれも育てるコツやツール、技術などについて掘り下げて書かれている。本書でもいくつか触れるつもりだが、その主な目的は、学校環境における女性の体験を明らかにすることにある。専門家やＡＳＤの女の子の保護者たちに、この先に待ち受ける恐怖を見せて脅すつもりはない。むしろ、未来の少女たちに、このような経験をさせないためのものである。

次項から、教育環境ごとに起こりうる困難を記す。それぞれの段階で、さまざまなレベルの困難がさまざまな側面によって引き起こされるため、全教育段階を通じて一貫した困難があるわけではない。ある年齢層だけを切り分けるのではなく、教育全般における潜在的な問題を把握するために、すべての教育環境に目を通すことをおすすめしたい。あなたが関わる子どもや大人は、ここで述べた内容の多くをすでに経験しているか、進級するにつれてこれから経験することになるかどちらかである。いずれにせよ、彼らの過去の影響と将来の可能性を包括的に考察することにより、専門家は適切な教育的措置を検討できるようになるはずだ。

就学前——幼稚園、保育園

物理的環境

幼稚園／保育園は、家族以外の人たちと慣れない環境で長い時間を過ごす、初めての経験の場となる。イギリスでは、就学前教育は学習の場として建てられた建物ではなく、教会のホールやボーイスカウトの小屋、レジャーセンターなど、多目的に使われる建物で行われることがある。部屋は広くて古く、音響がおかしいことが多い。設備は開始時に設置して終了時に片付けなければならず、用具やスペースが限られていて、あまり柔軟性がない。ASDの子どもにとっては、騒音や音響のみならず、空間のレイアウトに一貫性がないこともストレスを感じる要因となる。

私は、自分のいないところで教室の設備が動かされることに耐えられない子ども（や大人）を担当したことがある。設備を動かされると、まったく別の場所に入るように感じるらしい。部屋に入るたびに、自分がどこにいるのかということをいちいち再設定する必要があるというのだ。このような単純なことが、いわゆる「挑戦的行動」につながる可能性がある。

教務スタッフ・支援員

幼児教育が、ボランティアによって運営されている場所もある。ボランティアの場合、ASDの知識が限られていたり、ASDの子を扱った経験がまったくなかったりするかもしれない。特に幼児期は、言葉や全体的な発達の遅れが顕著でない限り、診断がついていないことが多いからだ。

一方で彼らは、定型発達の幼児の行動については十分な知識があるだろう。普通の子どもならばできるはずという期待が、ＡＳＤの子どもにとってはとてつもないプレッシャーになりうる。だが、なぜその子がそんなに苦しむのか、誰にもわからないのだ。ちくちくするカーペットの上に座ったり、濡れた砂を触ったり、他の子どもと手をつないだりしなければならないのは、ＡＳＤの子どもにとっては耐えられない環境かもしれない。

◦先生たちは私の髪を結ぼうとするのですが、それがとても苦痛でした。最近になってＡＳＤの人に頭皮過敏があると知るまで、私は先生たちのことを「ひどい」「髪を強く引っ張りすぎで痛い」と責めていました。

（ＡＳＤ女性）

幼児教育の現場で働くスタッフの訓練と意識向上は、ＡＳＤの女の子が幼児期にポジティブな経験をする上で欠かせない。この段階でＡＳＤだと疑っているのが保護者だけであってもそうだ。この年齢の女の子の多くは診断を受けていないと思われるが、正式な診断の有無を問わず、人と違う初期の兆候が見られたら対応する必要がある。

施設管理者ではどうにもならない要因もあって、環境の調整には限界があるかもしれない。だが、ちょっとした工夫が大きな違いをもたらすことがある。ヘッドフォンを用意して静かな空間を確保する、先生の手ではなく先生のベルトを持つことを許可する、砂場で遊ぶときはゴム手袋をするといったようなことだ。ビーンバッグ（訳注・やわらかい袋に豆や穀類などを詰めたボール）や、お気に入りのおもちゃもあるとよい。ストレスや負担を感じている子どものちょっとした息抜きになり、不安を軽減してくれるだろう。

決まりのない場所や遊びへのとまどい

幼児教育の場は、スケジュールが非常に流動的でフレキシブルだ。はっきり教えてもらわない限り何が起こるかわからないということは、ＡＳＤの子どもの場合、さらなる困難を生じることがある。保護者があとでお迎えにくるということを誰にも教えてもらえなかったために、置き去りにされたと思って心を痛める子もいる。想像力に乏しい子は、保護者とはもう二度と会えないと思い込むかもしれない。これでは不安を感じるのは無理もないことである。

ある程度先々の予測がつく予定表を作成しておけば、ＡＳＤの子どもは日々の見通しをつけることができる。いつどのように始まって終わるのかを知ることで、対処できるようになるかもしれない。視覚的にはっきり伝えることは、子どもが不安な気持ちを自分でコントロールするのに役立つ。

。保育園では、娘は構造化されていない遊びが落ち着かないと感じているようでした。単語の綴りやシンプルな事実などについて、大人たちの間違いをよく指摘していました（たいてい娘が正しい！）。超然として、気取った感じに見えました。

（ＡＳＤの女の子の保護者）

イラストを交えた一日のスケジュールを壁に貼っておくことで、確実に起こることがわかり、子どもは必要な情報がどこにあるのかを知ることができる。子どもが楽しみにしている活動があれば、その活動への参加を促すこともできるだろう。子どもの興味に合わせて調整できるならなおさらだ。明日は猫の絵を見たり、猫の絵を描いたりできるよと伝えておけば、行き渋りがあっても猫が好きな子どもなら、参加する気になるかもしれない。

動機づけという点においては、友達関連はうまくいかない可能性がある。後述するように、他の子どもたちこそが、登園を難しくしたり、不安にさせたりする原因であることが多いからだ。「友達と遊ぶ」ために保育園に行こうとＡＳＤの女の子を説得しようとすると、おもちゃを貸し借りすることの恐ろしさを思い出して、泣いてパニックに陥ってしまうかもしれない。

ＡＳＤを持つ多くの子どもにとって、自由な遊びの時間は、なにより対応が難しい。興味のあること、お気に入りの保育者、特定のおもちゃ、休み時間のビスケット、一日を乗り切ったら帰り道にチョコレートをあげるなど、その子のやる気を引き出すものを見つけておくと、うまくいきやすい。

小学校

小学校にあがる際、ＡＳＤの子どもは少なからずショックを受ける可能性がある。制服の着用が求められれば、不快な感覚に耐えなければいけないかもしれない。過ごす時間は二倍に増え、お昼寝タイムは過去のものとなる。

ＡＳＤの子どもたちの中には、学校が課す明確な規則、構造、制限が受け入れやすいという子もいる。ルーティンが決まっていると安心感が得られるためだ。一方で、人の多さと拘束時間の長さに耐えられない子どももいる。学校は何をするところか、これから過ごすことになる環境についてある程度把握しておくため、就学前に入念な準備をしておくことが必要となる。

。娘にとって、学校は精神的に疲れる場所であるようです。（…）学校の門を出たとたんに、「爆発」することもよくありました。一緒に歩いて家に帰る間は、一言も話しかけないほうがよいということを学びました。会話をするとパニックになってしまうからです。（ASDの女の子の保護者）

ASDの女の子は一見、何の問題もないように見える場合もあることに留意する必要がある。親切で礼儀正しい理想的な子どもであっても、それは最初だけかもしれない。その女の子が成長し、人付き合いと学習で求められるものが多くなると、仮面がはがれ始めることがある（この二つの領域で要求水準が高くなると、ASDの女の子の不安が増すことがわかっている[※3]）。そしてこれまで見てきた通り、仮面がはがれ落ちた結果、精神衛生上の問題らしきものがあらわになりかねない。とはいえ、注意深く観察すれば、少女の行動の変化は、学習によってつくり上げた定型発達という仮面を維持できなくなった結果にすぎない。

他の研究[※4]でも見られた重要な点は、ASDの女の子は、規範に順応してトラブルを起こさずうまくやっていきたいと願っているということである。専門家は、女の子が一見無礼だったり、自信なげだったり、あからさまに反抗的だったりしても、表面上はともかく実際には適切な行動をとろうと懸命に努力しているということを常に心に留めておこう。そうすれば、その子が言いたいこと、やりたいことを理解して支援できる。また、将来的にやりたいことをするための道を示すことができるだろう。

休み時間の難しさ

多くのＡＳＤの子どもたちにとって、休み時間は学校生活の中で一番やっかいな時間である。授業という構造がなくなり、全児童が遊び場に放り出される。いきなり社会性が重要視され、複雑な人間関係、交渉、遊びのルールを理解することが求められる。ＡＳＤの女の子は「休み」時間のあと、教室を出たときよりも疲れ果てて戻ってくることすらある。学校でのふるまい、成績、心の安定を考える上で、これは検討しなければならない重要なポイントである。

。校庭は騒がしくて、めちゃくちゃなカオスでした。私はお昼ご飯を食べに家に帰り、子どもがごったがえすお昼休みを避けることにしました。（ＡＳＤ女性）

。教室に残って本を読んでいたかったのですが、許してもらえませんでした。休み時間はほとんど一人ぼっちで過ごしていました。（ＡＳＤ女性）

。毎日休み時間になったら、お仕置きの壁（悪いことをした子が立たされる場所）の近くでたたずんでいました。何もせず、ただ立っているだけです。（ＡＳＤ女性）

。娘にとって、いまだに休み時間は苦労が絶えないようです。学校には、もっと見てあげてほしい、室内の静かな場所にいさせてほしい、不安が大きいときには食堂以外でお弁当を食べられる場所を用意してほしい、とお願いしました。どれも娘がとても苦手なことなのです。

（ASDの女の子の保護者）

女の子は成長するにつれて友人関係が変化し、おもちゃ中心のごっこ遊びから、人物や人柄を中心とした洗練された人間関係へと移行する。女の子は他の女の子（や男の子）についての話をするようになり、付き合いは繊細なニュアンスを含んだものになり、友達への忠誠心はころころ変わる。ASDの女の子は、年齢を重ねるごとに、まずはこのような変化が起きた理由を理解するのに苦労し（昔のままだったら幸せだったのに）、それから新たな社交の場で自分自身を保つことに苦労する。※5 学校の休み時間は、この新たな恐怖をもたらす主な場だ。しかも、それは一日に三回も訪れる。休み時間は一日の中でも、「楽しい」とされている時間のはずなのに。

保護者は、我が子も当然放課後に友達と会いたがるはずだと期待してしまうかもしれない。ある女の子の保護者は、放課後の付き合いについて、娘の考え方を見事に説明している。

。学校に通い始めて二、三年のうちは、友達と遊びの約束をすることはめったにありませんでした。娘曰く、「一日じゅう学校で一緒にいたのに、これからまた友達に会いたいと思うわけがないでしょ?」。

（ASDの女の子の保護者）

学習スタイルの特徴

本書の調査に参加した女性・女の子たちの多くは、おしゃべりが早熟で、語彙も豊富であることも珍しくない。だからといって、勉強を難なくこなしていたとは限らない。教育システムが、定型発達向きにつくられているからだ。学習の場でも、社会性は常に求められることを忘れてはならない。つまりASDの女の子は、社会的な要素と学問的な要素の両方を理解するために、二倍努力しなければならないのである。

- 他の子には、ほとんど興味がありませんでした。一人で本を読んで自習したり、個人レッスンを受けたりするほうがよっぽどいいと思っていました。子どもたちが周りにいると勉強がはかどらないし、心の安定や精神衛生の面でもよくありませんでしたから。（ASD女性）
- いつも空想に耽っていて、口頭での指示に従うのが苦手だったので、勉強にはかなり苦労しました。（ASD女性）
- 勉強はかなり得意でした。最大の問題は、おそらく自分の傲慢さです。他の子はもちろん、先生よりも自分のほうが優れていると感じていました。（ASD女性）

ASDの人は、構造があって次に何が起こるか予測できれば、暮らしやすくなることが知られている。予測がつけば不安が軽減され、学習能力が高まるということだ。学校は儀式、ルーティン、構造の宝庫だが、残念ながらその大半は無意味である。学校の決まり事の多くは論理ではなく、社会やコンプライアンスに基づいて定められているためだ。有益さや必要性を子どもがわかるように説明されることがないまま、このような社会的行動が押し付けられることもある。

自分がやるべきだと知らなかったこと、あるいはやるべき理由がわからなかったことで叱責されると、次回やるべきときの状況を理解できず、不安を引き起こしてしまう。ＡＳＤの子どもが学校嫌いになるのは、明らかに「勘違い」をすることがわかっていながら、いつ、何を間違えるかはわからないということが理由だろう。

ＡＳＤの女の子は、苦しみを表に出さない傾向がある。※6「内気」な特性のために、学習困難に気づかれないことも考えられる。このような女の子たちは、単に成績の悪い女の子として見過ごされてしまいかねない。周囲に溶け込みたい、周囲からバカだと思われたくないという願望があるからこそ、質問に答えようと手を挙げるのを避け、いかなる形であれ目立つことを嫌がるのかもしれない。

。娘は完璧主義者です。（…）間違えるといけないからと、何年ものあいだ手を挙げたり、質問に答えたりすることはありませんでした。（…）娘はいつも後ろのほうの席に座って、ほぼ無言で過ごしています。それでも、どうにかいい成績をとっています。

（ＡＳＤの女の子の保護者）

。娘は「先生に迷惑をかけたくない」「怒鳴られるかもしれない」という理由で、先生に話しかけようとしません。わからないことがあっても、絶対に聞こうとしないので困っています。

（ＡＳＤの女の子の保護者）

好きな科目・嫌いな科目

アンケートに協力してくれた女性たちに、学校で好きな科目を質問したところ、美術と国語がトップだった。美術と国語は、「男性の」ＡＳＤに典型的とされる得意科目（通常は数学や情報技術）ではない。こうしたことが、文学的でクリエイティブな女の子に対して、ＡＳＤの診断を検討することを難しくしているのかもしれない。

彼女たちの多くは読書家で、学校では本に夢中になっているときが一番幸せだったという。典型的な女性の趣味だと認識されているお絵描きや塗り絵も好きだ。現実の世界で人間関係の情報を集めるより、一人きりの世界で事実に基づく（あるいはフィクションの）情報を集めることを楽しみ、好きな科目の知識は広範囲に及ぶことがある。

個人的な経験でいえば、私はいつも教師から「怠け者」の烙印を押されていた。話し方が早熟でギフテッド（訳注・生まれつきずば抜けた知性を持つ子ども）レベルであったにもかかわらず、成績で「A」をとったことがないせいだ。私がしょっちゅう口にしていたのは、「答えはわかっているけれど、問題がわからない」である。わからずに困っていたのは自分の言葉ではなく、他人の言葉だった。言語処理（話し言葉と書き言葉）に問題があったせいで、習得に苦労することも多かった。知性と論理を使ってどうにか切り抜けることができたのは幸いだったが、それにも限界がある。これは大人になっても変わらない。

ＡＳＤの女の子はＡＳＤの男の子と同じく、学習特性が独特でムラがある。すべての科目において学力が一貫しているというよりは、科目ごとに極端な凸凹がある場合がある。これには、いくつかの複合要因がある。

・ＡＳＤ自体の認知特性
・教わる科目の特性
・生まれつきの処理スタイルと能力
・教え方
・子どもがその科目に対して抱いている興味とやる気のレベル

これらの要素のすべて、または一部が組み合わさって、特定の科目の能力に大きな差が生じる。科目の性質や教えられ方によって学習内容がわからなくなると、ＡＳＤの子どもはスイッチを切り、興味を持てないと感じてしまう。ＡＳＤ特有の論理性によって、「うまくできないとわかっているなら、わざわざ挑戦する必要はない」と結論づける人もいる。

。苦手な科目をやっても時間の無駄だし、成績も上がらず自己嫌悪で終わるのが目に見えていたので、意味がないとしか思えませんでした。（ＡＳＤ女性）

さまざまな指導方法を検討したり、幅広い視点でその科目はどのように役立つかを説明したりするだけでも、特定の科目への態度や成績が変わることがある。

教師の対応

ＡＳＤの女子は、ＡＳＤの男子に比べ、教員が適応困難に気づく可能性・報告する可能性が低いことが研究で示されている。[※7]これは、女子の症状は目に見えないこと、ＡＳＤが男性の症状だと認識されていることが原因であると考えられる。ＡＳＤの女子は、目に見えるＡＳＤの兆候として知られている、限定された常同行動（訳注・手をひらひらさせる、ぐるぐる回転するなどの同じ動きを繰り返す行動）をあまり示さないことがわかっている。そのような行動が目につかなければ、教師はＡＳＤの可能性を受け入れないだろう。教師が自閉症について十分な知識を持っていることはまれで、ましてや女子の症状に詳しい人はほとんどいない。[※8]教師から誤解され続けることは、寄せられたアンケート回答に共通するテーマであり、他の調査でも懸念事項として指摘されている。

カトリオナ・ステュワートは次のように述べている。「女の子たちは、自分が適応できる規則体系（論理、持続可能性、因果関係、予測可能な結果、公平性を重んじる行動システム）を確立しようと努めながら、そういった規則体系に沿わない行動をする人々がいる世界に適応することを期待されていた」。[※9]

。学校の成績はよかったのですが、あまり発言しませんでした。そうしたら、「発言しない」という、心底どうでもいいことで居残りになってしまいました。

（ＡＳＤ女性）

。娘は、机の下で誰かを蹴ったという理由で校長室に呼ばれたことを話してくれました。娘が言うには、なぜそこに行かされたのか、自分が何をしたのかわからなかったそうです。娘はただ、足をぶらぶらさせていただけだというのです。

（ＡＳＤの女の子の保護者）

。とあるゲームをやらされました。全員が足を広げて一列に並び、先頭の人がみんなの足の間を通るようにボールを転がし、最後尾の人がそれをキャッチして先頭に走っていくというゲームです。（…）先生は私を列から引っ張り出し、みんなの前で私を揺さぶりました。何のためにやっているのか、まったく理解できませんでした。（ASD女性）

教師には女性が多い。彼女らはおそらくは人間に興味があり、柔軟性が高く、コミュニケーション能力が活かせる職業選択をしているので、ASDの女子とはかなり性格が異なっている可能性がある。ASDの女子が同級生の女子との関係で抱える問題を考えれば、同級生の大人バージョンともいえる教師に対して、似たような問題を抱えても不思議ではない。

ただ、人間関係は相互に影響し合うものであることを忘れてはならない。ASDの女子が、生まれながらにコミュニケーション能力の高い教師を理解できずにうまく付き合えないというだけではない。同じように、教師のほうでも、この普通ではない（特に「女の子」の場合はそうだ）教え子と「通じ合えない」と感じることだってある。お互いに肯定的な言葉をかけ合うやりとりが成り立たず、教師はASDの女子に対する感情に困惑しているかもしれない。

また、ASDの子どもは特定の教科に詳しく、目に見えない社会的なヒエラルキーのルールを認識していないため、教師が話しているときに自信満々に訂正したり、口をはさんだりすることがある。こうした行為を、教師は意図的な侮辱だと受け止めてしまうかもしれない。だが、その子は単に知っている事実を示しているだけで、感情を害してやろうなどという底意はさらさらなく、そういうふうに受け止められることすらわかっていない場合がある。

当事者に対してなすべきことをするという職務をまっとうするため、専門家は内省し、個人的な（ときに強烈な）感情を仕事から切り離すことが不可欠だ。教師の研修プログラムに、この種の訓練が含まれているとは聞かないが、私はそうすべきだと考えている。教師はＡＳＤの子になぜイライラしているかを、自覚すらしていないかもしれない。そのイライラは潜在意識のレベルで生じたものかもしれないからだ。

感情や直感で判断する人は、ときとしてこの種の行動を教師に対する当てこすりととらえ、その子が困難を抱えているのは自己責任だと思い込んでしまう。しかしＡＳＤの女の子・女性たちから話を聞くと、わざと当てこすりをすることはめったにないのがわかる。ほとんどの場合、彼女たちはきちんとやりたい、認められたい、受け止めてもらいたいと切望している。しかし必死の努力にもかかわらず、教師をひどく怒らせるようなことをしているように見えることがよくある。

- 先生たちは私のことを嫌っていて、怠け者だと思っていました。よく「かまってちゃん」だと非難されました。本当はみんなのことを避けていただけなのに。

（ＡＳＤ女性）

- 娘が高度な知識や知性を披露すると、無礼で生意気だと感じる先生もいました。

（ＡＳＤの女の子の保護者）

- 先生たちは、私があえて人と違ったふるまいをして、自分から社会的困難を抱えこんでいるのだと思っていたようでした。（…）ある先生はこっぴどく私をいじめ、私が目を合わせないと言っては叱責しました。
（ASD女性）

女子は男子よりも社交に長けていると思われがちなことにも、注意が必要だ。意図を誤解されているかもしれない場面で、「好もしく」ふるまうことができないと、誤解されたままになったり、ときにはより厳しい評価を受けたりする可能性があるからだ。

次に示すコメントは、そのよい例である。

。友達を外に連れて行って雨を顔に感じさせ、驚かせようと思い立ちました。教室にいた友達の目を覆って教室の外に連れ出し、サプライズだと言って目隠ししたまま歩かせました。中庭に降りるとき、友達はつまずいてぬかるみに落ち、制服が汚れてしまいました。それに気づいた先生がやってきて、私のことをこう呼びました。「いじわるで卑劣な女の子」。弁明する機会は与えられませんでした。先生の話に割り込み、自分の意図を説明する言語能力もありませんでした。悪気はまったくなかったんです。
（ASD女性）

どんな環境で過ごしていたか

。学校での大半の時間を、グループではなく、一人で机に向かって過ごしていました。それが一番私に合っていたんです。
（ASD女性）

多くのASDの少女にとって、一般的な学校の物理的環境はきわめてストレスフル[※10]である。成長につれてこれは悪化していく。学校の食堂は、ASDの子どもたちが圧倒されてしまう悪名高き場である。主な理由は、騒音（ナイフやフォークが当たる音、椅子をギギッと引く音、皿がぶつかる音、絶え間ないおしゃべり）だけではない。匂い、視覚的な負荷、社会的な要素（どこに座ればいい？）もある。

こうしたストレスは、友達への忠誠を示し、非言語的なシグナルをやりとりする女子社会をうまくやっていかなければならない場合に、さらに悪化する可能性がある。ある少女は、食事スペースが耐えられないという理由で、ランチタイムに食事をしなかった[※11]。このようなことは、健康問題につながる可能性がある。

思春期以降の学校

一〇代のASD女性にとって、学校での主な問題は、社会的関係と、長時間他人と一緒にいられる能力の低さだ。小学校の頃の課題も残っているが、自分と同級生との違いを意識するようになることで悪化する。学校で一〇代に囲まれて過ごせば、自分は人と違っているという感情が常に呼び起こされるのは避けて通れない。

。一〇代の頃の私は、学校で完全に途方にくれていました。どうやったらうまく溶け込めるのかわからず、みんなみたいになりたくないと思っていました。学校は刺激的で面白いことを学び、教科の内容についてみんなが話しているような場であってほしかったんです。残念ながら、それはかないませんでした。学校は一つの大きな社会体験の場で、ほとんどの人は学習や教科の内容に無関心でした。

（ASD女性）

。物事がうまくいっているときは、ASDであることは記憶力、計算能力といった点で、勉強の役に立ちました。だけどうまくいかなくなると、周囲に「ホルモンや感情の問題」だとか「注目をひきたがっている」だとかいった言葉で片付けられてしまいました。実際の問題を説明しようとする私の話は聞いてもらえませんでした。

（ASD女性）

。空間を共有することが問題でした。私はあまり他人と一緒にいたいと思わなかったので、学校、家庭、職場などで、人に囲まれて身動きがとれなかった一〇代の間は地獄でした。よくドアに鍵をかけ、トイレで長い時間を過ごしていました。そこは一人で考え事にふけることができる唯一の場所だったのです。

（ASD女性）

カレッジ

※訳注・イギリスでは一六～一八歳の学生が通うが、日本で言う高校よりも専門学校に近い場所

。当時の私は、自分はIQも高いのだし、学校の成績も良かったのだから、何があろうと自力で解決できるはずだと思い込んでいた。(…)／知能だけでは世の中は渡っていけない。それに気づいたのは大きな打撃だった。その上、私のような感じ方をしている人なんて誰一人いなかったではない

かと思うと、すっかり動転してしまった。

（リアン・ホリデー・ウィリー『アスペルガー的人生』ニキ・リンコ訳）

リアンは、小中学校で受け入れてくれる友人グループを持てたこと、カレッジでも同じように受け入れてもらおうと期待したら、かえってなじみのない広大な環境でもがき苦しむはめになったことを自伝で記している。いじめは周囲の成長につれて減少するにしても、見えづらいものとなり、周囲にそのつもりはなくとも拒絶されているように感じられることがある。カレッジでは一から新しい人間関係を築く必要があるが、その人間関係は学校入学時よりも成熟した、社会的なニュアンスを伴ったものとなる。

私の調査では、カレッジは学校よりも自由に動けるので楽だと答えた女性もいる。一日の授業数が少なく、得意な科目を選択できるからだ。生徒を大人扱いするカレッジは、ASDの人たち、つまり自主・自立と放任を好む人たちに適している。チューターの中に気の合う仲間を見つけたという人も何人かいた。彼らは知識を提供するとともに、逃げ場となる存在である。

◦カレッジのほうがずっと楽だと思いました。学校ではランチタイムや休み時間に一人でいることはできませんが、カレッジでは図書館に行ったり、勉強したり、静かに座って本を読んだりすることはけっこう認められているようです。

（ASD女性）

◦かなりの時間を講師とおしゃべりして過ごしました。その講師は、今思うと明らかにASDでした。

（…）彼がいなかったら、私はAレベル（訳注・イギリスの大学入学資格）を取得できなかったと思います。彼の研究室は、私にとって聖域のような場でした。（ASD女性）

大学

ASDの女性が大学で直面する問題は、ASDの男性とあまり変わらない。他の書物では、これらの側面がより詳細に取り上げられている。女性の場合、具体的な問題は人生の他の領域で起こるものと同じである。同性との社会的相互作用、そして求められることに対処できないがために生じる精神衛生上の問題だ。また、診断がついていないと、あらゆる種類の支援を受けられず、理解も得られない。ASDの女子学生が大学生活をつつがなく送るために必要なのは、社会とのつながりと受容であるようだ。研究に取り組む学力があっても、孤立し、ひっそり避けられてしまったら、大学を無事卒業できるか否かの瀬戸際に追いこまれることもある。私的な人間関係はどこでも問題になりうるが、大学でもこれが問題の一因となるかもしれない。

。私は大学入学一年目にして失敗しました。他の学生は女の子ばかりで、どうしてもなじめなかったのです。とても寂しくて、たくさん講義を欠席し、提出期限にも間に合いませんでした。落第したものの、大学は追試を許可してくれました。（…）ありがたいことに、私はある学生グループと一緒になれました。異端児の集まりでしたが、楽しく過ごした三年間は宝物です。友人の輪の中にまるごと受け入れてもらっていると感じつつ、無事に学位を取得することができました。何度か期限を延長してもらいましたが。（ASD女性）

・私は通信制の大学に通っているので、あまり人と接する必要はありません。たまに行われるプレゼンテーションやスカイプでのディスカッションはどうにかこなしていますが、とても緊張するし、ストレスフルだと感じます。（ＡＳＤ女性）

・ＡＳＤという診断が下されたのは大学に入ってからでした。私が男の子だったら、もっと早く診断がついたと思います。（…）大学では精神的に病んでいて、お酒を飲まずクラブやパブにも行かないので、人付き合いにも苦労しました。一年目はチューター以外の誰とも話さず、何度か退学しそうになったこともありました。私が人と交流しようとしたり、自分の困難や悩みを打ち明けようとしたりすると、みんなは私に苛立って、うんざりしてしまうのです。みんなの目には、私はサポートを必死に求めている人というよりも、迷惑な人だと見えていたようです。（ＡＳＤ女性）

教育的支援が必要

ＡＳＤの女子には、その子のニーズに合わせた個別の支援計画が必要である。一方で、教師が採用できる一般的なアプローチの中にも、子どもが新しい教育環境に慣れるまでの過程を確実に助けられるものがある。

・入学前に支援を準備しておく。
・入学前に面談し、学校を案内する。どこに在級することになるか、何が必要となるかを伝える。学校生活に溶け込めるように助けてくれる仲良しを見つけてあげるとよい。
・子どもが落ち着けるよう、視覚情報、スケジュールなどの具体的な情報を使用して、いつ、何が起こるかを理解しやすくする。
・ＡＳＤの女の子は一般的に、うまくやっていきたい、適応して問題を起こさないようにしたいと思っている。それができていない場合は、何を求められているかを彼女が理解していない可能性がある。叱る前に、このことを心に留めておこう。
・その子の言動を当てこすりと受け取らないように。彼女はあなたを困らせようとしているわけではない（他人の考えや感情を予測できない子なら、何が人を怒らせるかもわからないだろう）。
・規則を検討しよう。あなたや他の人はその規則を守っているだろうか？　彼女は守るだろう。ときにきわめて忠実に、白黒はっきりした形で。与えられた規則が、彼女が世界を生きていく上で唯一の指針になるかもしれない。他の人たちが規則を無視するようなふるまいをしたら、彼女は大いに悩み、混乱するだろう。
・スタッフはＡＳＤについて、特に女の子の症状の現れ方について、具体的に訓練を受ける必要がある。
・彼女は頭がいいから（または平均的だから）大丈夫だと思ってはいけない。そんなことはないのだ。世界中のどんな資格だって、会話が成り立たなければ意味をなさない。
・学業以外のスキルを教えよう。博士号を持っていても、電話に出たり、お茶を淹れたりする必要はある。彼女はこうしたことがどれもできないかもしれない。

・言語処理に限界があることを考慮しよう。彼女がはっきり明確に（自分の言葉を）述べるからといって、あなたの要求（あなたの言葉）を理解できるとは限らない。話す能力は聞く能力と同じではない。多くの場合、まるきり正反対である。彼女が言葉を文字通りに解釈し、おしゃべりなのは、単に考えを理解する唯一の方法だからである。

・授業の内容を事前に教えよう。前もって授業で扱うテーマを教え、自分で調べさせよう。情報を処理する時間が持てるので、予期できないことが減り、授業に参加する能力が高まる。すべての児童・生徒に対してやってあげよう。

・宿題の要件を理解しているか確認しよう。宿題の文字数、内容、期間、優先順位やガイドラインを伝え、彼女が必要以上に完璧を求めて時間をかけすぎないようにしよう。

・目を離さないようにしよう。彼女は助けを求めないかもしれない。助けを求めることが、弱さや失敗を意味すると感じている場合がある。自分が助けが必要なことをわかっていないのかもしれないし、助けが得られることを知らないのかもしれない。

・カリキュラムに興味のあることを取り入れてあげよう。興味あるテーマに没頭させれば、彼女の真の能力と可能性がわかるだろう。創意工夫をすること。子どもたちの趣味を盛り込むことができる科目はたくさんある。ポケモンで数を数える、作文の題材を猫にする、一九世紀の馬の世話について調べるなど。

・チームワークが必要な場合は、彼女がうまくやれる役割を与えよう。自分の居場所を見つけるために周りの人と交渉しなければならない（社交スキルが必要な）状況にさせてはいけない。

彼女を特別扱いしたくないなら、すべての児童・生徒を同じように扱おう。みんながそれぞれの得意分野で活躍できるように取りはからってほしい。彼女は計画や調査が得意な可能性が高い。もしかしたら、結果をまとめるのも得意かもしれない。彼女は疲れている。・宿題を減らそう。

第7章

大人になってからASDだとわかった女性たち――成人診断がもたらすもの

どんなちがいであれ、みんなとちがっている人を見ると、ほかの人たちは落ちつかなくなるものらしい。緊張する人、怒る人、いじわるをする人、無視する人と反応は人それぞれだが、私に向けられる反応はどれも、いつも、激しかった。

ウェンディ・ローソン『私の障害、私の個性。』（ニキ・リンコ訳）

アンケートに答えてくれた女性の多くは、一〇代以降にASDの診断を受けていた。中にはずっと後になってから診断を受けた人もいる。このような女性たちは、ASDだと知らず、自覚も支援もないまま、人生の大部分を過ごしてきた。彼女たちは子どもだけ（そして当時は男性だけ）がASDであるという時代に育ち、大きな危機や困難を乗り越えながら、自力で道を切り開かねばならなかった。

診断がある人生とない人生の両方を経験し、年の功も備えたユニークな立場にある彼女たちに、聞きたいことはたくさんあった。自身がASDであることや、診断を受けたことについて、どのように感じているのか。（想像できるのであれば）ASDではない人生のほうがよかったと思っているか。もっと早く診断を受けていればよかったと思っているか。彼女たちの認識を知れば、ASDの女の子がその後の人生でどう感じるのかを推察することができる。そして中年期以降の人生のポジティブ要素を最大化し、ネガティブ要素を最小化する適切な取り組みを考案するのに役立つだろう。ルディ・シモンはアスペルガー症候群は障害か才能かを自らに問いかけ、こう結論づけた。「自分から自閉症を取り除いたら、才能もなくなります[※1]」。ルディ・シモンは当事者としての洞察力で、状況に応じて障害であるか能力であるかが変わるという、多くのＡＳＤ女性が感じるパラドックスについても報告している。

。本を読んで、書かれている内容を誰よりも理解することができます。だけど社交的な会話にはついていけません。コンピュータを分解してハードウェアを取り付けることはできますが、スーパーでは迷子になります。大好きな趣味についてなら何時間でも一人で話し続けることができますが、人と会話すると一時間もしないうちに片頭痛を起こしてパニックになってしまいます。絵を描いて、人を驚かせるほど美しいものをデザインできても、面倒くさくて自分の髪は整える気にはなれません[※2]。

多くのＡＳＤ女性が感じる「人と違う」という感覚は、この偏った特性によるものだろう。他の人が難しく感じることには秀でていても、他の人が簡単だと思うことができないのであれば、自分の居場所を見つけるのはきわめて難しい。だからこそ、何歳になっても診断がつくことは安心につながる。ＡＳＤがすべてを説明してくれるからだ。人と違っていることに合理的な説明がつく。ＡＳＤの女性は、あらゆることを解明しようとせずにはいられないのである。

。なぜ自分にこんなことが起こったのか、なぜ自分はおかしいのか、なぜ人と同じように生きられないのか。その理由を解明しようと、私の頭はずっと目まぐるしく回転していました。診断がついたことで、頭の中の回転が止まり、ホッと一息つくことができました。

（ASD女性）

成人期の診断——なぜ悩むのか？

成人になってからのASD診断について議論する際、よく言われるのが「診断に何の意味があるの？」である。診断なしで四〇歳、五〇歳まで生き延びてきたのなら、なぜ今になって診断を受ける必要があるのかというわけだ。私の個人的な経験や仕事を通じて得た知見によれば、実情は異なる。このことは男女を問わない。ある女性はこう語る。

これまで学校や友人関係で抱えてきた多くの問題を、大局的な視点から見ることができました。また、自分がある種の状況（社交の場、知らない人と会うこと、騒々しい環境など）にストレスを感じたり、疲れてしまったりする理由がわかりました。（…）自分がどういう人間なのかがわかり、自分がどうなるかを予測できるようになって、一言で言えば、大きな安心感がもたらされました。自分が「悪い」わけじゃない、友人関係の問題も自分のせいじゃないと思えました。

（ASD女性、診断年齢二一歳）

診断がついたら、何が変わる?

成人診断を受けた女性の多くが、「ホッとした」「自分を受け入れられるようになった」と語る。この点は、男性も変わらない。もっとも、女性は男性以上にそうした感情が強いかもしれない。というのは、女性は期待される役割に合わせるため、自分を抑えるという形でASDをコントロールする必要にかられることが多いからだ(ASDの男性はそのような傾向が弱い、またはそうすることが難しいとみなされている)。

女性に話を聞くと、診断によって自分が肯定された、自らの正当性が裏づけられたと感じたと力強く語る人は多い。自分を必ずしも歓迎し、理解してくれるわけではない世界にあって、初めて自分自身でいられる権利を確立したという感覚である。わけのわからない世界を理解しようとして疲れ、怒り、そもそも理解できないのは自分のせいだと思い込む女性たち。大目に見てもらうためには、社会に受け入れられるような仮面をつけなければならないと感じている女性たち。反応が大きいのは、こうした女性たちである。

診断を受けた後、「過激な」ASDともいうべき段階に入る人を目にすることも少なくない。思うがままにふるまおうとするのは、かつての自分を否定するお決まりの反応といっていい。大半の人にとって、これは自分がASDであるという新しい情報が意味するところを受け入れようとする診断後プロセスの一環である。時間の経過とともに、より幸せに生きるべく、穏当な態度にたどりつくことができるだろう。成人期の診断が当事者にとってどんな意味があるのかと聞かれた場合、共通して言えるのは、「自己受容」と「自分に優しくなる」である。

- 自分がどうあるべきかということよりも、ありのままの自分に合わせて計画を立てています。生まれて半世紀、ずっと適応しようと努力してきましたが、もうやめました。なぜ言動が変なのかと聞かれたら、「私が変だからです」と答えることにしています。

（英国自閉症協会※3）

- 主に、自分自身を理解し、自分に厳しくしなくなったという点で、大きな違いがありました。自分の人生や、自分が求めること、自分の選択の大半について説明がつき、自分のあり方を正当化してもらったような感覚です。おかげで、気軽に人に会えるようになり、未知の経験に飛び込みやすくなりました。自分がいろいろなことを困難に感じてしまう理由、助けになるもの、うまくいかなくても受け入れられるということがわかったからです。なぜ自分が大学入学前の休みに世界を旅しなかったのか、なぜ博士号が活かせる週五〇時間のロンドン勤務をふいにしてしまったのか、なぜ自分は招待されてもパーティーに行かないのか、断り続ける申し訳なさからパーティーに参加しても楽しめないのはなぜなのか。そういった後ろめたさからも解放されました。

（ASD女性、診断年齢三一歳）

- 診断は予想の範囲内でしたが、その後に訪れた感情は予想外でした。「喪中」のような感じです。自分がどう感じているのか、それがなにを意味するのかはよくわかりません。

（診断されたばかりのASD女性、診断年齢四八歳）

- 診断を受ける前は、自分が不快な人間だから友達がいないのだと思っていました。その後、友情を築くのに適した、受け入れられやすいコミュニケーションを取るのが自分には難しいだけだと学びました。診断を受ける前は、私が「だんまり」になると、いつも「不機嫌そう」「暗い」と言われていました。でも、心の中では穏やかで幸せな気分なので、怒られてびっくりしたものです。みんなと同じようにうまくやっていくのが難しくて、日々の生活が大変なのは、ASDだったからなんですね。

（ASD女性、診断年齢三三歳）

。往々にして、人の態度は私自身の態度の映し鏡です。どうってことはありません。これが私という人間なのです。診断前の私を知っている人なら、私が昔から変わらないことはすぐわかります。ASDは、髪の色や音楽好きであることと同じく、私の一部です。ただ、目には見えないというだけです。元婚約者の反応はそれほどポジティブではありませんでした。彼は、我慢ならない自分の行動を「言い訳」するために、私がASDを「松葉づえ」のように使っていると、非難してきたのです。

（ASD女性、診断年齢二一歳）

ASDでなければよかった？

これは誰もが知りたがるが、答えるのは難しい問いである（ASDの人は、自分以外の誰かであることを想像するのが得意ではないとされている）。私が知りたいのは、定型発達の人が占める世界でASD者の一人として大人になったがために、定型発達の人間であることが望ましいという感覚を持つようになったかどうかということだ。

ASD者が困難な人生を送りがちであることを考えると驚くべきことだが、ほとんどの人はAS

Dでなければよかったとは思わないと答えた。彼女たちのコメントや洞察は、考え抜かれたものだった。あるときは誇らしげに、またあるときは悲しげに、ときには憤りを交えながら、後悔や機会の損失を認めた。中には、自分自身を受け入れ、満足しているものの、定型発達の世界の無理解や不寛容からくるしわ寄せを経験し、苛立ちと疲れを感じたと語る人もいた。

◦ええ、そうだったらずっと楽だったでしょうね。人生において、乗り切るのが難しい状況があまりにも多かったもので。
（ASD女性）

◦ASDじゃなかったらよかったと思うこともあります。いろいろなことに対する不安という面が大きいです。
（ASD女性）

◦ASDを受け入れてもらいたかったです。こんなさみしい人生じゃなかったらいいのに。
（ASD女性）

◦その質問に答えるには、定型発達の人生がどんなものかを知る必要があるでしょうね。感覚過敏はないほうがいいけど、記憶力の高さや、空気を読まずに真面目であることは、性格的には魅力なんじゃないかな。もっと多くの人がASDに属していることがはっきりして、「私たち」が社会の多数派になればいいのに、と思っています。
（ASD女性）

。ＡＳＤでなければよかったとは思いません。（…）いくつかの点で、定型発達だったらよかったと思うことはあります。診断を受けて以来、多少は自分のことを理解できるようになりました。さまざまな性格上の偏りに価値を見出し、自身を誇れるようになったのです。いやなのは、普通の会話をするのが難しく、人間がたくさんいるところに直面するとパニック発作に襲われるところです。自分を表現したい、自分の主張を伝えたいという気持ちを、公の場では抑制しなければならないのを悩ましく感じることもあります。でも、興味のあることについて詳しくなれるのはうれしいですね（興味の対象は限られるにしても）。

（ＡＳＤ女性）

ほとんどの女性は、困難に直面してきたにもかかわらず、ＡＳＤであることに満足しており、自分とは違う人間になりたいとは思っていなかった。注意しなければならないのは、ＡＳＤの調査にすすんで協力してくれるようなタイプの人は、自分の症状を認識しており、ＡＳＤの知識のある人である可能性が高いということだ。そういう人は、知識のない人よりも、ＡＳＤについて前向きにとらえる傾向があると思われる。

ＡＳＤの若い女性を担当してきた私の経験では、若い人の場合、このような前向きな気持ちが見られるとは限らない。これまで見てきたように、若いときは周りに溶け込みたいという気持ちが強いからだ。ＡＳＤでも大丈夫だと感じるには、年齢を重ねて自分を受け入れられるようになることが大きく影響しているようだ。ＡＳＤ女性の中には、自らのアイデンティティにプライドを持ち、あえて言えば「定型発達の価値観」への軽蔑を隠さない人もいる。

・ＡＳＤでなければよかったとは思いません。そしたら私が私じゃなくなっちゃう。ＡＳＤの部分をなくしたからって、その下から「普通の」人が出てくるわけじゃありません。私のＡＳＤは、誰かにとっての青い瞳や巻き毛と同じです。金太郎飴の顔みたいに、隅から隅まで一貫しています。自分の考え方から、自分の身体とのやりとりの仕方、世界の見方まで、すべてがＡＳＤの影響下にあります。

（ＡＳＤ女性）

・私はＡＳＤでよかったと思っています。定型発達の人たちは羊みたいに群れていて、ややこしいと感じます。彼らは言いたいことを言っているようにはちっとも見えません。なるべく近づかないようにしています。

（ＡＳＤ女性）

・私はＡＳＤであることを誇りに思っています。定型発達の人たちを客観的に見たことがありますか？　ええ、中にはいい人もいます。だけど多くの人は日常的に嘘をつき、変わっている人を排除し、表層的な流行に流され、無意味なことを話し、同調圧力にとらわれています。うーん、どうして定型発達になりたいなんて思うでしょう。

（ＡＳＤ女性）

・ＡＳＤは私を唯一無二の存在にしてくれます。基本的に、私は人と違っていても気にしません。私はユニークな形でとても有能ですし、知的だと思っています。このようなスキルを活かして、何かよいことができるような社会性があればいいのですが。

（ＡＳＤ女性）

もっと早く診断されていればよかった？

現在の考え方では、早期に診断を受け、適切な支援と介入を受けることが、ＡＳＤの人にとって最も望ましいとされる。このテーマについて、女性たちからはさまざまな回答が寄せられた。大多数が感じているのは、早期診断を受けていれば、支援が無いために閉ざされてきた多くの機会を得ることができたかもしれない、ということである。また、早期診断がついていれば、たくさんの心の痛みや、自分になにか問題があるのではないかという感覚から解放されただろうとも感じている。興味深いことに、何人かの女性は、もっと早く診断を受けたかったが、必ずしも子どもの頃でなくてもよかったと語る。子どもの頃に診断を受けていたら、自分で限界を決めてしまったかもしれないし、両親や先生など自分を守ろうとしてくれる人からも制限を受けたかもしれないと感じているためだ。

。絶対にもっと早く診断がついていたほうがよかったです。生まれてからの一三年間、自分は変人以外の何者でもないと思って過ごしてきました（その考えは、今も引きずっています）。周囲からそのように見られてきたからという、ただそれだけの理由で。

（ＡＳＤ女性）

。人に合わせるために、アスペルガーとしての才能を犠牲にしてしまったと感じています。もっと早く診断されていたら、人に合わせることに全人生を捧げなくても済んだだろうし、自分の社会性のなさを許すことができただろうと思います。そうすれば、普通のふりをするために必要なエネルギーと思考力を節約し、科学や言語の研究など、本当にやりたいことに専念することができたでしょう。
（ASD女性）

・手短に言えば、早期診断があれば人生がまるごと変わっていたでしょう。人生の重要な時期に、自分の何が「悪い」のかわからないまま、慢性的なうつ状態に陥らずに済んだはずです。重圧で押しつぶされそうになったり、先延ばしを繰り返してやることがあふれたりすることもなかったでしょう。終わりなき怠惰という奈落の底に落とされたのです。私はいまだに、早めに兆候に気づいてくれなかった周囲の専門家の人々を恨んでいます。
（ASD女性）

もっと早く診断を受けたかったとは思わないとコメントした女性たちは、これまでの経験があったからこそ強くなれた、能力を高められたと感じていた。中には、診断がついている今どきの子どもたちは守られすぎていて、昔の自分と比べて自立できていないと感じる人もいた。

・早期診断にプラス面があるとしたら、おそらく助けや支援、理解が得られていただろうという点でしょうか。マイナス面は、私の希望がないがしろにされていただろうということです。「あなたにはそんなこと無理」「あなたには負担が大きすぎる」だとか言われて、自分を過小評価し、欠陥品扱いしてしまったでしょうね。
（ASD女性）

・もし早期の介入や支援があったら、結果的に今のような大人には成長できなかったかもしれません。長年支援を受けてきた人たちより、苦労したぶんだけ強くなり、大人の人生に向けての心構えができたと思います。

（ASD女性）

。私はおそらく、今のように自立した生活を送ることができなかったでしょう。（…）アスペルガーの若者の多くが（特に母親に）守られている様子を目にすると、彼らのためになっていないと感じます。自分には障害があると息子や娘に感じさせてしまうのではなく、もっと励ましてあげたらどれだけのことができるようになるか、親は気づいていないように思います。

（ASD女性）

第8章

「ASDに見えない」——大人になってからの困難

「専門家」として人に接しているときの私は、まさか自閉症だなんて信じてもらえそうにないくらいなのだ。本当の年齢より若いと思われたり、ちょっとエキセントリックな人に見えたりするかもしれないが、それ以外は完全に「正常」に見えるだろう。

ウェンディ・ローソン『私の障害、私の個性。』(ニキ・リンコ訳)

成人期の特徴と「普通」に見えるということ

思春期が過ぎて大人になれば、期待されることや求められることも変わる。だが、ASDであることには変わりがない。ASDの研究や手厚い支援はあくまでも子どもが中心で、大人は自力でがんばることを余儀なくされる。私の調査対象である女性の大半は、障害を隠す方法、変わっていることを見過ごしてもらえる方法を身につけることで、幼児期から一〇代をやり過ごしてきた。成人期はそのうわべを取り繕う延長にすぎない。さらに、自立して大人の世界を世渡りし、お金を稼ぐことも新たに求められるようになる。

私の調査に協力してくれた女性たちの報告や、私の仕事上の経験、そして他の書き手の著作から、一つはっきりわかることがある。それは、ASDの女性は見た目の印象よりも、はるかに「ASD的」であるということだ。

ASDの診断基準は女性にも当てはまるが、成人期には症状の現れ方が異なる。専門家は成人を担当する際、生涯にわたるASDの経験がどのような影響をもたらしているかを考慮に入れた上で評価しなくてはいけない。もちろん、ASDの成人は、ASDの子どもと同じように「見える」わけではない。ASDの有無に関係なく、子どもの頃からまったく変わらない大人はいない。

ASDの女性は、日々を乗り切るため、求められることを別の形で満たそうとしたり（代償行動）、仮面をかぶったり、巧妙な戦略を駆使したりして、人知れず苦手な状況を回避している。このようなことができるのも、乗り越える力（レジリエンス）が並外れていることの証であり、往々にして「失敗したくない」「変人だとバレたくない」という断固とした決意のあらわれであったりする。

残念ながら、こうした努力はかなりの犠牲を伴うことがある。疲労、精神的衰弱といった精神衛生上の問題は、ASDの女性たちがよく口にするところである。これらの不調はASD由来であり、単独の病気や症状とみなすべきではない。このことは臨床医が注意しなければならない重要なポイントである。

ASDによって、人は壊れることがある。治療の核心となるのは、心が壊れた結果である諸症状ではない。ASDの人が定型発達の世界で生きる難しさに注目しなくてはいけない（ASDが健康に及ぼす影響については、第13章で扱う）。

本章で取り扱うのは、成人女性が「生活に影響を及ぼす」と報告しているASDの中核的特徴である。各見出しが子ども時代について扱った章と同じでも、子どもの頃の問題は目立たなくなったり、重要でなくなったりすることが多いので、中身は異なるものになる。たとえば、アイコンタクトや表情の解釈が相変わらず苦手でも、成人はこれらが重要であると理解している。そのため、直感的ではなくても機械的に暗記してアイコンタクトを使ったり表情を変えたりして、定型発達のように見せかけることができる。

。年を重ねるにつれて、自閉症の目につきやすい行動特性をカモフラージュし、補うのがだんだんうまくなっていきます。自閉症らしい思考回路を持つゆえに直感的には気づかなかったりわからなかったりすることを、意識して補うことによって、正常に機能しているように見せかけているのです。

（ハーマン・ヤンセン、ベティ・ロンバート『オーティパワー！（未訳、Autipower!）』※1）

私が知りたいのは、ASDであることによって、女性たちがどのようなメリットやスキルを得たと感じているのかということである（ASDの特性には、長所と短所があることを忘れてはいけない）。ASDとうまく付き合っていくためには、自己受容と自尊心を得ることが必要だと思われる。それには、ありのままの自分を認め、受け入れなくてはいけない。

「気に入っている自分の特徴」として挙げられたもので多かったのは、意志の強さと、つらいときでも努力できる能力だった。次に挙げるコメントのように、定型発達の世界でつらい思いをしていても、自分に対して肯定的な感情を持っている女性は多い。

。自立していること、逆境への対処の仕方を身につけていること、新しいことを学びたくなったら意志を貫けること。DIYのようなことに挑戦するのが得意で、かなりうまくできるようになったこと。アートっぽいことが好きなのも、おそらくAS［アスペルガー症候群］であるおかげでしょう。私は正直だし、優しさと思いやりもあります。

（ASD女性）

。自分の好きなところは、責任感、正義感、正直さです。おつりを多く渡されたら、くすねるのは悪いことなので、お店に行って返してきます。読書が好きなおかげで、すごくマニアックなテーマについての専門的な知識を持てるのが楽しいです。（ＡＳＤ女性）

。現実にはない（空想の）世界に没頭する能力。くだらなくて独特なユーモアのセンス（たぶん子どもっぽいと思われることもあるでしょう）。動物を理解し、コミュニケーションを取れること。自然への畏敬の念。分析的な思考力。集中力の高さと細部へのこだわり。人と違っていてユニークであること。道徳心があり、不正に抗えること。信頼でき、頼りになる存在であること。（ＡＳＤ女性）

成人した女性に見られる特徴

成人女性によく見られるＡＳＤの特徴を考えるにあたり、社会が女性に期待していることを念頭に置く必要がある。女性からの回答を見ると、私物を共有することを嫌がる人もいるが、成人女性の場合、このようなふるまいは社会で通用しない。わかち合いや思いやりの精神を持つべきとされているからだ。ＡＳＤの男性の中にも同じような特徴を持つ人はいるが、世間の女性への期待が大きいことから、女性のほうが否定的な反応を受けやすくなる（結果として自尊心が低下し、精神衛生に強い影響を及ぼす）。

非言語的な特徴

これまで見てきたとおり、ＡＳＤの成人女性は定型発達らしい表情、身振り、アイコンタクトを身につけていることが多い。とがめられることなく定型発達の世界になじみたいのであれば、これらは必須である。そのため、注目を集めないように自分を演出するのがかなり上手になる。彼女たちの多くは、不快感を最小限に抑えながら、なるべく目立たずに周囲に溶け込む手段を強く意識してつくり上げているのだ。

彼女たちは「幼い心理学者」として人生をスタートし、大人になる頃には人との付き合い方を分析して模倣する技術を使いこなしている。留意すべきは、こうしたことが直感的になされるわけではないということである。どんな社会的環境にあっても、常に意識的な努力をしなければならない。消耗するのも無理はない。

。アイコンタクトをするようにはしていますが、私は口元を見ていたいのです。眉間を見ていれば、他人は目を見ているのだと思ってくれると学習したものの、アイコンタクトは実に気が散ります。

（ＡＳＤ女性）

人と違っていることを隠すのが苦手な人もいる。そんな人でさえ、何をすれば「間違い」なのか、どのように補うのかは驚くほど意識している。だが、修正して別の方法をとる手段がない（場合によっては、そうしたいとも思わない）のである。

。一回じっと（睨みつけるように）目を見つめたら、声だけで相手の真意を判断します。すごくわかりやすい表情なら、読み取ることができます（でも、笑顔が心からの笑顔なのか、ただのつくり笑いなのかどうかを見分けるのに苦労します）。相手の感情について知る必要があっても、いまだにイントネーションが頼りです。（ASD女性）

。大人になっても、大丈夫かどうかしょっちゅう聞かれます。自分の顔がどんなふうに見えているのか、まったくわかりません。（ASD女性）

この最後のコメントで、雑誌記事のために写真を撮られていたときのことを思い出した。写真家に最高の笑顔を見せていたつもりが、「私を殺したいような顔をしているね」と言われてしまったのだ。これは四二歳で訪れた大いなる啓示だった。顔で表現していると思っていたものが、実態とは異なっていることにようやく気づいたのである。今まで、見ず知らずの人から「笑ってよ。心配するようなことは起きないから」という困惑してしまう言葉をしょっちゅうかけられてきた理由がわかった。これをきっかけに数時間鏡を見て過ごしたら、思っていたほど顔が動いていないことを自覚できた。

コミュニケーションにおける特徴

ＡＳＤを診断する上で、双方向の会話に参加する能力は主要な判断基準となる。ＡＳＤの女性は、非言語的手がかりの微妙さを汲み取るのが苦手なため、コミュニケーションが単刀直入かつ率直で、ぶっきらぼうになる傾向がある。このような無遠慮さは典型的な「女性」らしさからはかけ離れており、かなり否定的に受け取られることが多い。当の女性自身は、なぜ自分がそういった反応を引き起こしてしまうのかわからず、戸惑ってしまうことになる。彼女にしてみれば、真実を述べただけ、あるいは必要なことをはっきりさせたくて直接聞いただけにすぎないからだ。

第6章で、ＡＳＤの女の子は無作法だと思われると、男の子以上に不利な扱いを受けることを示唆した。これは大人になっても変わらない。一〇代の頃と同じく、ＡＳＤの成人女性はおしゃべりを好まない。あるいは「空気を読めない」。非言語的手がかりがわからないと、話の流れを止めてしまい、会話に入れないこともある。自分の話や興味あることばかり話したがる傾向とあいまって、会話相手としては必ずしも好まれなくなってしまう。こうしたコミュニケーションの特性が友人関係や人間関係に及ぼす具体的な影響については、第9章と第11章で説明する。

。私はとても無遠慮で、はっきりものを言いすぎだと指摘され続けてきました。そのつもりはないのに、人を怒らせることがよくあります。どうやら私は、攻撃的という印象を与えてしまうようです。要点のみの簡潔な話が好きで、余計なことをこまごまと言うのはまどろっこしいと感じます。

（ＡＳＤ女性）

。いまだに会話で話し手が切り替わるタイミングをつかむのが下手です。思いついた瞬間に口にしないと、忘れてしまいます（たいていはそのまま忘れっぱなしです）。だから他の人が話しているところにかぶせて、話の流れをぶった切ってしまうことが多々あります。以前よりは、会話に割り込んでいいタイミングに気づくようになりましたし、必要に応じて口を挟むのを控えられるようになったと思います。（ＡＳＤ女性）

私はとても自己中心的なのかもしれません。最近はいい人だと思われたくて、意識して他の人に興味を持っているふりをするように心がけていますが、本当は自分のことしか話したくありません。（ＡＳＤ女性）

このようなコミュニケーション作法の違いから、ＡＳＤの女性は他人の言葉を誤解したり、自身も誤解されたりする。ジョークや皮肉を文字通り受け止める傾向によって、混乱と不安が湧き上がり、「空気が読めない」自分は愚かであるという感覚を抱いてしまうこともある。ＡＳＤの女性にユーモアのセンスがないわけではなく、機知に富んだジョークを言えても、他の人のジョークが通じない場合があるということだ。

私がＡＳＤではないと言われたことがたびたびあるのは、ユーモアのセンスがあり、ジョークを言うのが得意だったからである。確かにこれは事実だが、私はいまだに、他人がジョークを言っているのかどうかを判断することができない。言われたことは何でも信じてしまうし、ジョークであると言われても、今まで話されたことがジョークだなんて受け入れられないと思ってしまう。

ＡＳＤの女性と話す際、彼女たちのイライラの原因としてよく挙げられるのは、なぜ他人はすると言ったことをやらないのか、あるいはそれとは別のことをするのかということである。他人の言行不一致は、予期せぬ事態の処理（一苦労である）がストレスフルであるというだけでなく、事実と異なるゆえに非論理的だと感じられる。ＡＳＤの人からすれば、論理性の欠如や不必要な嘘ほどストレスになるものはなく、不可解に思ってしまうのだ。

ＡＳＤの人間にとって、考えるたびにおでこにしわが寄ってしまう難問は、「なぜ人はそんなことをするのか？」である。私はかつてカンファレンスで、ＡＳＤの女性によく見られるおでこのしわに、自分の名前をとって「ヘンドリックス症候群」と名付けたいと（冗談で）口にしたことがある。このときの動画はユーチューブに投稿された。するとたくさんの女性たちから、「自分にも当てはまる」と連絡が寄せられた。この問題を追求して、我が悪名を広めるべきなのかもしれない。

私のパートナーは常に私のおでこのしわをのばしてくれる人なのだが、彼が言うには、私には戸惑いと驚きの二つの表情があるという。自分の言葉や意図がひんぱんに誤解されることで、ＡＳＤの女性は自主検閲をせざるをえず、口にする前にあらゆる考えに赤信号をともすことになる。しかしフィルターを設置したところで、フィルター自体が何をチェックすべきなのかわかっていないのだから、社交上の失敗は絶えない。

会話をしていると、いつの間にか相手を怒らせるようなことを言ってしまうのではないか、混乱させてしまうのではないか、日常会話がたどたどしいと気づかれてしまうのではないかという不安が常につきまとう。この不安は、非合理的で心理的な要因に基づく社交不安障害とは違う。私の不安は事実に基づいていて、完全に合理的だからである。不安はひっきりなしに起こる。社交領域における認知能力の欠如が原因だ。

共有できない

第4章で述べたように、ASDの女性には幼児期にものを共有するという考えになじめず、大人になっても解決できないままの人もいる。共同利用は必要なことだと学んで文句を言わずに譲れるようになっても、苦もなくできているとは限らない。ものを貸したり共有したりすることは、ものをコントロールできなくなることを意味する。ものがどこにあるのかわからなくなり、「どうすれば私の手元に戻ってくる?」という心もとない気持ちにおそわれてしまうのだ。

この不安は、ルーティンや同一性へのこだわり、(特に他人による)変化への抵抗感から来る。これらはすべて、同じ基本的なストレス要因を内包する。「どうやって理解したらいいのか、どうすればコントロールを維持できるのかわからない」ということだ。持ち物、作業、環境をコントロールできれば、ストレスや不安が軽減される。一般論として、ASDの女性はチームプレイが苦手で、作業やプロジェクトを一人でやりたがるものだ。

共同生活では、空間の共有が問題になる。私の場合、精神の安定に重要なファクターは、すべての所有物がどこにあるのかを常に把握していることである。必要なものがない、探さなくてはいけないという心配がなくなる。いつでも必要なものがどこにあるのかがわかっていれば、ストレスがゼロになる。

ところが人と暮らすということは、ものが動くということだ。このことが私にもたらす影響は計り知れない。何かを探したり、貸してほしいと言わなければならないという単純な煩わしさだけではない。私的な物質世界の確実性は、私の存在基盤なのである。誰かが粘着テープを移動させたことによる極度のストレスが、過剰反応でもなければ精神疾患の兆候でもないことを、他人に理解してもらうのは難しい。それはまるまる、ＡＳＤの特性でたやすく説明できるものなのである。

。人にものを貸すのがいやなんです。鉛筆のようなちっぽけでささやかなものを貸すのすらいやです。その人が借りたものを使うのに費やす時間が気になりすぎて、他の人と比べて特に長い間「独占」している人がいたら、ケンカ腰になってしまいます。（ＡＳＤ女性）

。貸し借りはしません。これまで何度かものを貸したことがありますが、そこで学んだのです。私が貸したものは何であれ返ってくることはないし、親切はどんなときも報いられることはないと。（ＡＳＤ女性）

。自分のスペースに人がいるのも、私物を使われるのもいやです。（…）夫と一緒に引っ越してきたとき、少なくとも一年はパニック状態でした。今や夫は完全に家具の一部です。（ＡＳＤ女性）

自己刺激行動をとってしまう

明らかな常同・反復動作は通常、知的障害のあるＡＳＤの人に多く見られる。しかし私が質問した成人女性は誰も学習障害を持っていなかったものの、特定の動作や行動が楽しいと感じたり、ストレス時には増加したりすると言及している。圧倒的に多かったのは、指のささくれむしりだ。私もささくれむしりをしてしまう一人だ、はがれた皮膚がたまって汚い小山ができているのに、ほとんど無意識にむしってしまう。私の場合、じっとしていても常に動き続けたいという欲求と、完璧を求める衝動のせいで、指の皮膚になめらかでないところがあると感じたら、それを取り除こうとせずにいられない。（当然）成功するはずもなく、肌はいっそうがさがさになる。たいていは指が痛くなって出血するのがオチだ。

私がこのようなことをしてしまうのは、チック（トゥレット症候群）タイプの無意識の反応だ。ASDにさまざまな神経的症状が併存していることが予想されるのであれば、おそらく他の人にも当てはまるケースだろう。これを、異なる認知プロセスを含む強迫性障害と間違えてはいけない。

ひっかく、むしる、こする、抜毛は、典型的な自己刺激行動として挙げられる。多くはそれ自体特に珍しいとされているわけではないが、違いをはっきり示すのはその強さと頻度である。この種の行動は不安障害によるものも多く、ASDの女性に当てはまる可能性もあるが、そうではない可能性もある。ASDの人が反復的な動作で癒しやリラクゼーションを感じていることは知られている。そのため、この種の行動を問題視したり、不安時のみに発生すると頭から決めてかかるべきではない。私は皮膚をむしったり髪の毛を引っ張ったりしているとき、一種のトランス状態に陥っていることに気づいた。深くリラックスして集中しており、ほとんど瞑想状態である。私にはこれらの行動を止めたいという願望はなく、身体に害をおよぼさない程度にコントロールできる。やめるように指示する前に、こうした行動が当事者にもたらす機能を理解することが必要である。害の少ない他の方法で根底にある要求を満たすのであればともかく、単にやめさせるのは、より有害な身体的反応を新たに引き起こしかねない。

。私は本当に、本当にくるくる回ることが楽しいんです。家で回転できるように、特別な回転椅子を持っています。

（ＡＳＤ女性）

。最近特に生活にストレスを感じることが増えて、自己刺激行動をたくさんしてしまいます。たいていは自分の肌、特に腕をひっかくことが多いです。対策としてブレスレットを入手し、自己刺激用ブレスレットとして使っています。

（ＡＳＤ女性）

。足か膝を叩く。足を地面に押しつける。腕を曲げてアザができるほど筋肉を緊張させる。頬を押し込んで顎を絞る。歯を食いしばる。ハンドルをとても強く握る。

（ＡＳＤ女性）

。ストレスがたまっているときに脚の毛を抜くのは、非常に癒し効果があると気づきました。これが自傷行為だとは思いません。ちょっと痛いだけです。

（ＡＳＤ女性）

ＡＳＤ者は感覚が過敏であったり、逆に鈍感であったりすることが、よく報告されている。私のアンケート調査では、特定の感覚過敏のために世界との関わりに大きな困難があるという報告はあまり見られなかった。一番よく言及されたのは、人混みなどの感覚全体を圧倒するような場所や状況であって、特定の感覚的ストレスによるものではなかった。感覚が高められることは、必ずしもネガティブなものとして認識されているわけではない。ＡＳＤの女性の多くは、他の女性にはない感覚の驚くべき強さと刺激に対する注意力の高さが、大きな喜びをもたらしてくれると報告している。特に視覚的な美と自然への愛は共通のテーマだ。

。今の私は、いつもポケットに何かなめらかな物を入れておいて、何かあればそれに指を走らせ、安心感を得られるようにしてある。ときには、自分の部屋の戸棚の中に入り、外界のじゃまをすっかり追い出し、閉じこもるのを楽しむこともある。

（ウェンディ・ローソン『私の障害、私の個性。』ニキ・リンコ訳）

。光に過敏であるという大きな問題を抱えています。（…）予期せぬ接触が苦手で、他人が私に触れるとたじろいだり、押しのけてしまったり、硬直してしまったりします。（…）匂いは吐き気を催し、木の葉のざわめきや鳥のさえずりのような静かな音は私の脳を飲み込んでしまいます。それでも、私は恵まれていると感じています。不快感が強められる一方で、ときめきも強まるのですから。ある種の音楽を聴いていると胸が躍りますし、自然の美しさにも心惹きつけられ、深い感動を覚えます。

（ASD女性）

変化や不確実なことへの対処が難しい

アンケートに答えてくれた女性たちが（親、学生、会社員として）自立した高機能な生活を送っていることを考えると驚くべきことだが、計画の変更やルーティンの中断には大いに苦労しているようだ。このような苦労は、なかなか気づいてもらえない。彼女たちは、周囲に「新しい状況でも問題ない」と伝え、ストレスを一人で抱え込む傾向がある。求められたことをこなしながらも、家に帰ってから泣いたり、自己破壊的な行動に出たりしてしまう。

私は人に予定を変更されるのが苦手だが、決してそれを見せないようにしている。私はフレキシブルな人間であるということになっているからだ。そうすると、何にでも対処できると思われてしまう。「問題ありません」と伝えてはいるものの、問題がないわけではない。むしろ問題ありありである。予定を変更した人がいなくなってから、なぜあの人はすると言ったことをできなかったのか、新しい状況を考慮に入れてすべてを設定し直さなければならないことに何の意味があるのか、信用ならない人は罰が当たればいいのになどと考えて、頭が痛くなってしまう。

精神的な症状が出るのは、自分の限界を認めることを拒否した結果である。自分に限界があると認めることは、多くのＡＳＤ女性にとって失敗に等しい。ずっと仮面をつけて生きてきた人間は自分の弱さをなかなか認められず、譲歩や助けを求めにくくなる。

。私は不安が身体症状として現れます。職場では、いつもうまくいっているわけではないにしろ、我慢することを学んできました。でも昼休みになると、トイレにこもって過呼吸になったり、こらえきれずにすすり泣いたりすることもありました。以前はこのようなことが起こると情けなさを感じてきましたが、診断を受けてからは、自分がどれほど勇敢だったかに気づきました。現に自分を奮い立たせて、午後には仕事に戻ったのですから。家に帰って玄関のドアを開けてから倒れ込んでしまうほど、苦痛と不安を感じていたというのに。

（ＡＳＤ女性）

。計画の変更も、あいまいな計画も苦手です。活動内容・場所・天候に適した服装や荷物を用意しておきたいからです。場にそぐわない服を着てきたり、適切な物を持ってこられないのがすごくいやなんです。

（ASD女性）

ささいなことであってもルーティンの変更にはひどく動揺してしまい、行動が難しくなります。（…）数週間前、母が犬の散歩から帰るのが三〇分遅れたという理由で、パニック状態になってしまいました。その時間に何かをしようと思っていたのに、その三〇分を失ったことで、ルーティンが破られ、一日が台無しになったのです。怒りの矛先を母に向けてしまいましたが、母が無条件に私を愛してくれている人だったのが幸いでした。

（ASD女性）

ASDの女の子と同じく、ASDの成人女性たちは生活を見通しのきく確実なものとするため、ルーティンやスケジュールを守っている。このような構造化は、ストレスや不安を抑えるのに役立つ。生活や労働に支障をきたすほどの制限でなければ、問題視するにあたらない。

多くの女性は、一日の中でいくつものルーティンや手順を忠実に守っているが、あえてそれを隠し、パッと見ではわからないようにしている場合もある。私は相手がわからないときは、ドアを開けず、電話にも出ない。能力が高く自立した人間として見られている自分だが、家を出ることに極度の不安を感じ、近所の店に行くことすらできないのだ。私は戦略的に、こうしたことを人に見せないようにしてきた。

常に予測のつく状態にしておきたい自分の気持ちを誰にも気づかれることなく、必要な構造を維持することは驚くほど簡単である。定型発達の人の多くは、職場の誰かが毎週火曜日にいつも同じ服を着ているだとか、決まったマグカップでお茶を飲んでいるだとかいったことに、いちいち気づいたりはしない。これらのささやかな手順を維持することは、ＡＳＤの女性にとって大きな意味がある。安心して一日を過ごせるか、確実性を示す目印が失われて途方に暮れ、何もできなくなってしまうかの分かれ目なのだ。

。私の生活はすべてルーティンを中心に回っています。（…）一時的に何かに執着することがあり、何週間も同じものを繰り返し食べていたかと思えば、がらりと変えてしまったりします。ある曲に夢中になって、何度も繰り返して再生することもあります。生まれてこのかた、ずっとこんな調子です。自分では問題だとは思っていません。（ＡＳＤ女性）

空想の世界と想像上の友達

ＡＳＤの少女が幼少期の体験として語る空想の世界は、多くの成人女性の中にも生き続けている。やっかいな現実世界から逃避できる空想の世界は、大人にこそ必要だ。空想の世界のイベントやシナリオを処理・実行することで、自分が置かれている状況を理解する助けになることもある。人生の息抜きにもなるかもしれない。実際の人生は、女性たちの多くが幼少期からむさぼるように読んできた文学作品のような高揚感もなければ、予測がつきやすいものでもない。空想の世界に比べれば、現実の生活は退屈で恐ろしい世界だ。空想と現実の区別がつかなくなったり、実生活に害を及ぼしたりする心配がない限り、空想の世界やキャラクターたちは、ＡＳＤの女性が人生に対処する上で貴重な役割を果たしているといえる。あるがままに受け止めるべきだろう。

・今、想像上の友達が一人だけいます。彼は亡くなった親友／恋人という設定です。彼は私が不安に陥っているときに、たびたび常識を説く役割を果たしてくれます。私が考えていることは、認知のゆがみにすぎないと安心させてくれるのです。声に出して彼に話しかけることもしょっちゅうあります。

（ＡＳＤ女性）

・証人保護（訳注・法廷などの証言者を守るため、一定期間住所の特定されない場所に居住させること）のような感じで、国内の別の場所に住んで、人生をやり直すことを空想します。現在の生活のすべてのしがらみを断ち切り、新しい自分になってやり直すのです。

（ＡＳＤ女性）

・打ちのめされたり、脅かされたりしていると感じたときは、さまざまな別人格になりきりました。すると周囲の状況への認識が、私が想像した「もう一人の私」が経験するであろう感覚に飲み込まれてしまうのです。それは本質的に、もう一つの宇宙でした。この空想の世界は今日にいたるまで続いていて、現実の世界に戻るには、もう一度想像し直す必要があります。

（ＡＳＤ女性）

・想像上の友達はいませんでしたが、一〇代の頃から想像上の恋人がいました。私はたくさんの空想の世界を夢見ていました。ファンタジー文学を愛読して、空想の世界への気持ちを燃え上がらせ続けてきました。

（ＡＳＤ女性）

服装の特徴

ＡＳＤの少女たちで私が注目したのは、ファッション性よりも機能性を重視した服選びである。アンケートに回答してくれた女性の多くも、この点に変わりはない。ファッションを特別趣味としているのではない限り、私が会ったＡＳＤの女性の大半は、ファッションにほぼ無関心である。

中性的な外見や服を選ぶ人もいれば、特定の色や質感、スタイルに強くこだわる人もいる。一般的には、装飾過多なものや派手なものよりも、シンプルなものが好まれている。フィットして動きやすい衣類があれば、同じアイテムを何個も（気分によっては色違いで）購入するのが合理的であるという考え方だ。

靴、ハンドバッグ、ジュエリー、その他の装飾品に興味を示す人は、私が出会ったＡＳＤの女性の中にはほとんどいなかった。私は人生の大半を、冬はブーツ、夏はサンダルという二つの靴で過ごしている。最近になって、ワンピースを着れば複数のアイテムをコーディネートしなければならないストレスから解放されることに気づいた。ワンピース一枚あれば、ファッションに敏感でフェミニンな印象を与えることができ、より目立たない存在になれる。

手持ちのワンピースはすべてコットンで伸縮性があり、ストライプが入っている。ストライプは、ファッションに無頓着な私が、痛々しいとかダサいとか思われる柄を選んでしまうおそれなしに、複数の色を身につけることができる唯一の方法である。私には、ある花柄のワンピースが素敵だと思われるのに、別の花柄のワンピースは最悪だとみなされる理由がわからない。私にとって、花は花である。私には最新の流行を見分ける力がない。ファッションに大して興味はないが、悪い印象を与えたくはないので、（たいていは）順応することで匿名性を確保している。

「買ったばかりのこのハンドバッグ、どう?」と友人に聞かれても、何も言えない自分がいる。何でもいいから何か言わなくちゃ、と頭の中をせっせと探しまわっているにもかかわらず、ただの一語も絞り出すことができない。ハンドバッグについて、「バッグだ。ものを運べる道具だ」以上の意見をまったく持ち合わせていないのである。

。私の服はとてもシンプルで、同じようなものばかりです。(…)ところが夫は、私のことを陽気で華やかな人間だと思っているようです。私はお店に入ってもすぐ出てしまいます。今年新調した冬のコートが、去年のものとほとんど同じだったのを見て、夫は大笑いしました。(ASD女性)

。男性でも着られるようなシンプルな服を着ることが多いです(サイズは小さいですが)。もちろん女性として望ましいとされるファッションは意識していますし、必要に応じてハイヒールを履くこともありますが、フェミニンな装いのときでも私のスタイルにはいつも男らしさがにじみ出ていると思います。(ASD女性)

関心の対象

生活があると、情熱や関心の対象をとことん追求するわけにはいかない。家事や仕事に追われておろそかになってしまいがちだが、それでも趣味は存続する(アンケートでは、ミュージシャンやバンド、テレビ番組、SF、ゲームなどが女性たちのお気に入りの趣味として挙げられた)。ASDの女性たちは大人になっても、子どもの頃からの大切な趣味について本を読み、知識を集めることに惹きつけられる。

興味の強さこそ男性と変わらないものの、その形は男性とは異なることがある。ストーリーよりも、テレビ番組や映画の中の人、つまりキャラクターや俳優が執着の対象になりがちだ。しかし彼女たちが好むテレビ番組にはSFモノが多く、これは典型的な男性の興味と合致している。連続ドラマ、料理、旅行など、ASDの女性が楽しんでいる趣味の多くは、ごく一般的なものに見えるかもしれない。とはいえやはり、知識の深さや学習への熱心さは、「趣味」の領域をはるかに超えている。

私はなるべく自然に暮らすことにこだわっている。パンを焼いたり、アイスクリームやジュースをつくったりと、できるだけ自分が口にするものは自家製にするようにしている。これは多くの人がやっていることのように見えるが、私にとってはそれ以上に充実する行為である。もしパンを買わなければならないとしたら、自分でつくっていないという理由で体調を崩し、精神が不安定になるだろう。木から果実をもぎとるとき、私は強烈な感動と喜びを感じることができる。

。コレクションにのめり込むあまり、借金をしたことがあります。収集欲をコントロールするため、今はアマゾンで本に使っていい（服や日用品を抜きにした）一週間分の予算額を設定しています。読書はいつでも私の大切な趣味でした。（…）本の内容だけではなく、本そのものが好きなのです。私が好むのはペーパーバックだけです。エンボス加工された表紙の滑らかで落ち着く感触も、ページをめくるのも好きです。本の香りも、本棚に並べたときの見た目も好きです。　（ASD女性）

。何年にもわたって、たくさんの楽器を買い漁りました。どれも弾けません。挑戦してみたものの、音楽の腕も才能もないようです。調和のとれた合奏ができる人たちに畏敬の念を抱き、感動のあまり泣いてしまいます。まるで魔法のようです。楽器自体もとても美しいつくりで、手にしているだけで幸せな気持ちになれます。

（ASD女性）

睡眠

面接した女性たちの中には、睡眠に問題を抱えていると語る人もいた。少女たちが語っていた「頭がぼーっとする」症状は、成人女性になっても続くようだ。その日起きたことを「ファイル」に保存して処理し、次の日のことを予測しなければならないために、安眠できないという。最も多く挙げられた悩みは、寝つきの悪さである。

◦その日に起きたことや、次の日に何をしようかなど、いろいろなことを考えてしまいます。

（ASD女性）

◦私の脳内は、まるでぎっしり詰め込まれたハチが忙しく飛び回るハチの巣のようです。（…）夜中に目が覚めると、脳のスイッチが入ってぐるぐる回り始めます。気が狂いそうです。

（ASD女性）

自立スキルを身につけている

前述の通り、ASDの女性の多くは目立たないように取り繕っていて、表面上は能力があるように見えるので、彼女たちが日々直面している困難の大きさが知られたら驚かれるだろう。このような困難の多くは閉ざされたドアの向こう側の生活に影響を及ぼす。身の回りの始末、家事や料理は、外界からの視線にさらされることがない。そして私たちは、彼女たちがいかに隠し事がうまいかを知っている。

。家事にはいつも戸惑います。ある作業の細かい点に集中しすぎて他のことを放り投げるか、あるいは複数の作業に手を付けてどれも終わらず、堂々巡りに気づいて悲鳴をあげるかのどちらかです。

（ジーン・カーンズ・ミラー）※2

。着替えたり体を洗ったりするのが苦手なんです。手順を間違えたり、脇の下などを洗うのを忘れることがあります。対策として、非常に厳格なルーティンを自分に課しています。毎回、まったく同じ方法で体を洗っているのです。（…）もし中断されたら、別の問題が発生します。シャンプーに手を伸ばしたとき、ボトルがあるべき場所になかったら、きっと対応に苦労するでしょう。

（ASD女性）

単純作業には、かなりのエネルギーとリソースを要する。人と接するような複雑な事柄までは、なかなか手が回らない。

。初対面の人とコミュニケーションをとるのが苦手です。人に道を尋ねればいいものを、知らない人

に近づきたくないという理由で、膨大な時間を無駄にしたことがあります。（ASD女性）

◦昔から人混みにとても敏感で、人がたくさんいると圧倒されてしまいます。人の荒波の中でパニックになったり、迷子になったりしたこともあります。同じように、公共の場に一人で行くのがいつも怖いです。公共の場では、気持ちを安定させてくれる人の存在を常に必要としています。ときには、カオスな環境の中を通り抜けるために道案内してもらわなくてはいけません。（ASD女性）

家の中は完全にカオスだが、職場では非常にきちんとしている女性たちを担当したことがある。彼女たちは、継続的でとらえどころのない家事の性質に、途方に暮れているようだった（なにしろ、自分でスケジュールを課さない限り、本当のスケジュールは存在しない）。一方で、職場の制度における責任のあり方はわかりやすく、順守しやすいと感じている。

長年の経験と必要性に迫られれば、女性たちも自らの意識を高め、現実的な課題を克服する対策を練るようになる。かつて困難に陥った経験から、二度と繰り返すまいと対策を立てる女性もいる。ある女性は、ドアベルの音をオフにすることで、応対しなくてもいいようにしたと語る。[※3]これも自分の環境をコントロールし、潜在的な不安を減らす手段である。

◦ドアホンに出るのは苦手ですが、必要なときには出るようにしています。また、家事や請求書などの事務的なことも滞りがちなので、思い出せるように「マスターリスト」を作成しています。（ASD女性）

・ある女性は、公共交通機関で人とやりとりするためのガイダンスシートを作成していました。彼女は「バカにされない」ために、運転手に向かって何回笑顔を見せるべきかを記入していたのです。彼女の説明によれば、どこで間違えたかを特定するために人とのやりとりを振り返って分析するのは膨大な時間がかかるし、もちろん疲れるということでした。

（ＡＳＤ専門支援員）

・給料日にすべての請求が私の口座から引き落とされるようにして、お金を管理しています。（…）ひと月のあいだ口座をほったらかして、支払いを処理できなかったことがあります。その結果、金銭トラブルに陥りました。

（ＡＳＤ女性）

・今でもときどき、電話でテイクアウトの注文をするのに苦労することがあります。現代のテクノロジーのおかげで、人と接することなく食事を注文できるので、とても感謝しています。

（ＡＳＤ女性）

年を重ねて、ＡＳＤの特性が軽くなる人もいるだろう。しかしそのメリットは、子ども時代に比して大人として求められることが増えることで相殺されてしまう。ＡＳＤの女性は特に、診断上の特徴が見えづらいことがわかっている。この見えづらさが煙幕となり、ＡＳＤの女性たちが日々直面している困難の本当の大きさが伝わらなくなっていることも、私たちは知っている。

第9章

大人の人間関係——友人になるってどういうこと?

最近、ある人から「君が社交を楽しめる方法はないの?」と聞かれました。リアクションをとったり話したりしなくてはいけないというプレッシャーをなくし、人数を二、三人にして、騒がしくしないようにしたらどうだろう、と彼は言うのです。ええ、と私は答えました。私を社交嫌いにさせるものをすべて排除してもらえたら、たぶん答えはイエスです。そういう社会的活動なら好きになれるかもしれません。

ジーン・カーンズ・ミラー『他の惑星から来た女性たち[※1]』(未訳、*Women from Another Planet?*)

友人関係

この章ではひとまず友人関係について扱う。恋愛関係や性的な関係については第11章を参照してほしい。

友人づくりの難しさ

。友達になるには何が必要なのか、本当の意味ではまだわかっていません。(ASD女性)

友人関係や人との交流は、自閉スペクトラム症(以下、ASD)の成人女性にとって分析や努力を要し、不安の大きな原因であり続ける。成人期になればある程度自分を受け入れられるようになり、うまくいく相手や交流の仕方がわかってくる。試練と困難に満ちた一〇代が過ぎ去り、誰と一緒に過ごすかという現実的な選択を迫られることになる。

友人をつくるには、三段階の作業が必要となる。まず第一に、友人になれそうな人を見極め、友人になれるタイミングを見計らうこと。第二に、その人たちがいる場所で時間を過ごすには何をすればいいのかを理解し、社交上の努力を払うこと。第三に、会えない時間に友人関係をどのように（コンタクトをして）維持する必要があるかを理解すること。これらの要素はすべて、ＡＳＤの女性が友達をつくって維持し、他人の存在を許容して長期的に社会とつながり続ける能力に影響を与える。これらの要素はまた、ＡＳＤの中核的な診断基準に直結するものである。

何人かの知り合いが友人に対してどのようにふるまっているかを見ていると、彼らはこのような（…）ギブアンドテイクやメッセージのやりとりといった相互の交流を、やすやすとこなしているようです。

（ＡＳＤ女性）

友人の問題は、ＡＳＤの女性たちにとって、生涯を通じて複雑なものである。友達になるとはどういうことなのか、拒絶されたり人前で失敗したりする不安や恐れなしに人と付き合うにはどうすればいいかを理解するには、長い時間がかかる。子ども時代に人と違っていると痛感してきたことが、彼女たちの精神に悪影響を及ぼし、消えない傷跡を残している。

誰かと一緒にいることを楽しんで、怖がらずに済むというのがどういうことかを、ようやくわかってきたところです。

（ウェンディ・ローソン[※2]）

友達の少なさ

個人的な話をすれば、私には家族（パートナーと子ども）以外で一緒に過ごす人が五人ほどいる。いずれもASDの診断を受けた、ASD的な特徴の強い男女、もしくはゲイの男性だ。定型発達の女性や、ストレートの男性の友達はいない。この二グループは、社交の仕方が複雑すぎて恐ろしく、私には対処できない（ゲイの男性なら、性的に誘っていると勘違いされることはなく、性的に見られていると気づかずに失敗する可能性もないので安心だ）。

これらの友人とは、平均して三ヶ月おきに個別に会っている。もっと長く会わないこともざらだ。数ヶ月間、パートナー以外の人と会わないこともよくある。会う約束をしたり、特定の事柄や疑問について話し合ったりする場合を除いて、ほとんど連絡を取り合うことはないと言っていい。彼らのことが大好きで、幸せを気にかけているけれど、一緒に過ごせなくてさみしいとは思わない。誰かと二度と会えなくなったとしても、あまり気にしないだろう。人生の中で真の「ラポール」（訳注・フランス語で親密さのこと）を感じたことのある人の数は、一桁にとどまる。ありのままの「リアルな」私を目撃したことがある人は、一人きりだ。すべてをさらけ出してしまうのは安全ではないと、経験が教えてくれた。

私の世界はきわめて自分中心で、自分のプロジェクトや計画、存在で完結している。たとえば、散歩やサイクリングに友人を誘おうなどとは思いもよらない。一人で行ってしまうだろう。友人たちのことはとても好きなのだが、二時間ほどすると話すことも尽き、「演じること」に疲れてしまい、家に帰って昼寝したくなる。リラックスしているように見えるときでも、いつ何が起こるかわからないという意識が常に頭から離れないのだ。

　楽しそうにしている集団を目にすると、人に囲まれてあれほど気楽でいられ、お互いのクセの強さを自然に受け入れる関係性を経験したことがないことに、強い悲しみを覚える。逆説的に言えば、私にはほとんどの人が非常にイライラしていて、軽薄で、人付き合いに不誠実であるように見えるので、自分の「群れ」を見つける可能性はかなり低い。

　他のASDの女性と話すと、自分の経験は珍しくもないようだ。一般にASDの女性たちの生活において、人と交流する頻度は低く、会う人数も少ない。彼女たちには一対一で、間隔を空けて会う傾向があった。ほとんどの人は、人付き合いの欲求はこれだけで満たされる。ある女性は、人生に必要な人間はパートナーだけだと語る。二人の関係のあり方は、ほとんどのASD女性が探し求めているものだった。つまり、無条件の受容だ。


　。友達と会うことはありませんし、会う気もありません。私の親友は夫で、夫は私のことを心から受け入れてくれます。この一〇年間、無条件で私の手を握ってくれた夫のことが大好きです。

（ASD女性）

友人関係を維持するための努力

人とのやりとりは疲れるので、準備とその後の休息の両方が必要になることが報告されている。女性たちは、必要不可欠な外の世界とのやりとりを乗り越えるために、意識して仮面と台本を使っていると語る。

。人と出会うたびに、絶えずメッセージを解読し、適切な反応を選ぶ必要があります。私は教会、食事、レストラン、カジュアル、セミカジュアル、フォーマルのそれぞれの状況での行動をあらかじめプログラムし、学習して対応しました。

（ジーン・カーンズ・ミラー）※3

。何度も人生をやり直しているような感覚です。さらに言えば、人生の節目節目で、新しい仮面に取り替える感じです。昔の出来事が他人事に感じるくらい、自分と過去を切り離しています。

（ＡＳＤ女性）

彼女たちが教えてくれるのは、大規模な社交ネットワークを標準にするのではなく、ＡＳＤ者の間で自分たちに合った社会をつくっていくのが、幸せへの最善の道だということである。たくさんの友人に恵まれないのはＡＳＤによくあることなのだとわかれば、女性たちはもっと自分に自信を持つことができ、自分を受け入れられるようになるだろう。

。私にとっては、長年の付き合いのある友人との交流でさえ大変なことなのです。友人と一緒にいるときは、意識的に「業務」モードになるよう努力しなくてはいけません。それで結局疲れてしまって、当分友人と会えなくなってしまうのです。

（ＡＳＤ女性）

◦数ヶ月に一度のペースで会う人は三人しかいませんし、その人たちのことは友達だと思っています。でもその人たちとも、今は何となく話すことが少なくなったような気がします。（ＡＳＤ女性）

◦私の親友はニューヨークに住んでいて、普段は年に二、三回会い、週一くらいで電話やオンラインチャット、メールで話しています。最近、親友が前よりも多めに訪ねてくるようになってきたので、ちょっと困っています。相手の気分を害することなく、そんなには会いたくないと伝えるにはどうすればいいのかわかりません。親友が訪ねてくると、とても疲れるのです。（ＡＳＤ女性）

友達に求めるもの

自分が好きなことをするのに、他人が「邪魔になる」と感じている人もいた。定型発達の女性の多くが、一人で趣味を楽しむより社交や仲間との付き合いを選ぶのとは対照的である。

◦たまに会う友人は何人かいます。会うのは二ヶ月に一回くらいかな。他人は面倒くさいし、他にやるべきことがあると人付き合いに費やす時間とエネルギーがなくなるので、これくらいが私にはちょうどいいです。（ＡＳＤ女性）

人付き合いには何らかの目的や機能がなければならず、ただ人と会っておしゃべりすることには魅力を感じないという女性もいた。一般的に、ＡＳＤ的な人間関係では関心を共有することが重視されており、女性たちもその点では変わらない。彼女たちの友人観には、互いに共感して心を通わせる存在というより、自分の求める条件に合った、要求を満たせる存在という感覚がよく見られる。

。実のところ、これ以上友人はいりません。お付き合いが手に余ってしまうでしょうから。（…）理想を言えば、ＩＴに詳しくて、無償でＩＴ関連のヘルプをしてくれる友人がいればいいなと思います。それ以外の友人を増やすことは考えていません。

（ＡＳＤ女性）

。私は友人関係では「ユーザー」になりがちです。自分よりも物知りな人が好きなので、賢くて物知りな人と親しくなれるように努力しています。くだらないと感じる人に対する耐性が低いのです。

（ＡＳＤ女性）

。知識や実用的な支援・アドバイスを交わし合うことをベースとした友人関係を築いています。「世間話」をすることも、これといった理由もなくコーヒーを飲みに行くこともしません。すべての交流には目的があります。お互いを利用しているだけだと言う人もいるかもしれませんが、定型発達における友人関係だって、ある程度はそうではないでしょうか。定型発達の人も、交友そのものを目的として求めているのだから。

（ＡＳＤ女性）

惹かれる相手

自分をかまってくれる人、あるいは自分が惹かれてしまう人がどんなタイプの人なのかを見分ける人もいる。

。私の面倒を見ようとする母性的なタイプの女性がいるように思います。男性を「癒す」のが好きな女性と同じタイプなのでしょうか？　この種の女性の問題点は、結局は私を支配しようとしたり、自分の目的のために利用したりすることです。そして、それに気づいたときにはもう手遅れなのです。これまでの人生で何度かこういうことが起きましたが、何も言わずに立ち去るぐらいしかできません。（ASD女性）

。教会で出会った面白そうな女性や、友人になってくれそうな女性になついていました。でもほどなくして、突然連絡がつかなくなったり、私に興味を失ったりするのです。（ウェンディ・ローソン[※4]）

。大人になってからできた、二〇年以上の付き合いのある女友達が一人います。おそらく彼女もASDでしょう。（…）今にして思えば、男友達の多くもアスペルガーだったのでしょう。（…）彼らはみんなエキセントリックで個性的なキャラで、一緒にいて本当に面白かったです。（ASD女性）

同性が苦手

一〇代の頃と同様、ASDの女性たちは大人になったからといって、他の女性たちと自然に仲間になれるわけではないと気づく。私自身、他の女性たちが持っている直感的な社交能力を怖いと感じている。彼女たちといると、自分がついていけないことを思い知らされ、人前で社交面での無能さをさらけだしそうになる。「手も足も出ない」とはこのことだ。

。女性は苦手です。ややこしくて、たいがいつまらないから。興味がかぶることはほとんどないし、かぶったとしても確実に浅いんです。ゴシップ、悪口、くだらない話に時間をたっぷり使っています。彼女たちが重視するのは、他人の服装や外見、社会的地位といったどうでもいいことばかり。競争心が強く、嫉妬深くていじわるなこともあります。

（ASD女性）

ネットの友達に助けられる

特にASDの若い女性にとって、インターネットは友達を見つけ、サポートが得られるすばらしい場である。社交のすべてをオンラインでまかなっていると語る女性もいる。自宅でのストレスフリーな環境を保ったまま、思いのままに外の世界とつながれるという点で、インターネットはASDの人々に適している。気まずいパーティーから退出するより、ログオフするほうが簡単だ。

。現在、フェイスブックにたくさんの友達がいます。ぎこちない対面のやりとりが必要ないという点で、フェイスブックは私にとって理想的なメディアです。それでもときどき、とても孤独を感じます。私がイライラしているときに話を聞いてくれるのは、カウンセラーや支援者、そして（物理的に距離が離れているという意味で）とても遠い兄弟たちしかいないということに。

（ASD女性）

フェイスブックなどのソーシャルメディアに関して、自身もASDである音楽家のロビン・スチユワードは、フェイスブックの「友達」という概念に対してASDの人が陥りやすい混乱について語る。

。SNSでは、友達リストからユーザーを削除すること（アンフレンド）ができる。多くのASDの人は、このことに動揺し、「あの人はもう私の友達ではないの？」と自問してしまうかもしれない。しかし、フェイスブックの「友達」は、本当の友達とは違う。本当の友達とは、あなたのことを気にかけてくれる人のことだ。彼らはあなたをアンフレンドしない。[※5]

友人がいない

社会からの孤立

孤独や孤立について言及する女性もいた。彼女たちは、年を重ねるにつれて、気の合う仲間を見つけるのに苦労すると語る。長期的なパートナーや子どもがいないと、その傾向は特に強まる。グループに参加したり、近所の人や職場の同僚と連絡を取ったりすることがどうしてもできない女性もいる。連絡を取ることに強い不安を感じており、どこから始めるべきかさえわからないのだろう。

私自身、たくさんの講座や習い事（フランス語やキックボクシング）を途中で放り投げてきた人間である。教わった技術はすこぶる上達したものの、クラスで必要となる付き合いがあまりにストレスフルで、耐えられなかったのだ。努力しても人とのつながりを維持できないことは、まったく努力しない場合よりも大きな失敗のように感じられるかもしれない。

。社会からの孤立は、単に付き合う仲間がいるかいないかという話ではありません。映画館に一人でいく。一人でご飯を食べる。休日も一人で出かけ、帰ってきたらすべてがそのままの状態になっている。しかし、それ以上に深刻なことがあります。病気になっても、誰もスープを持ってきてくれないし、病院に連れて行ってくれる人もいません。仕事終わりに、仕事のストレスや高揚感について話せる人もいません。不安になったら、ずっと不安なままです。私には、気軽に呼び出せて励ましてくれる友人がいないのです。

（英国自閉症協会）※6

。人生ここにいたって、趣味をわかち合える友人がまったくいないことをひしひしと感じます。自分の趣味の内容を考えれば、驚くにはあたらないでしょう。私は四三歳の女性で、好みが非常にニッチです（メタル音楽には数十のサブジャンルがありますが、私はそのうちの二、三のジャンルにしか関心がありません）。

（ＡＳＤ女性）

動物が友達

ＡＳＤの女性の友人候補は、人間だけではない。動物を中心に生活しているという女性もいる。一般的には、動物は多くのＡＳＤの人々の生活において大切な存在であるとされている。動物は感情を読みやすく（表情が限られている）、偏見で判断することもなく、無条件に忠実で、その要求はすぐに満たすことができるシンプルなものばかりだ（ご飯、なでること、散歩、睡眠）。ＡＳＤの人たちが人間よりも動物を好むことが多く、動物と本物のつながりを感じる理由は明らかである。隠された意図やごまかしのないまっすぐな「動物的」ふるまいに、おそらく認知的な効果があるのだろう。

・人間以上に動物が好きです。いつも言っているのですが、一〇匹の犬に会えば、そのうち九匹の犬と仲良くやっていけるでしょう。人間の場合はその逆です。(…)動物は人間よりも私のことを理解してくれているし、私に多くを求めないと感じています。親友よりも犬のほうが好きです。

(ASD女性)

・動物。彼らこそが本当の友達だと思っています。幼い頃から、動物に自然な親しみを強く感じてきました。人間よりも、動物の気持ちのほうがわかるような気がします。(…)ときどき、自分が動物だったらいいのに、と思うことがあります。それが無理なら、せめて伝統的な部族社会のように「野生と一体に」なって、肉体的な負担が大きくてもシンプルな生活がしたいと思います。

(ASD女性)

一人でいることを楽しむ

すべてのASDの女性が社会的関係を必要としているわけではない。一人でいることが何より幸せで、スケジュールを自由に立て、好奇心のおもむくままに行動している人もいる。多くの女性たちにとって、仮面と内なる監視者を捨て、リラックスできる自宅が聖域であることは疑うまでもない。自宅から離れるのはきつく、敵地に乗り込むかのように感じられることもあるかもしれない。

そのため、安全な場所に「閉じこもり」、ほとんど外出しようとしない女性もいる。それが自分の意思によるものであればいいのだが、専門家は、その女性が壁の外の世界に飛び立つために、なんらかの励ましを必要としている可能性を認識しておく必要がある。

・今の時代って、コーヒーショップで一人で居座っていても大丈夫なのがいいですよね。世界の一部になれた感じがして、なおかつコミュニケーションを取らなきゃというストレスがないのは、すばらしいことです。
（英国自閉症協会※7）

・「友達」がいなくて困ることはまったくないですし、必要だとも思いません。定型発達の流儀でうまくやっていくためには、友達をつくるのが正しいってだけのことです。定型発達の世界から逃げられない限りは、友達づくりはほぼ義務です。
（ＡＳＤ女性）

・家から出ず、誰にも会わなくていいときが一番幸せです。
（ＡＳＤ女性）

・この、人間関係というややこしい分野からすっかり撤退してしまったなら、どれほど心が安らぐことだろう！
（ウェンディ・ローソン『私の障害、私の個性。』ニキ・リンコ訳）

さまざまな報告や自身の経験から総合的に判断すると、ＡＳＤの成人女性は、困難や社会的不安が続こうとも、年を重ねるにつれて自分を受け入れられるようになることが多いと感じる。彼女たちは、誰と、どのくらいの頻度で、どのくらいの期間一緒にいたいのかを、はっきりと認識している。ありのままの自分に満足し、自分の限界を自覚し、人に要求を通せるように自己主張できるようになっているようだ。

ある程度の友人関係を保つために払う「代償」が、与えられる社会的包摂に見合うものではないと考える女性もいるが、こうした気づきは自信と自尊心が育ってきた証である。一〇代の時期に、周囲になじむために時間とエネルギーを費やしたことを考えると、立ち止まって考え、結局は我が道をゆくのが正しいのだと気づくときが来るかもしれないという発見は励みになる。

第10章

男か女かどちらでもないか？

――セクシュアリティと性自認

自分が女性である気があまりしません。いつもは男性だと思っていますが、ときおりその中間だとか、どちらでもないとか、男女両方だとか感じることもあります。

ＡＳＤ女性

いくつになっても「女らしさ」になじめない

これまでＡＳＤの女性によく見られる「おてんば」な特性に触れ、子どもの頃から同性の集団に溶け込むのが難しいという話に耳を傾けてきた。あらゆる「女の子らしい」ものになじめず、男性的とされる率直なコミュニケーションスタイルを貫く人がどれほど多いかについては、これまで考察してきたとおりだ。セクシュアリティと性自認に関する問題が浮上するのは意外なことではない。ＡＳＤの女性の論理的な頭脳は、自分がどこに当てはまるのか、自分は何者なのか、（相手がいるならば）誰とベッドを共にしたいのかを必死で解明しようとする。彼女たちの性自認は、直感的に感じられる自然なものではなく、「努力」しなければ手に入らないものなのかもしれない。

（女性であることは）不運にも持って生まれた病です。自分の身体的な容器にはこれっぽっちもなじめません。女の体のことは、いかに男性を喜ばせるかという視点でしか見られません。それで彼らを鼻であしらって楽しむんです。意地悪なからかいが好きなんでしょうね。女の体は道具みたいなものです。それが一番シンプルな表現だと思います。周りの世界と対話するための、少なくともそうしようとするための容器ですね。

（ＡＳＤ女性）

強調しておきたいのは、必ずしもＡＳＤの女性だからといって性別の混乱があるわけではないということだ。同性になじめなくても、確固とした性自認やセクシュアリティを持つ女性もいる。しかし予想以上に多くの人が、自分は世間の人と違うという感覚に戸惑い、孤独を感じているようだ。これは男女を問わない。

また、性自認とセクシュアリティを区別することも重要である。両者は必ずしも相関しているわけではないからだ。たとえば、女性よりも男性に近いと感じる女性だからといって、レズビアンやトランスジェンダーであるとは限らない。異性愛を楽しむ女性である場合もある。

。考え方は男性寄りです。合理的かつ論理的で、冷静で、現実的で、情緒は安定しています。女性的なことは、すべて女らしく楽しみます（メイク、ヘアスタイル、ファッション、ネイルケア、身だしなみ、装飾、料理）。

（ＡＳＤ女性）

。「性自認」という概念はよくわかりません。常に自分は女性であると感じ、誇らしく思ってきました。身体的・生物学的な面以外で、性別が自分の人生に影響を及ぼすものだとは思いません。私と兄との違いは、染色体、生殖器官、生まれつきの筋力や身長、そして妊娠能力にまつわることです。

（ＡＳＤ女性）

特徴的な性自認

イギリスをはじめ世界各地で活動していると、ＡＳＤの人たちの性自認の違いについて、専門家の間でも認識が高まっていることに気づく。ＡＳＤの女性自身の意識や「声」も、強くなりつつあるようだ。他のＡＳＤ女性が声を上げているのを目にし、勇気を得ているのだろう。多くのＡＳＤ女性は、自分と同じように感じている女性が他にもいることを知らず、自分が変なのは別の理由のせいだと思っている。ＡＳＤの診断がついて、性自認の問題もＡＳＤの特性であることを知れば、自分の違和感にある程度説明がついて、安堵感が得られるかもしれない。

私が話を聞いた女性たちは、定型発達の世界における二項対立的な性自認のラベルで自分を定義する人ばかりではなかった。「ジェンダーフルイド（訳注・性別が流動的であいまいなこと）」や「第三の性」といった、より幅広い性自認のラベルを好むこともある。男性でも女性でもない、別の何者かであるという感覚のあらわれだろう。このように自己を定義するのは一般の人にも見られるが、私が出会った中で一番多いのは、ＡＳＤの女性である。何人かのＡＳＤの女性作家[※1]も、ＡＳＤの女性の性自認を考察し、性別の帰属意識が流動的であることを見出している。

。大人になってからは、自分のことを女性として認識していないように思います。自分が中年の女性

であり、レズビアンではないことはわかっていますが、心の奥底では自分のことを若い男性だと認識しがちです。（ＡＳＤ女性）

◦自分がＦｔＭ（女性↓男性）のトランスジェンダーなのかどうかを自問してきましたが、「ジェンダーフルイド」という言葉のほうがしっくりきます。（ＡＳＤ女性）

第1章で、バロン＝コーエン、イングドムヌクル、ベジェロットらの研究を紹介した。彼らはいずれも、男性ホルモンであるテストステロンが自閉症の発症と特性に関与していることを示唆している。このことから、ＡＳＤの女性は、女性的な特性をあまり示さないという結論を導く人もいる。これは一般的に、ＡＳＤの女性は男性的であるという意味で解釈されているようだ。

ところが先ほど述べたように、ベジェロットらはＡＳＤ女性は明確に男性的であるというよりも、単純に両性具有的である（すなわち、性別が限定されない）可能性を示唆している。[※2] 性別を、男・女以外のものとして認識することは難しい。おそらく「男性的」とみなされる性質は、単に「性別に無関係な」性質なのだろう。それゆえに、一部の人は自分のことを「第三の性」と名乗ると考えられる。

◦「自分が女性である気がしない」と言うと、自分を男性だと思っていると受け取られるかもしれません。でも、そういうことではないのです。男性だと思ったことはありません。また、自分の体つきの女性らしさや生理に疎外感を感じたこともありません。（ジーン・カーンズ・ミラー）[※3]

。子どもの頃と同じように、今もどちらかといえばジェンダーレスであると考えています。男性の特徴も女性の特徴もありますが、どちらか一方に完全に帰属しているわけではありません。ただ、女性よりも男性寄りだとは言えるかもしれません。近年、「第三の性」という言葉を耳にするようになりました。私もその一人なんだと思います。インドのヒジュラ（訳注・男性でも女性でもなく、世俗社会の規範を捨ててヒンドゥー女神へ帰依する人々）みたいに。わかりやすく言えば、私はキメラ（訳注・二つの異なる動物が一体化した想像上の動物）のようなものです。　（ＡＳＤ女性）

。男、女、どちらとも言えません。女性として生まれたことはよかったと思います。単純に、愛する我が子を産む能力を持てたからです。女性らしさが何なのかはわかりませんが、特に女性らしさを感じることはありません。それどころか、昔から男性と一緒にいるほうが好きでした。だからこそ、一七〇〇人もの男性に囲まれた刑務所での仕事もうまくこなせたのだと思います。　（ＡＳＤ女性）

。自分が「女性」であるとは感じません。自分はただの「もの」、女ではない、何か異質なものであると感じます。　（ＡＳＤ女性）

この両性具有的な自己像は、女性自身によって男性的であると表現されている。一般に性別というものが二項対立的だと思われていることを考慮すると、より適切な言葉が必要となるかもしれない。

・一〇代の頃、「生まれ変わったら男性になりたい」と何度も口にしていたことを覚えています。男性の人生のほうが面白そうだし、人生の条件がよさそうだったからです。実際は男性になりたいというよりも、男性のほうが仲良くなれるし、女性から疎んじられていると感じていたのが本当のところです。それに私にとって女性であるということは、おっぱいと生理、匂いと気分屋を意味していたのです。

（ASD女性）

・記憶にある限りでは、常に自分を男性だと感じてきました。なぜ自分は女性ではなく男性だと思ってしまうのか、うまく説明できません。私の内なる声は、まるで若い男性のようなのです。一番心穏やかに楽しく過ごしているとき（ヘッドフォンで音楽を聴きながら一人で歩いているときなど）の自分は、若い男性になっています。私の仕草やイントネーションは、あまり女性的ではないと思います。きっと歩き方も男性っぽいでしょう。

（ASD女性）

・セックスという行為について考えてみると、男性視点のほうが楽しいと感じることが多々ありました。セックス中の女の子は、さしあたって自分自身をモノとして差し出すような、退屈でつまらないお仕事のように思えました。「オーガズム」と聞いても、架空の世界の出来事に思えて、鼻で笑っていました。今もそうです。自分で経験したことはありませんから。えげつないと思われてしまうかもしれませんが、私は心の中で男性どうしの性交渉を楽しんでいます。男どうしの交わりは、男女間の恋愛関係よりも興奮しました。夢の中の自分も、そういえばだいたい男性として存在しています。もしかしたら、実際に男性になりたいという秘められた欲望があるのかもしれません。

（ＡＳＤ女性）

ＡＳＤの女性は、生まれ持った身体的な性別、あるいはどちらの性別にもなじめない傾向があり、場合によっては耐えられないこともある。このことは精神的にも身体的にも女性という性自認を持たないＡＳＤの私にとって、個人的に非常に理解できる話である。

トランスジェンダー

。トランス女性は、たくさんの人から外見や存在を攻撃されます。ＡＳＤを伴うと、身を切られるような侮辱や批判を受けることもざらです。そういうことは自分の胸にしまっておいてください。私たちは一生懸命努力していますし、他の人たちと同じように普通になりたいと思っているだけなんです。

（ＡＳＤのトランス女性）

ＡＳＤとトランスジェンダーの関係

興味深いことに、性自認が男性寄りであると語る女性の数の多さにもかかわらず、私のアンケート調査の呼びかけに答えてくれたトランスジェンダーの人は、トランス女性（男性から女性に移行したトランスジェンダー）のみだった。男性として生きている身体的女性からの回答は皆無である。しかしながら、高機能自閉症の心理学者、作家、研究者、詩人、学者であり、女性から男性への性転換を決断したウェン・ローソンに話を聞くことができた。

ローソン氏は、ある精神科医と話した際に、性別を移行したらＡＳＤの診断がつかなくなった例を知っていると言われたそうだ。その人々は「新しい」性別（その性別に伴う社会的要件）にうまく適合して生活できるようになったため、ＡＳＤの基準を満たさなくなったのである。[※4] ローソン氏にとって、自分が女性ではないと感じることと、自分が実際に男性であると感じることには、明確な違いがあるという。ＡＳＤ者の多様性は、他の集団と同様に幅広い。典型的な女性らしい経験とは無縁なＡＳＤ女性のすべてが、必ずしも身体的な性別を実際に変えたいと思っているわけではないことを念頭においておこう。私自身、自分が女性だとは思わないが、「本当は男性である」とも感じたことはないＡＳＤ女性の一人である。

性同一性障害のクリニックに紹介された若者グループを調査したデ・ヴリーズらは、七・八％がＡＳＤの基準を満たしていることを明らかにした。[※5] ポールらは、ＡＳＤの女性は定型発達の対照群に比べて、「性別違和感」や「性転換願望」の傾向が強いことを明らかにしている。[※6] 私自身、ＡＳＤのトランス男性やトランス女性に何人も出会い、担当してきた。ＡＳＤのコミュニティにトランスジェンダーが多い理由を聞かれたあるトランス女性は、こう答えた。

* ＡＳＤの人は他人に影響されず、自分自身であろうとする傾向が強いからでしょうね。私の中では、これが一番有力な説です。

（ＡＳＤのトランス女性）

ＡＳＤ者にはトランスジェンダーが多いという話は、事例ベースではよく聞かれる。トランス男性（女性→男性）とトランス女性（男性→女性）のどちらもだ。ブライトンにある成人アスペルガー症候群のための施設は、一七〇人の利用者のうち九％がトランスジェンダーであり、その大半がトランス女性であると報告している。また、支援を求めて同施設にコンタクトを取った時点で、ほとんどのトランスジェンダーの人はＡＳＤの診断がついていなかったと報告されている。多くの人は、性同一性の問題がＡＳＤを覆い隠していたと述べた。

トランスジェンダー・コミュニティの人たちに聞いてみると、ＡＳＤは珍しくないと見聞きしているが、たいていは未診断だという。ＡＳＤと性同一性障害を併せ持つ人を担当してきた私自身の経験からも、両者には関連性があると考えられる。

。私のＡＳＤとトランスジェンダー／同性愛との間には、確実に関連性があります。それらは私の脳の一部であり、私を私たらしめるものです。この二つは切り離せないと思います。仮に私がどちらか一つだけの問題を抱えていたとしましょう。ＡＳＤでない場合、一〇代後半には性別を移行していたと思います。ささいな悪い情報に惑わされて、移行を断念することもなかったでしょう。それにもっと自立していたと思います（ＡＳＤと診断される前は、三ヶ月以上仕事を続けられたことがありませんでした）。ＡＳＤのみだった場合、私は一般に「身なりがだらしないオタク」や「男権主義者」と呼ばれる人たちの一人になっていたのではないかという強い懸念があります。女性でありながら男性として生きなければならなかったことで、私は両方の性別とその（典型的な）考え方を理解することができました。今はそこから得られた知見を大切にしています。

性別を移行すべきか

同性と親しくなれないという強い思いや、生まれながらの性別からの疎外感は、ＡＳＤの人に共通している。そのため、多くのＡＳＤ者が脳と身体が一致しないと感じ、「間違った」身体では生き続けられないと思うことは、驚くにあたらない。よい結果をもたらすためにも、期待しすぎないためにも、本人が自分の両面を理解できるように支援するのが重要ではないだろうか。性別を変えても、ＡＳＤの人が直面する多くの課題は変わらないし、性別を変えることが解決策にはならないこともある。だが、それが確実に適切な選択となる人もいるのだ。

私が担当したある男性は、性同一性障害を長年抱えており、それが大きな落ち込みや不安、自殺願望の原因となっていた。彼は性別を移行すべきかどうか葛藤し、見通しのつかなさに苦しんでいた。その後、彼はＡＳＤと診断される。性自認こそが人生全般（仕事、人間関係、精神衛生、セクシュアリティ）に影響を与えている包括的な課題と考えていた彼は、ようやくＡＳＤが主な要因であると気づいたのである。彼の性同一性障害は、ＡＳＤの生活がもたらす認知的・心理的な影響によって説明できることがわかった。

それまでの彼は、定型発達の世界の性別やセクシュアリティの枠組みで自分の居場所を見つけようとしていた。私は彼に、ＡＳＤの性別やセクシュアリティは定型発達と違って両性具有的で、二項対立ではなく、もっと流動的なものではないかと提言した。そして彼の間違いは、自分に当てはまらないシステムを使って自分を分類しようとしていたことにあるのではないかと伝えた。新しい枠組みで自分をとらえなおした結果、彼は両性具有的で女性的な自己を受け入れながらも、男性として生きていく決断をすることができた。人によって適切な道は異なるが、それを見つけるためには支援が必要かもしれない。

。性別を移行した大きな理由は、ありのままの自分に満足するためです。やっと最近になって、素の自分を心地よく感じられることがどれほど普通なのかがわかるようになってきました。自分の不安や不器用さはすべて自閉症のせいだと思っていましたが、それらの問題には性別も大きく関係していることがわかったのです。

（ＡＳＤのトランス女性）

性自認の違いに気づいたのはいつ？

性自認の違いを最初に感じたのはいつかという質問に対するトランス女性たちの回答を見ると、かなり早い時期であることがわかる。おそらくＡＳＤに気づく前であろう。

。気づいたのは八歳のときです。それがどういうことなのかを理解できたのは、高校生になってからでした。どう考えても自分が男の子ではないような気がして、自分の体に違和感を覚え、体のパーツが間違っていると感じました。また、私はもともと非常に女性的な性格でした。

（ＡＳＤのトランス女性）

。思春期の頃、一三歳くらい？　女の子たちが自分とは違う思春期を過ごしているのを見て、なんだかわからないけど変だなと思っていました。以前からなんとなく考えてはいたのですが、理由はよくわかっていませんでした。休み時間にはいつも女の子と遊ぼうとしましたが、避けられてばかりでした。理由は全然わかりませんでした。

（ＡＳＤのトランス女性）

カミングアウトするか

大半のトランスジェンダーの人にとって、カミングアウトして性別を移行するという決断をするのは難しい。ＡＳＤを伴うことによって、さらに困難は増すだろう。多くの場合、彼らの不安は杞憂に終わり、支援はすぐに得られた。

。一番影響が大きかったのは、すべてを額面通りに受け取る自分の性分です。私が見たトランス女性にまつわる数少ないドキュメンタリー番組では、生活が破綻し、多くの差別に直面する様子が描かれていました。そのため、私は自分の気持ちを誰にも気づかれないように徹底的に隠していました。三〇代前半になってようやく、トランスジェンダーへの肯定的な意見をたくさん耳にし、カミングアウトして移行することに抵抗がなくなりました。もちろん、家族や友人はみんな私を受け入れてくれましたし、妻も私が学ばないといけないことをすべて教えてくれました。妻は全身女装している私と一緒にドレスを着て結婚してくれました。今わかっていることを、当時から知っていればよかったと思います。私は自分が目にしたわずかな事例を真実だと思い込んでしまったのです。

（ＡＳＤのトランス女性）

支援について

ＡＳＤの少年少女、成人女性を担当するにあたり、性自認を含めてＡＳＤの影響を考察することが必要である。性別に帰属意識がないこともＡＳＤの症状であることがわかれば、女性は大きな安心感を得られる。自分は一人ではない、あるいは間違っていないと思えるからだ。

ＡＳＤの女性が自分のアイデンティティを受け入れられるようにサポートしよう。定型発達の男女と自分をたえず比べて見劣りがすると感じたり、自らの女性らしくなさや男性的な面を嫌ったりしないように支援すれば、自信と自尊心が大きく高まる。役立つ資料や動画を見つけたり、他のＡＳＤ女性からのサポートを得たりして、帰属意識やコミュニティを育むことには、想像以上の価値がある。性別の混乱を批判されることなく、オープンに語れる機会が必要だ。

どのような支援をするにせよ、定型発達者ではなくＡＳＤ者としての視点から始めなければならない。両者は著しく異なっている可能性があるからだ。ＡＳＤ者が自分はトランスジェンダーであると強く感じている場合、ＡＳＤとトランスジェンダー双方の問題とニーズに対応した支援が必要になる。

セクシュアリティはどのように決めるか

自閉症の女性は、無性愛者（訳注・他者に性的欲求を抱かない人）・同性愛者・バイセクシュアルになる傾向が、定型発達の人よりも高いことが研究で示唆されている。[※7] 特にＡＳＤの女性は、「ＡＳＤ

の男性と比較して、異性愛傾向が著しく低い」[※8]という。他の研究でも同様の結果が見られた[※9]。

本書で実施したアンケートによれば、自分を異性愛者だと定義した女性は約五〇％しかいなかった。経験上、ＡＳＤの人の中には、真っ白なキャンバスのようにセクシュアリティを自由に決める人もいれば、自分のセクシュアリティを生まれついての自然なものと感じることなく、実用的な観点から決める人もいる。私自身のセクシュアリティについては、定義する必要を感じたことがない。状況証拠から異性愛者だとは思うが、この世に存在するすべての人に会ったことはないので、質問されてもわからないと答えることにしている。まだ出会っていないだけで、私を夢中にさせる女性／トランスジェンダー／その他の人がどこかにいるかもしれないからだ。私はいつも、大半の定型発達の人たちが自分のセクシュアリティを確信しているらしいことに面食らってしまう。どうすればそんなふうに確信できるのだろう？

◦簡単に言うと、私はレズビアンです。とはいえ、女性に惹かれるということがどういうことなのかは、説明しにくい概念です。そもそも、男性と女性との間の境界線はどこにあるのでしょう。これは私にとって、きわめて重要な問題なのです。中性的だろうが、性自認が身体と異なっていようが、ペニスがあろうが、私は性的パートナーとして受け入れることができます。基本的には、胸があって、ヒゲが生えていない人に惹かれます。（ＡＳＤのトランス女性）

◦自分が女性に特別な感情を抱いていることには昔から気づいていましたが、現実に自分の身に起きることとは思えませんでした。レズビアンに会ったこともありませんでしたし。初めて女性と付き合ったのは二六歳のときで、それ以来後悔はありません。自分のセクシュアリティに戸惑ったことは一度もありません。カミングアウトしたのが遅かったせいか、大きな問題にはなりませんでした。最近では、ほとんどの人がこの件に関して偏見を持っていませんから。何人かの友人は、私よりもずっと前にカミングアウトしていました。私は期待に応えようとして、長らく見当違いなことをしてきたのだと思います。普通の女性になりたくて、うまくいきっこない男性との関係を繰り返したのも、社会からの期待に合わせようとしていたからです。

（ＡＳＤ女性）

。性的な意味で、男性のように感じたことはありません。私はレズビアンではないですし。自分がレズビアンなのかどうかを実験したことはあります。酔った勢いで二人の女の子とキスをしましたが、男性とのキスと同じかそれ以上に楽しむことができました。女の子はヒゲがひっかかりませんからね。レズビアンの女の子とデートして、食事とドライブまでしたこともあります。でも彼女が私の足に触れたときは、嫌悪感が湧きました。だから自分がレズビアンでないことはわかっています。それに、きちんとした家庭には男性と女性がいて、子どもたちがちゃんと両性のお手本に接することができるようにする必要があるとも考えています。

（ＡＳＤ女性）

。私のセクシュアリティはＡＳＤに由来するのではないかと思っています。一〇代の頃は傷つきやすく、男性に利用されていたからです。セックスや恋愛関係にうまく対応できるスキルがあったら、同性愛者になっていたかどうかはわかりません。

（ＡＳＤ女性）

無性愛者

ある研究によれば、ＡＳＤの人は定型発達の対照群に比べて無性愛者の割合が高いことがわかっている。[※10] 社会的交流の困難さ、単独行動を好む性質、愛情行為に対する感覚的な問題、性自認のとらえ方の違いを考えれば、当然の結果だろう。私が話を聞いたＡＳＤ女性のうち、約二〇％が、自分を無性愛者だと定義している。そのほとんどは、自分も異性と関係を持ち、楽しむはずだと感じていたという。彼女たちの多くは異性と関係を持とうとしたものの、最終的にはそのような親密な関係を望んだり、好きになったりしなくてもよいということを学習したのだった。

◦アロマンティック（恋愛感情を持たない人）という自分のアイデンティティは、長い間ずっと不安定だったと思います。周囲に溶け込もうと必死になっていた二〇代の頃は、恋人がいれば、自分が必要としている受容や承認が得られると信じていました。

（ＡＳＤ女性）

◦自分のことを、単に恋愛に興味のない女だと思っていました。同性愛者だとか感じたことはありません。恋愛よりも、自分の趣味や人生を楽しむことに興味があっただけです。それでも、他の女性のように彼氏をつくらなきゃというプレッシャーは、常に感じていました。恋愛を望まない自分は、ちょっとした欠陥品のように思っていました。

（ＡＳＤ女性）

恋愛をしたくないのは心身のどちらかに問題があるのではないかと思っていた人の中には、無性愛者という生き方もあるとわかり、とても安心したと語る人もいた。

。五一歳のとき、「無性愛」という言葉が、（生物学で教わったように）アメーバの生態を表すだけではなく、正当な性的指向を指す言葉としても使われることを知りました。フォーラムやブログを読み漁り、過去に失敗したデートや恋愛について率直に内省を重ねた結果、気づいたのです。「性的魅力を感じない人」という無性愛者の説明が、自分にぴったりだということに。他の人に性的魅力を感じないのには理由があることを知って、心の底からホッとしました。同じように感じている人たちのコミュニティをネットで発見したときも、安堵感がありました。　（ＡＳＤ女性）

。明らかに普通ではなく、恥ずかしくて誰にも言えませんでした。誰かに変だと拒まれるのが怖かったのです。自分を治そうと多くの雑誌や自己啓発書を根気強く読み、酔っているときとシラフのときにセックスを試してみましたが、何の効果もありませんでした。自分はきっと、おぞましい罵倒語として聞いたことのある「不感症」に違いないと結論づけ、価値のない欠陥人間として、自己嫌悪に陥る日々を過ごしていました。　（ＡＳＤ女性）

幸せな人生を送るために必要なのは、人はそれぞれ違うということを（自分と社会の双方が）認識して受容すること、そして知識を持ち、自分を理解することにあるのではないだろうか。ＡＳＤとあらゆるセクシュアリティについて、一般社会でオープンかつ真摯に議論がなされれば、人それぞれ違うということに対して、社会が寛容になるはずだ。そうなれば若者たちは自分自身を誇る勇気を持てるようになり、みんなと同じになることへのプレッシャーを、さほど感じなくなるだろう。

第11章

好きな人とつながりたい ——恋愛・性行為・パートナーシップ

長いこと、自分はダメ人間だと思っていました。「自分が誰かに愛されるなんてことがあるんだろうか?」。私はただ、私の隣で一緒に歩いて、受け入れてくれる、たった一人の人を望んでいました。

ASD女性[※1]

恋愛することの特別な難しさ

ASDの女性にとって、恋愛関係は他の人間関係と同じく、予測できない要素をはらみ、混乱の元となる。さらに恋愛の場合、感情的な関わりや親密な身体的接触が欠かせず、長期間にわたって時間・空間・持ち物を共有しなければならない。女性に対する社会の期待ゆえに、女性はこうしたことが得意で、自然な本能でケアができるはずだと信じられている。これらを辛いと感じる女性は冷たいか、壊れているか、ただの「変な人」だと思われてしまう。ASDであるがために、大切な人を見つけて関係を築き、維持することが難しい。加えて、ASDの女性は大人になるまでに、自分は理想的な恋愛相手にはなれないというメッセージを突きつけられてきている。

ASDの女性たちが、世間に受け入れられやすい姿になるために、仮面をつけ、自分を隠してきたのはこれまで見たとおりだ。恋愛とは、本当の自分、つまり最高の自分も最悪の自分も否定されずに受け入れられる関係ということになっている。ＡＳＤの女性にとって、パートナーに本当の自分をさらけだすのは、拒絶の追い打ちを受けかねない恐ろしいことだ。人を見る目にも欠けるため、パートナー選びに失敗し、ダメな自分に手を出してくれることをありがたがってしまうかもしれない。

ＡＳＤの女性の大半は、性的要素の有無を問わずパートナーを求めているようである。幸せな独身のままでいることを選ぶ人は、ごくわずかしかいない。

恋人候補への強い関心

私はこれまでの人生でたびたび、そのとき夢中になった特定の人に対して、ストーカーすれすれの行為を行ってきた。その人のことを常に考え、どこで何をしているのか、すべてを知りたいと思い、偶然「鉢合わせする」計画を立てた。私がその人を目にしてうれしいのと同じように、その人も喜んでくれると期待していたのである。

一〇代の頃は、リストカットをしたり（第13章の自傷行為の項を参照）、男の子の名前を安全ピンで皮膚に刻んだりしていた。一度だけ、ある男の子に自分がしたことを見せたことがある。私の手仕事を評価し、献身的愛情を認めてくれるだろうと思ったのだ。彼はおびえた。頭のおかしいヤバい人だと思われたようだった。彼は私のボーイフレンドですらなく、私の執着心の最新ターゲットにすぎなかったからだ。三〇年経った今でも、その傷跡は残っている。覚えているのは、憧れの対象が落としたタバコの吸殻をひそかに拾い、彼がくれたコインと一緒に自室の引き出しに大切にしまっていたことだ。

一〇代の頃にフェイスブックがなかったことには、感謝しかない。もっとひどいことになっていただろう。

。何ヶ月も執拗に追い回すと、彼はついに怒りとおびえに満ちた声で私を責め立てました。「お前は女じゃない。お前、何なんだよ」。そのとき初めて、自分が人を怖がらせることがあると気づきました。でも自分がどれほど悪いことをしてしまったのかは、わからずじまいでした。

（ルディ・シモン[※2]）

。誰かを好きになると、人生を楽しむどころじゃなくなるほどその人に心を奪われてしまうんです。何時間も電話のそばに座って、相手から電話がかかってくるのを待ちぼうけしたり。一日中、その人のことばかり考えて家の中を歩き回ったり。夢中なんてレベルじゃありません。（ＡＳＤ女性）

ものに強い関心を抱くＡＳＤの男性に比べ、ＡＳＤ女性は人に強い関心を抱きがちであることを考えれば、好きな人への強い執着は、いかにもありそうなことである。ただ、ＡＳＤの女性は興味や魅力を感じているというシグナルを読み取れず、相手の気持ちを察することに苦労することがあり、望み通りにはいかない可能性がある。

。もちろん、相手を思いやることは大切です。でも私が感じることができるのは、自分の欲求だけでした。今でも、「相手の立場に立って考える」ことは難しいと感じています。私が感じることができるのは、自分の欲求と自分のことだけ。自分の外側にあるものはすべて、私にとって違う国、違う星のものです。

（ウェンディ・ローソン）[※3]

ASDの女性には、他人に対するこのような強い感情を理解し、気持ちを整理してASDの症状として認識できるような支援が必要となる場合がある。友人やメンターは、社会的に受け入れられる行動とは何か、何が怖がられ、気持ち悪いと思われるのかを、明確に説明してあげる必要があるかもしれない。

。過去の人間関係がうまくいかなかったのは、もしかしたらアスペルガーのせいだったのかもしれないと思い始めたところです。覚えているのは、「ごめんなさい、そんなつもりは……」としょっちゅう謝罪していたことです。怒らせるつもりはなかったのに相手を怒らせるようなことをしたり、やったほうがよさそうだと思いついたことを実行に移したりしていたからです。

（ASD女性）

シグナルを見逃す

シグナルを読み取るのが難しいというASDの特性は、恋愛の領域でも顕著に現れる。心の微妙な動き、じゃれあい、暗黙の了解。恋愛はＡＳＤの女性にとって、確かなものがなにもない、誤解が生まれやすい地雷原のような場だ。これが強迫観念的なストーカー型行動につながったり、逆に搾取されやすくなったりする。誰が自分に興味を持っているのか、あるいは持っていないのかがわからない。人の欲望や意図を読み取ることができなければ、恋愛にまつわるあれこれは、非常にストレスフルで、時に危険なものとなるだろう。

・ＡＳＤのせいで、私はたくさんの社会的シグナルを見逃してきました。誰かが私に惹かれているかどうかも、いつから好かれているかもわかりませんでした。『コスモポリタン』誌を読む年になり、人付き合いのマニュアルとして活用していたにもかかわらず、デートのルールを理解していませんでした。それに正直なところ、思わせぶりな態度を取る意味もわからなくて。（ＡＳＤ女性）

・若かった頃、私が誘いのシグナルを読めないことで、すげなくされたと感じたり、はぐらかされているように感じたりしたことが立て続けにあったと男性たちから聞かされました。光栄ですが、戸惑ってしまいます。その人たちがかっこよかったらいいなあと思います。何年か前にお付き合いをしたことがあります。彼が関心を持っていることに私が気づくには、彼は棍棒で私の頭を殴って洞窟に引きずり込むぐらいの強引なことをしなくてはなりませんでした。（英国自閉症協会[※4]）

単刀直入に要点だけを伝えるのが、ＡＳＤの女性のコミュニケーションスタイルだ。相手が自分とセックスしたいかどうかを知りたい場合、彼女は相手の名前を知る前にはっきり尋ねてしまうかもしれない。あるいは早々と、セックスするつもりはないと告げるかもしれない。これでは、求愛ダンスには程遠い。相手の気をひくこと、どうなるかわからないこと、恋の予感に胸をふくらませることは、定型発達の人にとっては恋のお楽しみの一部だが、ＡＳＤの女性にとってはそうではない。彼女はただ、知りたいと思うだけだ。

私は男性のパートナーから、「重すぎる」と言われたことが何度もある。関係をどのように進めていくつもりか、考えを聞かせてほしいと伝えたせいだ。ちなみにこれは、二回目のデートでのことだった。早すぎる愛着心のあらわれだと思われて、怖がらせてしまったのだ。実際のところは、その関係が何なのかを正確に知る必要があっただけにすぎない。どちらでもかまわないが、ただ知りたかったのである。多くの人が好む「流れに身を任せる」「様子を見る」という概念は、私にとってあまりにもストレスフルで、不確定要素が多すぎた。

パートナー選び

実用主義者であるＡＳＤの女性は、恋愛相手に対しても、現実的な要求をするかもしれない。恋愛をするならば、相手のニーズを満たし、その存在を許容しなければならないからだ。アンケートに回答してくれた女性たちは、趣味やライフスタイルの共有を重要な検討事項に挙げた。「相性」や「関係性」の概念はＡＳＤの女性のパートナー選びにも適用されるのだろうが、このことについては誰も言及しなかった。

・夫を選んだのは、彼がすばらしいジム設備を持っていたからです。私も使いたくて。
（ASD女性※5）

・彼は私の好きな活動のほぼすべてに関心を示し、誰も関心を示さなかった私の趣味にも興味を持ってくれました。
（ASD女性※6）

お世話係として

自分は一人ではやっていけないと思っている女性の中には、お世話係の役割をパートナーに求める人もいた。

・伴侶を得ようとがむしゃらになるまでは、一人でいることが少しも苦にならず、むしろ自分が何者をも必要としない自由な精神の持ち主であることを心強く感じました。でも今では、すっかり逆のことを考えています。自分は伴侶なしには生きられないのではないかと思っています。愛情を求めているというよりも、身の回りの世話や人生全般において、自分がいかに無能かをますます実感しているからです。
（ASD女性）

・自分を助けてくれるパートナーなら、いてもいいと思います。基本的には、パートナーであると同時に、多少なりともお世話をしてくれる人である必要があります。（…）パートナーがいてもいいのですが、誰かと一緒に暮らすことはできません。自分のスペースが必要だし、プレッシャーを感じるのも、常に交流と妥協が求められるのも苦手です。

（ＡＳＤ女性）

。生活が苦手なので、数ヶ月以上一人暮らしをしたことはありません。でも同棲しているパートナーがいればなんとかなります。家事は有料で手伝ってもらっています。

（ＡＳＤ女性）

感覚的な好み

感覚的な好みがパートナー選びに影響することもあるが、それはいわゆる肉体的魅力とは別物である。リアン・ホリデー・ウィリーが著書の中で、夫のトムの顔を純粋に美的な観点から描写した箇所に、私は強く共感したことがある。

。ときには、ただ夫の顔に目をやるだけで、度を失いそうな自分を押しとどめ、持ちこたえられることもある。トムの顔を見ると、何かに打たれでもしたように、思わずはっとなるのだ。何も美男子だからというのではない。彼の顔の部品には、視覚的に私を惹きつける要素が豊富なのだ。直線、左右対称性、平行や直角。トムの顔はかっちりしていて安定感があり、（…）私の視覚につかの間の休息を与えてくれる。トムの目鼻を見ていると、奇妙なほどに心がしずまる。おかげで、トムがいてくれると思うだけでくつろいでしまえるほどだ。

（リアン・ホリデー・ウィリー『アスペルガー的人生』ニキ・リンコ訳）

選択基準がない

ずっと否定されて生きてきたことから、自分はパートナーを選べる立場ではないと感じ、言い寄られたら誰とでも付き合うことにしている女性もいる。パートナー選びを「いきあたりばったり」と表現する女性がいるのも、驚くにはあたらない。人の心を読むこと、心を通わせること、自分や相手の感情を理解することが難しい、あるいは不可能な場合、パートナー選びはほとんど宝探しのようになってしまう。道路横断やリスク評価と同じく、状況を無視した意思決定は問題をはらむことになる。

。私が選んだというよりは、どちらかといえば恋人が私を選んでくれたんです。私を彼女にしたいと思ってくれる人がいたことに、ただ感謝です。（ＡＳＤ女性）

。一〇代の頃は、恋人をつくることにまったく興味がありませんでした。人前でいちゃいちゃする人たちに、よく腹を立てていたものです。恋愛は時間の無駄だし、集中力を削ぐものだと思っていたから。二二歳くらいになって、急に絶望的な気持ちになってきました。（…）支えてくれる大切な人がいなければ、自分の人生はなんにもならないのではないかという考えに突然とらわれるようになったのです。今にして思えば、そんな気持ちに負けなければよかったのですが。（…）恋愛で私の心は傷つき、引き裂かれてしまいました。（ＡＳＤ女性）

独り身を貫く

私が話を聞いたASDの女性の中には、恋愛や性行為の経験がない人もいれば、(普通そうするものだと思って)試してみたものの、自分には合わないと判断した人もいた(第10章の無性愛者の項を参照)。

・セックスは不要だと感じます。好きじゃないんです。(…)セックスをしたいなんて、一度たりとも思ったことはありません。したのは、しなければならないと思ったからです。(ASD女性)

・友達をアパートに呼んだことはないですし、部屋に集まったりもしません。今では人が訪ねてくるのがとても怖いです。恋人がいたこともありませんが、今は一生独り身であることを受け入れ、一人で暮らすことに満足しています。(英国自閉症協会)※7

一方で、恋愛に無縁であることに悩んでいる女性もいる。パートナーを見つけたいと思っているものの、さまざまな理由で実現しない人たちだ。彼女たちが求愛のサインを見逃したせいかもしれないし、誰かに強く惹かれること自体がなかったのかもしれない。わかっていることは、ASDの人たちは性別とセクシュアリティと性欲が必ずしも一致していない可能性があり、普通の性愛の基準をあてはめるべきではないということである。

交際相手がいない女性たちにとって最大の問題は、定型発達的な価値観でうまくやれなかったという感覚である。つまり、自分をたった一人のパートナーとして選ぶ人を見つけるという、他人ができていることを自分が達成できなかったことへの挫折感だ。

大人になると、パートナーの有無が非常にわかりやすくなり、独り身かどうかは周知の事実となる。独り身であることで、「誰にも愛されていないということは、愛すべきところのない人ということだ」というネガティブなイメージを与えかねない。ＡＳＤの女性には、社会に溶け込みたい、受け入れられたい、目立たない存在になりたいという願望がある。パートナーがいないことが、何の価値もない人間であることを世界に示す究極の証になってしまうと感じる人もいるだろう。

・無口な男性は、面倒見が良さそうな私に惹かれるようです。悲しいことに、私はアスペルガーの男性に魅力を感じたことがありません。やはり私が自信を持って話せる相手は、会話を私に依存しているように感じます。なぜこのように感じるのかはわかりません。恋人をつくる機会はたくさんあったはずですが、彼らに魅力を感じることはなく、好きでもないのに好きなふりをするのはおかしいと思っていました。（ＡＳＤ女性）

・今まで一度も恋人ができたことがありません。そんな自分はずっと変わり者だと思ってきました。私が男性に対して緊張していることは、相手にも勘付かれたでしょうし、おそらく今でもそうでしょう。正直なところ、いまだに自分は変わり者だと思っています。（ＡＳＤ女性）

ＡＳＤのトランスジェンダーの人は、自分の内面を反映していない身体で生きているために、Ａ

SDとあいまって、恋愛に消極的になってしまうかもしれない。

。私は今まで一度も恋愛をしたことがありません。学生時代に社会性に欠けていたことや、ASDのコミュニティに入り浸っていたために女性との接触が少なかったこと、そして性転換を終えて満足できる身体になるまでは性的関係を持ちたくないというのが、その理由です。

（ASDのトランス女性）

最初の性的経験

私が話を聞いた女性たちの報告によれば、性的経験の回数はゼロから三〇回以上まで幅があった。最も早い性交渉年齢は一四歳で、多くはアルコールを伴い、後悔を感じている。ASDの少女は、自分を選んでくれる人への感謝の気持ちや、「普通」だと思いたいという気持ちに加えて、だまされやすかったり無理強いされたりして、悲しいことにポジティブとはいえない性的経験をしてしまうことがある。ASDの少女には、定型発達の世界のルールを学び、自分を異端視する世界に対して自尊心を築けるようなサポートが必要だ。

一〇代の頃の私は、私とセックスしたいということは、私のことが好きだという意味だと思っていた。誰かが私をセックスしたい相手に選んだことに、強い誇りを感じた。多くの若い男性はいちいち選んでなどおらず、やらせてくれるだけでいいと思っていることを知らなかったのだ。私はノーとは言わなかった。断ってもいいということすら知らなかったからだ。断ったら嫌われてしまうと思い、そんなリスクを負う気になれなかった。

。セックスを知ったときはかなり興奮しました。彼を勃起させたとき、「やった！」という言葉を使ったことを覚えています。（ASD女性）

。私が初めてセックスをしたのは一六歳のときです。好奇心もありましたが、相手から強要されてのことでもありました。当時も今も、その初体験を後悔しています。彼がとても間抜けに思え、汚らわしくて恥ずかしいということ以外、特別な感情は抱けませんでした。（ASD女性）

性的暴行を受けるリスクが高い

ASDの少女や女性は、特に性搾取を受けるリスクが高いという見解は、よく報告されている。[※8]誘いの合図を読み取れなかったり、世間知らずだったり、他人の言動を額面通りに受け取ったりすることは、特に弱い立場にある女性の場合は問題を引き起こしかねない。ASDの女性は、言われたことを鵜呑《うの》みにし、自分と同じように他の人も善意で行動していると思い込んでしまう。

私の調査対象である女性たちは、自分のことを「だまされやすい」「傷つきやすい」「世間知らず」と表現している。ASDの特徴は、性的な状況では深刻な危険をもたらしうる。私は多くの女性から、性的な虐待や暴行、レイプの経験が何度もあるという報告を受けている。

私もASDが原因で性的暴行を受けたことがある。インターネットの出会い系で知り合った男性と初デートをしていたときのことだった。当時、私はギターの練習をするのが好きだった。彼はギターを何本も持っていて、弾かせてくれると言ったので、私は彼の部屋に行くことにした。私は状況を慎重に検討し、彼が私にまったく興味を示している様子がない（私も彼に興味がない）ことから、この申し出には隠された意図は何もないと判断した。これが間違いの元だった。

私はどこかで何かをミスしたか、意図しないシグナルを彼に与えてしまったかとしか思えない。私は当時三五歳で、IQは一五〇以上だった。このようなミスは、知性とは関係ない。ミスの原因は、人付き合いをよくわかっていなかったことに尽きる。直感的にシグナルを拾い、場の空気を読み取れなければ、誰が安全で誰が危険なのかを個別に判断することができない。その場合、選択肢は二つになる。全員を信用するか、誰も信用しないかだ。

周囲は「人付き合いを何年もかけて学習したんだから身についているでしょ」と言うが、実際は不可能だ。時間をかけて人の行動を学び、どれほど熟達したとしても、その状況下でその人がその瞬間に何をするかを正確に予測できるほど精通できるわけではない。だからこそ、何の脈絡も目的もない状況（たとえば、通りで誰かが私の後ろをつけて歩いているような状況）では、いまだに人間が怖いままである。

。若い女性だった頃は、状況を把握する能力が低かったため、本当に危険な目に何度も遭いました。一度など、非常に悪い結果になってもおかしくない状況に陥りました。

（ASD女性）

。彼を完全に信頼し、彼の言葉を福音のように受け止めていました。彼は私をどこにでも連れ去ることができたでしょう。彼を疑う気持ちはみじんも心に浮かびませんでした。彼の表情に心を奪われ、その表情を額面通りに受け取っていたのです。完全に間違った印象だったのでしょうけど。

（ＡＳＤ女性）

。私は何度かモラハラ的な恋愛関係を経験しました。私の元恋人のほとんどはあまりいい人ではありませんでした。だからこそ〝元〟恋人なのでしょう。自分の人を見る目に自信が持てません。相手に心を奪われるあまり、相手の欠点が見えなくなってしまったんだと思います。

（ＡＳＤ女性）

。娘が言うには、最後に付き合っていた人から、精神的な虐待を受けることがあったそうです。娘が何かを読み違えたり、「間違ったこと」を言ったりすると、ひどい「トラブル」を起こすことがたびたびありました。その結果、ひどい抑うつ状態に陥り、心身が衰弱してしまいました。彼が関係を解消（婚約破棄）したのは、娘がＡＳ［アスペルガー症候群］と診断されたことが理由です。そんな人との子どもはほしくないのだそうです！

（ＡＳＤ女性の保護者）

レイプ

ＡＳＤの女性がレイプや深刻な性的暴行を受けやすいのは、無理もないことである。人や状況を読み取って見極めることができなければ、危険で痛ましい結果を招きやすいのは明らかだ。我ながら、排水路に捨てられることなくここまで生きてこられたのは奇跡だとよく思う。これまでさんざんやらかしてきた判断ミスのせいで、最悪の結果になっていてもおかしくなかっただろう。

このような状況に陥っても、恥ずかしくて誰にも言えないという女性も多いのではないだろうか。なぜ事が起きるまで間違いに気づかず、悪くない考えだと思ってしまったのか、説明するのは難しい。自分がした選択は、他の人から見れば、信じられないほど愚かだと批判されることは目に見えているからだ。

> 初体験は、自分の意思ではありませんでした。私は一四歳のときにいとこにレイプされて処女を失いました。私は何度も合図を読み違えて、デートの相手がセックスを期待している状況に陥りました。固まってしまって、抵抗することはかないませんでした。その結果、一六歳で妊娠してしまいました。
> （ASD女性[※9]）

私が興味深いと思ったのは、ASDの女性が、性的暴行などのトラウマになるような出来事を克服する方法である。レイプが精神的にも肉体的にも悪影響をもたらすことは疑うべくもないが、ASDの女性の中にはそのような出来事をかなり客観的にとらえ、立ち直ることができる人もいるようだ。もちろん、一人一人経験やとらえ方は異なり、個々の経験やニーズに応じた支援が必要なことは言うまでもない。あるASDの女性は、レイプの経験と、それが人生における他のストレス要因に比してどのように位置づけられるかを語る。

。レイプされたことが一度あります。しかしこのことは、私の人生の中のイベントのストレス度ランキングでは非常に低い位置にあります（長年受けているカウンセリングでも、わざわざそのことに触れたことはないくらいです）。（…）原因は、自分のだまされやすさです。（…）レイプは避けられないと気づいたとき、私はただ生きて帰ることに目標を切り替えました。生き延びることができたということで、トラウマよりも安堵感のほうが強くあります。（…）一方で、私のストレス度ランキング上位の出来事は、同僚とのコミュニケーションの難しさに関わる事柄ばかりです。相変わらずこの種のことに対しては、なすすべもありません。

（ジーン・カーンズ・ミラー）[※10]

リアン・ホリデー・ウィリーは、だまされやすさゆえに起きたいくつもの性的暴行事件を回想している。[※11]彼女は、その出来事を理解して前向きにとらえるために「認知的再構築」を行う必要があったと語っている。私も、ネットや専門書で紹介されている基本的な認知行動療法（CBT）を用いて、似たような取り組みをしている。人によって好むアプローチは違うので、特定の療法をすすめるつもりはない。しかしASDの人に訓練を施す専門家の自分にとって、『成人アスペルガー症候群の認知行動療法』（ヴァレリー・L・ガウス著、伊藤絵美監訳、星和書店）とその関連ワークブック『自閉スペクトラム症でよりよく生きる』（ヴァレリー・L・ガウス著、未訳。*Living Well on the Spectrum*）ほど、よく書かれたものはまだ見たことがない。個人的にも役立っている。

恋愛をめぐる男性との困難な経験を経て、自分を守るために学んだ方法を語る女性もいる。

。男性に求める資質を一〇個挙げました。厳しいようですが、被害に遭うのを避けるために制約を課す必要があったのです。

（ＡＳＤ女性）

。これまでしてきた経験のせいで、自分の気持ちや感情が信用できなくなってしまいました。他人を基準にして、何が適切かを確認しています。

（ＡＳＤ女性）

セックスと肉体的なつながり

私は前著で、ＡＳＤの人のセックスと人間関係を考察した。[※12] そこで私が指摘したのは、ＡＳＤの女性は定型発達の女性よりも、性的なやりとりにおける感情的側面と身体的側面を分けて考える傾向があるということだ。このような視点は、男性のセックスへのアプローチとされるものに近い。本書の調査に協力した多くの女性も、同様の考えを示している。性的欲求を満たすためのパートナーをまったく必要としない人もいた。

。性欲は掻かなければならないかゆみのようなもので、最も効果的な方法は自慰行為で満足させることでした。これは、私のＡＳＤ的な特徴と関連していると感じます。人と交流するにはもっと労力をかける必要がありますし、その分ストレスや不安も大きくなります。一人で行動する場合に比べて、その結果は予測できません。もちろん、自分が空間と孤独を求めていることも大きいです。必要なのが性的な満足だけなら、誰かを巻き込んで問題を複雑にすることはないでしょう。

（ＡＳＤ女性）

女性たちは、肉体関係で心がつながるという考えについて戸惑っていると報告している。心のつながりをまったく感じないという人もいれば、非常に強く感じるが、必ずしも肉体的なセックスとは関係ないという人もいた。私の場合、セックスはパートナーと触れ合うことで実体的につながれる方法だと感じている。私には、心の結びつきという概念はよくわからない。あまりにも漠然としていて、抽象的すぎるのだ。肉体的なつながりは、自分が最も無防備で「裸」の状態のときに、誰かと一緒にいることで安心感を得る手段である。私にとっては、これ以上ないものだと思う。

◦肉体的なつながりと愛との関係については、いまだに非常に混乱しています。私はどちらかというと、セックスは動物の基本的な本能であり、空腹や睡眠のように満たされなければならない欲求だととらえるほうです。夫とセックスするときは、彼のことを夫とも、人生を共にする人とも、子どもを持つ相手とも思いたくありません。

（ＡＳＤ女性）

◦体が求めるものと、心が求めるものは、そのときどきで違います。

（ＡＳＤ女性[※13]）

◦相手が自分に愛情を持っているかどうかを見分けることはできなくても、私のほうに愛情があればセックスを進めることができます。

（ＡＳＤ女性[※14]）

「つながり」の感覚を、性的なやりとりに求めない女性もいた。彼女たちは交友関係や知識の共有、つまり肉体ではなく精神的に育むものから「つながり」を感じていた。

。愛する人とセックスをしても、セックス中にその人と心情的につながりたいとは思いません。大切な人に押し付けるには、セックスはあまりに即物的で、汚らわしすぎるし、笑ってしまうくらい大げさに感じます。私は、前戯、キス、ハグ、愛撫のほうが好きです。つながるのであれば、心を通わせたり、考えを分かち合ったり、一緒に活動したり、心地よく身体を触れ合ったりすることで、愛する人とつながりたいと思っています。（ＡＳＤ女性）

。何らかの形で結びついている人でなければ、下半身に触られることは考えられません。と言っても、セックスは優先事項ではありません。純粋に好きだった人とは、セックスをしなくてもとても幸せに過ごすことができました。私が一番求めているのは、精神的な相互関係です。それさえあれば、他のことはすべてうまくいきます。（ＡＳＤ女性）

良好な関係を築ける相手

ＡＳＤの女性は、他のＡＳＤの人と関係を築く傾向がある。[※15] 逆に、共感力の高い人（教師、看護師、カウンセラー、介護者）と関係を築くこともある。男女の関係について言えば、最も一般的なパターンは、二人ともＡＳＤというカップルである。同性カップルの場合は、どちらかの極端なパターンになる。

。かつての私は、他の人がしているように誰かと恋に落ちたり、結ばれたりすることができないと思っていました。パートナー選びもなりゆきまかせでした。でもここ二年ほどで、自分にも関係を築く能力があることを知ることができました。不思議なことに、このつながりはアスペルガー症候群の人とのものです。私が恋愛できたのも、このことが理由の一つではないかと思っています。

（ＡＳＤ女性※16）

ＡＳＤ女性のパートナーは多くの場合、親友でもあり、人生において唯一必要とされる人となる。ＡＳＤ女性は人付き合いや感情面で求めるものが、（定型発達の女性に比べると）かなり控えめであることがある。似たようなパートナーなら、たやすくその求めを満たすことができるだろう。ＡＳＤの男性のほうでも、彼女が彼に惹かれるのと同じ理由で、彼女に惹かれるのかもしれない。すなわち、趣味や知識を分かち合えることや、（駆け引きをしたり心を読んだりする必要のない）直接的で率直なアプローチをありがたく思っているのだろう。ＡＳＤの女性にとっては、定型発達の男女は人付き合いの仕方が複雑で、情緒的な要求が多いと感じられるのかもしれない。感情や要求を直感的に共感して読み取るということを期待されるのは、彼女たちにとっては荷が重いのだ。

。対人関係は今でもひどく負担だし、混乱してしまう。ほかの人とはかかわりを持ってみたいけれど、本当にこれだけの苦痛に耐えて、生きのびていけるのかどうか、もう一つ自信が持てない。日によっては、自分が何をし、何を言うことになっているのかを解読しようとしているうちに、それだけで頭が痛くなってくることもある。こうなると、あまり長時間は続けることができない。

(ウェンディ・ローソン『私の障害、私の個性。』ニキ・リンコ訳)

。私にとって、恋愛関係はきわめて重要です。パートナーは親友であり、いつも一緒にいる仲間でもあります。私は彼一筋で、誠実に愛しています。交際中に他の男性が魅力的に見えることはないし、性的な関心を抱いたりもしません。パートナーはまるで自分の一部のようです。離れていても寂しくありません。というか、仕事が忙しいときなどは、彼のことを完全に忘れてしまうこともあります。お互いに相手がいつセックスを求めているのかわからないし、どうやって誘えばいいのかもわからないので、どうにかしてルーティンに組み込み、セックスに臨むことにしています。興ざめに感じられるかもしれませんが、そうでもないんですよ。私たちにはとても合っています。

(ASD女性)

私は、ASDの人間どうしが、無意識のうちに磁石のように惹かれ合う直感的な能力があると信じている。この能力を、私は「アダー」と呼んでいる。「アダー」とは、ゲイの人が純粋に見た目だけで他のゲイに気づくことができると評判のゲイレーダー「ゲイダー」にちなんだネーミングだ。私はパートナーであるキースと、ネットで出会っている。やりとりを始めた頃、二人とも相手がASDであることを知らなかった。その後も数年間、知らないままだった。私たちはうり二つで、たくさんの失敗を重ねたあとにお互いに出会えたことをうれしく思っている。いったいどうやってお互いを見つけられたのか、私にはわからない。「アダー」のおかげだろう。

私たちの世界に、他の人はいらない。一日二四時間、長期間一緒にいても、イライラしたり耐えられなくなったりすることもなく、幸せに過ごせる（世界中の他の人類がそうであるように）。私たちはお互い、感情的な要求をすることがほとんどない。要求をする場合は明確に要件を伝えるので、あやふやさや不安、失敗の可能性を避けることができる。一番重要なのは、行動がどれほど奇妙で理解しがたいものであっても、私たちはお互いを無条件で受け入れているということだ。ＡＳＤの女性である私にとって、これは一生に一度あるかないかの経験である。二人の関係は世間向けのパフォーマンスからの休息で、本当の意味で「家」と呼べる場所だ。このことが私の人生全体にどれほどの変化をもたらしたか、いくら強調しても足らない。

- 夫婦仲はとてもいいつもりです。夫ほど、嘘偽りのない関係を築けた相手はいなかったような気がします。他の人と付き合っていたときは、いつも自分が演技をしているように感じていました。夫と一緒にいると、まるで靴を脱いでいるようなくつろいだ気分になれます。母が初めて我が家を訪れたとき、普段ほとんど人と交流しないように見える私たちが、夫婦として仲睦まじくしている姿を見て驚いていました。

（ＡＳＤ女性）

- 夫は私の支えです。もう一人には戻れないと心から思います。自分を支えてくれる夫に依存するようになりました。夫と出会うまで、あんなにも長い間、一人で乗り切ってきたなんて信じられません。夫と出会っていなかったら、私は自殺していたでしょう。疲労感は恐ろしいくらいでした。でもときどき、夫に出会わなければよかったと思うこともあります。夫を束縛してしまっただけではなく、私を必要とする子どもをつくったことで自分自身も束縛されているからです。（ASD女性）

ASDの女性は良好なパートナーシップを築くことで、受容とサポートが得られ、他の分野でも可能性を発揮できるようになる。キースと出会う前の私は、よくない人間関係を修復しようとすることに、すべてのエネルギーと能力を費やしていた。他人に言われたとおりに自分を変えようとして、心身ともに傷つき、自分にとって心地よいことを追求できなくなっていた。自分の有益な仕事はすべて、彼と出会ってから成し遂げたことなのは偶然ではない。

ASDの女性には、自分を高められる関係とは何かを認識し、それが自分にとってどのようなものかを見極めるための支援が必要だ。大切なのは、人の生き方を批判しないこと、居心地のいい関係性を築くために何が必要なのかを考えられるような支援をすることである。

人によっては、型通りではない関係が正解になることもある。同居はうまくいかないかもしれない（キースと私は付き合ってから九年間、五〇マイル以上離れたところに住んでいた）。セックスは必要ないかもしれない。別々の部屋が必要になるかもしれない。型通りではない人が従来のパートナーシップを築くなら、慣習にとらわれない解決策が必要になる。はっきりしているのは、多くのASDの女性が、パートナーや家族と家庭を築いて、幸せに暮らしているということだ。

第12章

子どもを産むとき——妊娠と育児のあれこれ

子どもを持つことは、どんな親にとっても人生を豊かにする経験だと言われています。私にとっては、この豊かさには二つの意味がありました。一人の女性として、そしてＡＳＤの女性として。

育児中のＡＳＤ女性

妊娠・出産・育児から得られる感情

ＡＳＤの女性として子育てすることは、最近まで見過ごされてきたテーマである。ＡＳＤが遺伝性であることは知られていても、「男性がＡＳＤになる」という固定観念のために、子どもたちは父親からのみＡＳＤを受け継ぐと思われてきた。よくも悪くも、個人の日常に影響を与えるＡＳＤの特徴は、親としての日常にも影響を与える。女性の中には、なんだかんだ言っても自分はちゃんとできるのだとわかって、ホッとしたという人もいる。

。ＡＳＤ女性にとって、母親になるということは、共感、寛容、ケアの集中レッスンを受けるようなものです。一言で言えば、愛のレッスンです。自分に一〇〇％依存している生き物の生存と幸福を、自分がちゃんと守ってあげられることを知りました。誰かを愛するということがどういうことなのかがわかったので、それを他の人を愛するときにも活かせそうです。人を愛するプロセスと愛に必要なものを選び、分類し、理解できるようになりました。母親になったことで、日々の感情はずっとずっと豊かで、クリアなものになりました。アスペルガーの母親である自分は、きっとどの母親よりもASDの子どもに共感できると思います。そう思うと勇気づけられ、幸せな人間を育てられるという自信がわいてくるのです。それってすばらしい偉業ですよね。（育児中のASD女性）

◦育児は現在進行中のすばらしいプロジェクトです。あれこれ調べるのも頭を悩ませるのもネットショッピングするのも楽しいものです。赤ちゃんは新たにやってきた大切な関心事だと言えるでしょう。（新生児育児中のASD女性）

なんといっても、子どもは人間である。人間との関係に失望したり、混乱したり、消耗したりすることが多いのが、一般にASDであるとされている。それならば、ASDの女性が、他人と何年もの間一日中くっついているも同然の暮らしをしたいと思わないのは、当然のことに思える。ところが、そうとも限らないのである。ASDの女性が、どのような気持ちで親になるという決断をしたにせよ、育児をしている間はサポートが必要だ。人付き合いにおける直感力も柔軟性もない場合、子育ては容易ではない。

◦赤ちゃんが生まれると、一日中お世話に追われます。赤ちゃんはストレスフルで、面倒で、予測がつかず、要求の多い存在です。要するに、ASDの人が耐えがたいと感じるすべてが赤ちゃんにはあります。私の貴重な一人の時間はなくなりました。綿密につくり上げたルーティンもなくなりました。自分の体さえ、もはや自分のものではありません。最初は妊娠、それから産後のホルモンと授乳で変化してしまいました。

（エリザベス・ハーレー『ウルトラバイオレット・ボイシーズ（未訳、*Ultraviolet Voices*）』）[※1]

子どもがほしいという気持ち

私は、親になることをまったく望まない、たくさんのASDの女性に会ってきた。しかしそれと同じくらい、幼い頃から親になることを夢見てきた女性たちにも会ったことがある。また、子どもをつくるつもりはなかったのに、たまたま親になった女性もいる。

私は子どもを持つことを望んでもいなかったし、計画もしていなかったが、結局二人の子どもを授かった。私の母も、同じ心持ちで三人産んだそうだ。ASDの女性が母親になる（その子もASDになることが多い）というテーマは、研究や支援の場、社会一般では、ほとんど見過ごされている。これはおそらく、第一に「自閉症になるのは男性だけ」という観点によるものだろう。加えて、「ASDの人は人間関係を築けず、子どもを持ちたがらず、子どもの世話をすることは得意ではない」という、無意識のうちに信じられている暗黙の了解によるものと考えられる。アンケートに答えてくれた女性のうち、子どもがいるのは約半数だった。その多くが、ASDなどの発達障害を持つ子どもを、少なくとも一人抱えている。

自閉症の女性は、定型発達の女性に比べて結婚や子どもへの関心が低いという研究結果がある。[※2]

確かに、私の調査対象である女性の何人かは、そのように答えている。

◦結婚や子どもを強く望んだことはありません。大多数の女性の行動を、愚かで自分を無力化させるものだと感じていました。（ＡＳＤ女性）

◦「まったく興味なし」。何があってもイヤ。一生子どもはつくらないと言い続けてきました。結婚してからもです。（育児中のＡＳＤ女性）

一方で、何らかの理由で子どもを持ちたいと強く願っている人もいた。

◦ずっと子どもを持ちたいという願望がありました。結婚したら、子どもは五人ほしいと思っていました。未婚のまま年を重ねていくにつれ、希望の人数は少しずつ減っていきました。（…）男女一人ずつならまあまあかな。（育児中のＡＳＤ女性）

◦自分以外の誰かに心を注ぎたい。自分のことしか考えられないのが、子育てでマシになればいいと思います。（新生児育児中のＡＳＤ女性）

◦ずっと子どもを持ちたいと思っていましたが、大人になると出産自体が怖くなりました。診断がついてからは、人間に消耗してしまう私が、常に人間がいる状態でやっていけるのかと不安になりました。

（育児中のＡＳＤ女性）

妊娠

。妊娠はとても計画的に、軍隊的な正確さを持って行いました。体温計や排卵検査薬などのグッズをたくさん購入し、日記を書き、本を読んで最速で妊娠する方法を調べました。努力の甲斐あって、三ヶ月で妊娠しました。

（育児中のＡＳＤ女性）

妊娠は、どんな女性にとっても刺激的で、圧倒的な体験である。だがＡＳＤの女性にとっては、その体験がより強烈なものになる可能性がある。ＡＳＤの女性は、日ごとに変化する体を自分では完全にコントロールできないという感覚に対処しなければならない。いつもの段取りも、ほぼ守れなくなる。予約をしたり、知らない人と会ったり、他人に体を触られたりすることがたくさんある。これには必須の妊婦健診のみならず、妊婦のお腹は触ってもいいと考える不特定多数の他人からの接触も含まれる。同時期に妊娠している、あるいは妊娠経験のあるママ友との付き合いもないかもしれない。その場合は不安を分かち合える人がいないため、孤独や恐怖を感じるおそれがある。

。初めての妊娠は恐怖でした。私は突然、妊娠によって苦しみを味わい、自分の体の所有者ではなくなってしまいました。自分でコントロールできることは何もなく、どうやって終わるのかもわからず、ただただ恐ろしかったです。

（育児中のＡＳＤ女性）

。以前、妊娠中は人生で最悪の時期だったと言ったら、聞いている人を引かせてしまいました。自分の体があっという間に変化していくのを見るのは、本当につらいものでした。私は普段からバランス感覚が鈍く、空間認識能力もないので、何かを倒したり、転んだり、手足をどこかにぶつけたりしないように動くのはとても大変でした。でも一番つらかったのは、先々のことを見通す社会的想像力が欠如していたせいか、この苦しみの果てに訪れる自分の赤ちゃんを、みんなが考えているように本当に愛せるのかどうかわからなかったことです。批判されるのが怖くて、この不安は胸に秘めていました。

（育児中のＡＳＤ女性）

。妊娠してから、一〇ヶ月という長い間を不安な気持ちで過ごし、それが原因でうつ病になりました。妊娠前にアスペルガー症候群であるという（疑いだけではなく）完全な診断を受けていたら、このような経験をせずに済んだかもしれません。

（育児中のＡＳＤ女性）

いかにもＡＳＤの女性らしく、妊娠を好奇心の対象とし、妊娠に関する情報を片っ端から収集する人もいる。

。妊娠がわかったときは、大興奮です。楽しみな気持ちと同時に、恐ろしさも湧き上がり、何をどうすればいいのか、全部知りたいと思いました。妊娠中にすべきことや、赤ちゃんや子どものお世話の仕方について、見つけられる限りのあらゆる（本当にあらゆる）出版物を読みました。すべてを正しく行わなければならないという不安を取り除くのに、とても役に立ちましたね。だいたいのことについて、何をすればいいのかわかっていたと思います。自信がついたのは、本を読んだおかげです。

（育児中のＡＳＤ女性）

個人的に、妊娠中はとても楽しかった。特別な存在であることが好きだったし、人々が話したいことは私と大きくなったお腹のことだけだったので、会話もしやすかったのである。二回の妊娠中、ひどいつわりに悩まされたものの、それ以外は健康で、頑として激しい活動や行動を抑えようとはしなかった。息子のときは、結婚式の夜のダンスパーティーで元気よく踊った後に破水してしまい、分娩誘発を余儀なくされた。娘のときは、妊娠三六週目に運転免許試験を受けた。当時はまだ父と一緒に、大型トラックの運転手として働いていたのだ。母性や女性らしさを感じることはまったくなかった。

妊娠中のＡＳＤ女性をサポートする人は、出産までの流れについて明確な情報を提供し、質問する機会を設けることが重要である。ＡＳＤの女性は、出産経験のある友達がいない可能性がある。バースプランを立てる際には、身体的な接触、痛みの閾値、コミュニケーション方法といった感覚的な問題を考慮しなくてはいけない。

- アスペルガーの女性たちは、出産に際してもっと自分で決められる権限が必要であることを報告しています。彼女たちの出産経験を決定づけるのは、明確なコミュニケーション、感覚の調整、変化への対応という三つの要素です。

（英国の自閉症女性支援団体「オーティズム・ウィメン・マター」、二〇一三年）

出産

妊婦が情報を収集し、心身の準備をし、計画を立てるのは、実際の出産に備えるためである。ところがいくら細心の注意を払っても、計画通りに進まないことがよくあるのが出産というものだ。出産の過程は自分でコントロールできるものではなく、自然分娩でも医療介入に頼ってもままならないことが起きる可能性がある。段取り通りに進めることを好むＡＳＤの女性にとって、出産は見通しがきかないきわめて恐ろしい体験である。

◦出産予定日の意義って何でしょう？ 私はきっちり特定せず、出産予定月でいいんじゃないかと思います。出産予定日当日、私は自宅で待機していて、何も起きないことにとてもうろたえ、混乱しました。なぜ何も起こらないんだろうと、家の中を歩き回ったものです。（…）当然起こるはずのことが起きていないという事実を、処理しきれなかったのです。

（エリザベス・ハーレー『ウルトラバイオレット・ボイシーズ（未訳、*Ultraviolet Voices*）』[※3]）

◦お産の後も、私は自分の世界に隠れていた。体を丸めて、何とか自分をなぐさめようと、上あごの裏側を舌で吸いつづけた。看護婦さんたちはずっと放っておいてくれたので、私はあくる朝の早くまで眠りつづけた。

目を覚ますと、私は、自分には赤ちゃんがいたんだと思い出した。ちゃんと母親らしくして見せないと、赤ちゃんを連れ去られてしまうかもしれない。

（ウェンディ・ローソン『私の障害、私の個性。』ニキ・リンコ訳）


オーティズム・ウィメン・マター（以下、AWM）が二〇一三年にASDの母親を対象に行った調査によると、ASD向けのサポートがないことが、出産体験に影響を及ぼしていることがわかった。ASDの女性にとって、出産という経験は圧倒的で、耐えなければならない膨大な種類の刺激にすっかりおびえきってしまう可能性がある。出産を控えた女性一般に期待されるようなふるまいができないこともある。何をすればいいのか、何が求められているのかがわからず、極度に無口になってしまうかもしれない。あるいは、触れられることに苦痛を感じてしまうかもしれない。AWMの調査に寄せられた出産経験についてのコメントを、項目別に紹介しよう（以降、注番号※4から※14まで、すべてAWMに寄せられたコメントである）。

コミュニケーションの問題

○出産中は、不安を減らすために、助産師や医師がもっと安心感を与え、各段階をはっきり説明する必要があります。※4

・新しい助産師に引き継ぐときは、ちゃんと説明してほしい。黙って辞めて、新しい助産師が入ってくるのではなく。※5

・次の出産のためにもう一度いきむように言われたんです。理由を聞くと、「二人目の赤ちゃんのためよ」と笑われました。胎盤のことだったのですが、双子なのかと思って怖くなりました。※6

・一番の問題は、私が「もうすぐ生まれそう」と言っても信じてもらえなかったことです。陣痛が来ても声を出さずに静かに過ごしていたので、まだ生まれるはずがないと言われてしまいました。診察したら、子宮口が完全に開いており、そのまま陣痛室に直行しなくてはいけませんでした。※7

感覚刺激を調整する必要性

・部屋を出入りする人がいるのが落ち着きませんでした。仕方なく、陣痛が始まってから八時間、暗いトイレの中に閉じこもっていました。陣痛の間、ずっと同じ癒しの音楽をリピート再生していました。※8

・病棟はこの世の地獄でした。見知らぬ人が部屋にいると眠れないので、一晩中目が冴えてしまい、赤ちゃんも夜通し泣き叫んでいました。助産師さんたちは誰も助けてくれませんでした。私は騒音や混乱が嫌いな上に、嘔吐恐怖症でもあるため、不安レベルは最高潮に達していました。※9

・私のために照明を落としてもらいました。落ち着いた音楽ではなく八〇年代のポップスであっても、好きな音楽をかけさせてくれました。※10

・二人の助産師を呼んで自宅で出産し、十分なサポートをしてもらいました。見知らぬ人がいてまぶしい照明のある病院に行くよりも、自宅のほうが安心感があり、快適でした。リサーチはたくさんしました。（…）息子はろうそくの明かりのもとで産み、夫は出産用プールの中で一緒に過ごしました。感覚的には、こちらが求めていないときは触られたくなかったし、おしゃべりもしたくなかったので、静かな音楽をかけていました。※11

母乳育児がうまくいく人、いかない人

母乳育児についての経験やそれに対する感情は、私が話を聞いた女性たちの間でもいろいろだ。私自身について言えば、どちらの子どもも母乳育児はうまくいかなかった。どうしていいのかわからなかったのだ。母からもアドバイスはもらえなかった。おそらくＡＳＤであろう母は、三人の子どもの母乳育児に成功したことがなかった。さらに言えば、母は母乳がどうしても重要だとは思っていなかったので、特に奨励するつもりもなかったらしい。相談できる友人もおらず、数週間後には疲れ果て、惨めな気持ちのまま挫折してしまった。

どこに、どうやって助けを求めればいいのかわからなかった。何が普通なのか、何が自然なのか、

自分のやり方が間違っているのかどうかもわからなかった。わかることはただ一つ、どれほど長く（何時間も）授乳しても、赤ちゃんはお腹をすかせたままで、泣きっぱなしということだった。母乳育児は自然にできるものだと思っていたが、そうではなかった。私には、母乳を与えたいという情緒的な子育て本能はない。母乳を与える唯一の論理的根拠は、それが「正しい行動」だと書かれていたからにすぎない。それだけでこれほど固執してしまった。この経験は、私にとっても赤ちゃんにとってもつらく苦しいものだった。自分で失敗を認めることができず、私の健康を心配したパートナーに説得されて、ようやく諦めることができた。

母乳育児を経験した女性たちは、母乳のほうが栄養価が高く、支援を受けられたと感じている。母乳育児を希望するすべての女性にとっても、そうあるべきであろう。

- 赤ちゃんと一緒に座っているだけの時間が大好きでした。あらゆる人、あらゆるものから解放されて、ただ座って子どもと一緒にじっとしていればいいという言い訳ができました。[※12]
- 幸運なことに、私は一人部屋でした。看護師は私の様子をチェックし、赤ちゃんに乳房を含ませるのを手伝ってくれるだけでした。このことは、感覚面で本当に助かりました。[※13]
- 私の母は、痛いからという理由で母乳を与えなかったそうです。私は直接授乳をすることができなかったので、ポンプで搾乳した母乳を与えています。赤ちゃんは乳房から吸おうとしませんでしたし、私にとっては赤ちゃんに母乳を飲ませることが重要だったからです。[※14]

。私は二人の子どもを母乳で育てました。上の子には三年半、下の子には四年半、計八年間与えました。母乳育児を我が人生の務めとしたのです。（ASD女性）

母乳育児を希望する女性には、そのためのサポートが必要だ。それに加えて、感覚過敏への対処や、赤ちゃんが何を求めているかわからないときに理解を助けるような支援が追加で必要になることもある。自由に質問できる機会や、やるべきことをたびたび示してもらう機会も必要かもしれない。教えられなくてもわかっているはずだとか、直感でわかるはずだとか考えてはいけない。そうではない場合もあるからだ。母乳育児がうまくいかないからといって、母親としてダメ出しされると感じさせたり、母親失格だと思わせたりしないことが大切である。

ＡＳＤの女性の母乳育児を支援するために提案されているガイドライン[※15]は、次の通りである。

・視覚的な指示や図の使用。
・直接的な言葉によるコミュニケーション。
・ほのめかしや隠喩を避ける。
・母乳育児のサポートグループよりも個別支援のほうが望ましい場合があることに注意。
・身体的接触が必要な場合は、触る目的を言葉で伝える。
・新しい方法を試したがらないのはそのときだけである可能性を考慮する。変化を受け入れるために、時間と補足情報が必要かもしれない。

母乳育児をしないことを選んだ人に対しても同様に、批判されると感じさせないようにしよう。赤ちゃんのために「最善を尽くさない」からといって、罪悪感を生じさせるようなことがあってはならない。授乳があまりにも不快で苦痛になる場合は、利点よりも害のほうが大きくなるかもしれない。一般的には、母親の幸せが、子どもの幸せの一番の支えとなる。

ASDであり、母親であるということ

。「どうして、よそんちのお母さんみたいになれないの?」グサッときました。私はよく車の中で、オペラを大声で歌い上げていたのです。どうやら、よそのお母さんたちはそんなことはしないようでした。
（ルディ・シモン）※16

子育ては、どんな女性にとっても人生をまるごと一変させるような経験だ。ASDの女性の場合、さらなる課題が加わる。子どもどうしの交遊関係を通じた付き合い、お誕生会、学校での集まりや親子レクリエーションをしっかりこなすことへの期待だ。これらにかまけていたら、生活と心の安定を維持するのに欠かせない自分の時間が、ほとんど取れなくなってしまう。

。本音を言うと、育児は厭わしく、見返りがほとんどありません。私の子どもは二人ともASDです

が、診断をもらうための戦い、適切な教育を受けるための戦い、地方自治体との戦いなど、容赦ない現実の連続です。それは後に引けない戦いのようなもので、決して終わることがありません。次から次へと年次評価やIEP（個別教育プログラム）の面談、入学・入園の時期が来るのです。

（育児中のASD女性）

ASDの母親がどれくらい存在するか、またそのことが母子にどのような影響を与えているのかはこれまでに調査されたことはないため、未知数である。本書執筆時点（二〇一四年一二月）で、ケンブリッジの自閉症研究センターがASDの母親を対象とした研究を開始し、ようやく認識されるようになったところだ。育児がASDの母親に与える影響、彼女たちがどのように受け取られているかは、英国の支援団体「オーティズム・ウィメン・マター」が周知を行っている。

新生児期

。赤ちゃんはまだ生活のリズムが確立していないので、一日の計画を立てるのが大変です。周囲は私と一緒に計画を立てたがりますが、社会との関わりに苦労していた出産前よりもいっそう難しくなりました。外出や子育て支援グループへの参加をすすめられますが、私はどちらも楽しめません。でも、我が子が他の子と遊ぶ機会を逃さないようにしなくちゃと思います。私は睡眠無しでは頭が働かないので、睡眠不足は深刻な問題です。うつ状態も悪化してしまいます。ホルモンの変化にも悩まされていて、今はしっかりと薬を服用しています。妊娠前に比べて不器用で物忘れが多くなったことが恨めしく、物にぶつかったり物をなくしたりすると、自分にイライラしてしまいます。

（新生児育児中のＡＳＤ女性）

。すごく大変！　パートナーは「だから大変だって言ったのに」と言い続けていますが、心構えのしようもありませんでした。育児の実態を知るすべがありませんでしたから。娘が生まれてから数週間は、自分にできるわけないという思いで、出産を後悔しました。でも、だんだん楽になってきています。自分がどれだけ大変かを率直にさらけ出したおかげで、たくさんのサポートサービスとつながれたみたいです。

（新生児育児中のＡＳＤ女性）

母親としての劣等感

ＡＳＤを抱えながらの子育てをテーマに執筆している女性の多くは、自分の力不足を感じ、他の人は自分よりもうまくやっていると思うと述べている。

。自分がまったく無力であることを痛感しています。自分の特性に何度となく打ちのめされ、「私が子どもを育ててるってどういうこと？　私なんかちっとも母親じゃない！」と思ってしまうのです。

（ジーン・カーンズ・ミラー）※17

。他のお母さんたちは私よりも裕福で、忍耐強くどっしり構えていて、私ほどストレスに苦しんでいるようには見えませんでした。他のお母さんたちは公園でおしゃべりしたり、カフェでお茶したりしていましたが、私は一度も誘われませんでした。

（ルディ・シモン）※18

。たびたび驚かされたのが、夜になってからお店に出かけたり、社交したり、子どもたちとイベントに参加したりする知り合いの女性たちの姿です。私は倒れ込むように寝ていました。

（ジーン・カーンズ・ミラー）※19

私の子育て

私が妊娠したのは、一八歳のときだった。酔った勢いで、一夜限りの関係をもった結果である。私は、ごく普通の労働者階級の家庭に生まれたギフテッドだった。周囲から大きな期待を寄せられ、支援を受けていたにもかかわらず、奨学金をもらいながら通っていた超進学校で、自分の可能性を引き出すのに悪戦苦闘していた。大学やキャリアには、まったく興味を持てずじまい。「ふつうの」社会生活を送るために、私は一四歳から大量の飲酒にふけるようになっていた。第一子を妊娠したときの私は、パブのアルバイト店員だった。一六歳で学校を中退してから、一日にジンをボトル半分空けるペースで飲み、空き家に無断で居座る暮らしをしていたのである。

私はよく、子どもができて人生が救われたと口にすることがある。心からそうだと信じている。子どもは私の人生に、役割と骨組みを与えてくれた。ようやくやるべきことができたのだ。私は母親になることを真剣に受け止め、完璧にやり遂げたいと考えた。私にとって子育てとは、他のプロジェクトと同じように、達成すべき成果があるものだった。間違った子育てについての私の見解は、今も変わることがない。自ら選んでこの世に送り出した人を傷つけないことが、親の義務であり、責任であると考えている。

私は完璧な親にはなれなかったが、それは育て始めた頃にはそれが（どうやら）不可能だということを知らなかったからでもある。正しくやろうと一生懸命努めたし、いまもそうあろうとしている。私のような親は一人ではない。

◦どんなにがんばっても、自分が十分にやっていると感じたことはありませんでした。

（ルディ・シモン[※20]）

我が子の育児で直面した最大の課題の一つは、しつけや危険性といった抽象的な状況を判断することにあった。他の親たちは、多くの事柄について自分の意見が正しいと、ある程度確信しているように見える。ところが私ときたら、「お母さんがダメと言ったらダメなの」といった上下関係や世間体に基づいたしつけができない。論理的に状況を判断することしかできないのだ。子どもたちが何かをしたいと言ってきたら、断る理由はまずない。雨の日に靴を履かずに出かけることも、変な服を着ることも、夕食を食べずにデザートを食べることも、私は気にしなかった。大して問題があるとは思えなかったからだ。

一般的に適切とされる無難な行動とは何かを判断するため、私は他の親をよく観察して、受け答えや意思決定プロセスを確認した。「それで、ジョンのお母さんはジョンが何時に帰宅するべきだと思っているの？」などとしょっちゅう質問し、その答えを参考にするといった具合だ。いわば、他の人のしつけ方を集めてデータベースを作成していたのである。育児はあまりに抽象的すぎ、不確定要素が多すぎるため、自分では個々の状況を正確に判断することができないからだ。リスクをあてずっぽうで評価することには、常に恐怖があった（私は道路を渡るときも同じ手法を使う。すべてのデータを処理することができず、ただ最善を期待して足を踏み出すのだ。人一倍クラクションを鳴らされてしまうのだが）。

私は子どもたちと対等に話し合ったが、情緒面での成熟を期待しすぎたせいか、子どもたちが私の考える合理的な方法で行動できないとがっかりした。子どもが嘘をついたときは、なぜそんなことをするのか理解できず、強いショックを受けた。愛しているはずの人から、不可解な個人攻撃を受けたような気分になるのだ。そんなときは、胸がキリキリと痛んだ。

私の子育てスタイルは、多くの点で、非常にゆるいものだった。意味も必要もないのに制限されていることが多すぎると、私の目には映っていたからだ。たとえ私がそうしたいと思っても、さしたる根拠のないルールづくりを正当化することはできなかった。私は自我ではなく、論理で動いていた。

学校が楽しくなさそうだった娘の教育は、私が自宅で見ることにした。フランスのキャンプ場にも同行させ、一緒に仕事をした。私から見ても、地元の学校はネガティブで、自尊心を傷つける管理体制だと思われた。一〇代の頃、息子の髪をモヒカン刈りにしてあげたこともある（自分もモヒカン刈りにしたことがあり、うまくできるという自信があったのだ）。

ある面においては、非常に厳格になることもある。人を尊重すること、マナー、人に危害を加えたり迷惑をかけたりしないこと、自分の行動に責任を持つこと。これらはすべて、私にとって最も重要なことである。私は、親として怒鳴ることはめったにない。むしろ怒ったり動揺したりすると、無口になってしまう傾向がある（はた目には怖く見えるらしい）。内にこもるタイプの怒りだと誤解されるが、単に自分の感情を処理して言葉にする能力がないだけである。めまい、吐き気、胸の締め付け、打ちのめされるような心の痛みといった感情と身体感覚が渦巻くのを感じるばかりで、言葉ではどう感じているかを説明できそうもない。

子どもたちは、私が子どもに失望している姿を見るのが一番いやだと言う。失望しているつもりは（失望を隠すのに失敗しているつもりも）ないが、私の基準は理不尽なほどに高い。自分自身に対しても、他の人々に対しても。ルディ・シモンは自閉症の母親のことを、「型破りでありながら保守的な母親。厳格で、用心深く、論理的で、保護的で、知的刺激を与える」[※21]と表現している。

ときどき、子育ての苦労に追われ、子どもたちとの時間を楽しむことを忘れてしまっていたのではないかと思うこともある。私にとっての子育ては、忍耐と義務によって成し遂げられるものだった。子どもたちが成長してから、ようやく彼らのことをきちんと見る心の余裕ができた（子どもたちはとても優しくて、よくできた人間だ）。他の人たちは私と違って、ゆったりと、こともなげに親であることを楽しむ能力を持っているように思える。事実、彼らは育児を楽しんでいるようだ。私はそんな女性たちを、信じられないような、少し悲しいような気持ちで眺めることがある。

我が子に抱く感情で一番強いのは、保護しなければならないという気持ちだ。子どもが不当な扱いを受けたら、私は雌ライオンのように立ち上がり、うなりをあげておびえさせ、子どもを守る。普段の小心者の自分とは大違いだ。私の正義感の強さと小さなものを守る気持ちは、我が子のこととなると最大限に発揮される。サバイバルゲームに家族で参加し、誰かが我が子に向かって駆け出そうものなら、私は無我夢中で後を追い、敵をペイント弾でやっつけるだろう（私たちASDの女性も、ちっとも成長しないのだ）。

。私は、他の親がするような伝統的な愛情表現ができません（ハグやふれ合いが少ないようだと指摘されたことがあります）。それでも、我が子を守る猛獣の母親のように、何があろうと子どもたちの支えになろうとする本質的な意味での愛情を、子どもたちがわかってくれることを願っています。

（ジーン・カーンズ・ミラー）[※22]

これまでに何度も立ち止まり、自分に二人の子どもがいるという現実を改めて考えたことがある。そのたびに、どうしてこんなことが事実でありうるのか、完全に理解できずに苦しんだ。これまで一度もちゃんと理解できたことはない。

二七年間、子育てにすっかり振り回されたにもかかわらず、子どもたちがいなかったら自分はどうなっていたか、考えることすら厭わしい。子どもは、生活にルーティンと構造を与えてくれた、大切な存在なのだから。ここまでの道のりを考えるに、何らかの理由で生きていない可能性は高いだろう。子どものいない人の身の処し方は、実のところ私にはわからない。自分がそんな不安定な生活だったら、暮らしていけたかどうか自信がない。

他の母親たちは、子どもの友達が家に来ることを我慢する煩わしさと難しさについて口にする。誰かが自宅に来るのは、うるさくて散らかる非合理な体験なのは言うまでもないし、多くの人がやっかいなことだと思っている。私は、他人の子どもを預かることをいつも恐れていた。子どもに何か悪いことが起こったら、私のせいになるのではないかという不安があったからだ。それに、子どもとどう話せばいいのかわからなかった。責任の重さに耐えられなかったのだ。他人の子どものことはずっと、知的で分別のある我が子に比べ、はるかに苛立たしい存在だと思っていた。私は昔から非常に騙されやすく、言われたことを何でも信じてしまうので、誰かに隠された意図があっても判断できない。六歳の孫は、私よりも優れた心の理論を持っており、それを使って私を操ることができる。我が子らがこのことを利用しなかったのは幸いだった。

子どもに恥をかかせる

アンケートに参加してくれたASDの母親たちは、自分たちの子どもが他の子どもたちよりも我慢しなければならないことが多いことに気づいている。『他の惑星から来た女性たち（未訳、*Women from Another Planet?*）』に寄稿した「コア」氏のリスト[※23]から抜粋してみよう。

・化粧をしない、足にムダ毛が生えている、寝室のスリッパを履いてペンを口にくわえたまま人前に出てしまうなど、超恥ずかしい習性のある母親。
・社会的スキルの見本にならない母親（子どものほうが親のレベルを超えている）。
・処理が遅くて予測できない要求をする迷惑な母親。
・自分がうまくやっていくために必要だからと言って、家族以外の人がほぼいない非社交的な環境を子どもに与える母親。
・子どもに年齢以上の大人びた役割を担うことを要求する母親。

私はいついかなるときも、自分の子どもたち（や預かることになった他の子たち）の面倒を見ることに恐怖があった。子どもたちに悪影響を及ぼすのではないか、そしてそれは、他の人なら予見できたであろう自分の過失によるものではないかという恐怖だ。リアン・ホリデー・ウィリーも、同じような考えを述べている。

。子育てをしている知人たちを見ていると、どうもみんなの語る体験はだいたい似通っているように思われる。ところが、私が悩みや失敗談を語っても、そんなことで困る人がいるなんて思ってもみなかったと言われてしまう。(…)以前の私は、このことをひどく苦にしていたものだ。こんなことでは、並のお母さんにはなれそうにないと思ってしまうからだった。

(『アスペルガー的人生』ニキ・リンコ訳)

また、間違ったことをしてしまい、いたらない母親であることがバレてしまうのではないかという恐怖も常にあった。私自身がASDと診断されたとき、子どもたちはほぼ成人を迎えていたが、誰にも言うつもりはなかった。親としてふさわしくないと思われるのが怖かったのだ。このように考えるのは、私だけではないようだ。

。私が心配しているのは、アスペルガーだと公表したら、悪い母親であるとみなされるのではないかということです。アスペルガーだからって母としてダメということはないのはわかっています。でもある程度不利に働く可能性はありますし、社会福祉法人がアスペルガーの症状を理解してくれるとは思いません。

(育児中のASD女性)

・子どもたちが大きくなるにつれ、自分は無力であるという感覚から目をそむけるのが難しくなっていきました。

（ウェンディ・ローソン[※24]）

・子どもたちを心から愛しているし、心配しなくても子どもたちのおかげで生きてこられました。でも「いい親」として期待されるということは、子どもたちのあずかり知らぬところで私をむしばんできました。

（育児中のASD女性）

ASDであることの利点

ASD的な個性が、親としての能力にプラスに働いたと感じている女性もいる。ASDの母親に読書家が多いのは当然として[※25]、塗り絵や学習、能動的な活動に親しむ母親が多いのも意外なことではない。私はごっこ遊びこそできなかったが、子どもたちと一緒に、レゴや電車のセットを喜んで組み立てた。ただ、私は主導権を握りたがる傾向があり、自分のやり方を通そうとした面は否めない。塗り絵や料理、自然や外国について教えることは大好きだった。でも娘に化粧の仕方を教えたり、ファッションのアドバイスをしたりすることはできなかった。

私は子どもたちが巣立ってさみしいと思ったことはない。同じ気持ちを告白していたウェンディ・ローソン[※26]に、このことを伝えてみた。声を大にして言えてホッとした。これは、母親として言ってはいけないこととされている。子どもを愛しているが子どもがいなくても楽しく過ごせるだとか、充足感のために子どもは必要ではないだとか、子どもを不可欠だと感じないだなんて、言ってはいけないのだ。

ＡＳＤであることで、親としての能力によい意味での正しさが加わったと感じ、それを誇りや決意として語る女性もいる。

- ＡＳＤの女性である私は、本当に大切なことに集中して取り組むことができます。生活で優先するのは常に子どもたちのことです。物質面でも環境面でも、子どもたちに必要なものを与えたいと思いました。私がそう育てられたように。
（育児中のＡＳＤ女性）

- 自分で決めた通りに、正しくやるという決意です。
（育児中のＡＳＤ女性）

- 自分のニーズや欲求を子どもに投影せず、ありのままの我が子を受け入れる母親を持てるということは強みです。
（ジーン・カーンズ・ミラー）[※27]

- 子どもたちとたくさんの時間を過ごしました。子どもたちの近くはとても安全でした。床に座り込んでゲームをしても、フィンガーペインティングをしても、自作の小麦粉ねんどで遊んでも、かくれんぼに加わっても、子どもたちと一緒なら、「バカ」だとか「みっともない」だとか言われることはありませんから。
（ウェンディ・ローソン）[※28]

- 私はとてもきちょうめんです。なぜならそうする必要があるからです。すでにたくさんのリストやリマインダーを活用し、スケジュールを厳守するのはお手の物です。食料やおむつを欠かすことはありません。

（育児中のＡＳＤ女性）

ＡＳＤの子どもを持つ母親として

自身も子どももＡＳＤである母親たちは、その子との特別な絆を口にする。あらゆる育児書の内容やアドバイスとは違っていても、子どもが求めることは直感で理解できたと語る。

- 息子と通じ合えないと感じたことはありません。自閉症の子どもを持つ定型発達の親の多くが、我が子との間に深い溝を感じると言いますが、そのような溝とは無縁です。
（ジーン・カーンズ・ミラー）[※29]

- 子どものことを真に理解できるのが嬉しいです。
（ＡＳＤの母親）

- エイドリアンの場合、本のほうが間違っていました。刺激過多というテーマを扱っていない赤ちゃん育児書は信用できません。
（ジーン・カーンズ・ミラー）[※30]

- 私は特定の社会性の問題を抱えた子どもたちに検査を行い、関連性が見られればＡＳＤと診断してもらうという活動を個人的に行っています。否定する親がいるのが理解できません。とても腹が立ちます。おそらくこれは、私自身が想像力に欠けていることにも原因があるでしょう。なぜなら、私は息子にＡＳＤの兆候と思われるものを見つけたら、すぐに診断を受けさせたからです。私は事実を直視し、それと共に生きています。否定するなんて理解できません。（ＡＳＤの母親）

ＡＳＤの母親を持つ子どもたち

ＡＳＤの母親を持つ子どもを対象に、ＡＳＤの母親の子としての経験について問う調査はしていない。ただ、話を聞いた女性の中には、自分の母親はおそらくＡＳＤだろうと考えている人がいた。成人女性の母親ということで、その年齢も高く、母親にＡＳＤの話題を切り出したことがない人が多数派である。ＡＳＤの母親を持つ子どもたちに、その経験を聞いてみるのも興味深いかもしれない。

。根拠のしっかりした理論と情報に基づいて的確な判断を下すのは、あまり母親らしくはなかったかもしれません。でも理論ベースの育児によって、エイドリアンはすくすくと育ちました。アスペルガーとして暮らすなかで、代替手段を使って優れた結果を出した個人の例を大量に収集しました。しかし正しい子育てに必要なのはベタベタした感傷的で直感的な愛のみであるという文化的な信仰を覆すことは、私にとってはとても難しいことです。私の母性愛は深く情熱的ですが、それは実際には大して役に立ちません。

（ジーン・カーンズ・ミラー）※31

全体として見れば、ＡＳＤの女性は完璧なよい母になれるが、独自のスタイルで育児をすることが多いとまとめることができるだろう。受け入れられ、話を聞いてもらい、ありのままを尊重されていると感じる子ども。自立して自分の道を切り開くことができる子ども。違いを受け入れられる子ども。そのような子どもを育むことは、ＡＳＤの女性でも十分に可能だ。

私の子どもたちは、確かにそれぞれ風変わりである。自分の意見を持ち、自信があり、まあまあ善良である。しかし私が最大限努力してしつけたにもかかわらず、二人とも完全なる散らかし魔に育った。ＡＳＤの女性の子どもを研究して、何らかのパターンがあるかどうかを調べてみるのも面白いかもしれない。おそらく、ＡＳＤならではの子育てスタイルには利点があるはずだ。大多数のＡＳＤ女性にとって、子育ては自然にできることではない。しかし論理的な思考力、試行錯誤の繰り返し、責任感がうまく補っているようだ。

。確かに私は、多くの女性のような子育てはしていません。何が起きても、私の愛情はパンケーキみたいに平坦なままです（とはいえ、もっとほほえんだり、笑い声を立てたり、触ったりしようと自分に言い聞かせています）。でも、私はもうわかっています。わかっていると思う。たぶんわかっているんじゃないかな。自分がいいお母さん、愛情深いお母さんだって。なんて奇妙なんでしょう！

（ジーン・カーンズ・ミラー）※32

第13章

身体の不調とどう付き合うのか
――健康で豊かな生活をおくるには

四六時中、体調不良を感じています。頭痛、胃痛、不安感、全身倦怠感、等々。どれも深刻な症状ではないものの、常に体のどこかが不調で、一〇〇％の状態ではないという感じがあります。ただ生きているだけで、一苦労です。

ＡＳＤ女性

身体的な健康

ＡＳＤ女性に焦点を当てた研究がほとんどないため、ＡＳＤ女性に特有の心身の健康問題がどのようなものであるかはわかっていない。私の経験、およびアンケートへの回答に照らせば、ＡＳＤの女性はさまざまな健康上の問題を抱えているようだ。

私はずっと心気症患者とみなされてきた。疼きや痛み、不耐症、感覚過敏といった、日常生活に影響を及ぼす不調が尽きることがないせいだ。他のＡＳＤの女性も、同じような誤診を受けている可能性があると思っている。こうした診断の一部は、ＡＳＤの診断に先立って下されたものだ。現在では、個別の症状というより、ＡＳＤの特性の一面として理解されているものもある。

自己診断している人もいるし、誤診を受けた人もいる。たとえば、ＡＳＤの人は、強迫性障害（ＯＣＤ）だと誤診されることがある。だが、観察された行動は、不合理な考えや強迫観念のせいではなく、単に構造化やルーティンの必要性からなされたものにすぎない。当然のことながら、これらの症状をどのように感じ、認識するかは、人によって異なる。

- ディスレクシア（読み書き困難）、統合運動障害、アーレン症候群、全般性不安障害、抑うつ、強迫性障害、子宮内膜症（重度）、喘息、弱視、過敏性腸症候群、レイノー症候群、アレルギー。これで全部だと思います！（ASD女性）
- 学習障害、失読症、ADD［注意欠陥障害］、スコトピック感受性症候群（視覚の問題）、喘息、過敏性腸症候群（胃腸の問題）、甲状腺機能低下症、神経障害、片頭痛、抑うつ、不安障害。（ASD女性）
- 喘息、非アレルギー性慢性鼻炎、IBS［過敏性腸症候群］、ME［筋痛性脳脊髄炎］、片頭痛、共感覚、RSI［反復運動過多損傷］、日中の慢性的な眠気、抑うつ（反復性うつ病性障害だと思います）、不安、PMS［月経前症候群］、低血糖症。（ASD女性）
- 背部と頸部の過可動性の問題（カイロプラクティック施術者によって確認）、算数障害（未診断）、抑うつ、抜毛症（現在は落ち着いているが、一〇代の頃はかなり顕著で、ストレスで再燃する）、全般性不安、摂食障害（食欲不振ではなく、過小摂取と運動過多）。（ASD女性）

これらの症状によるつらさは、間違いなく実在する。健康不安をでっち上げたり、必要以上に騒いでいたりすると思われるASDの女性には、一度もお目にかかったことがない。むしろその逆で、かなりの不快感や痛みを抱えながらも、医療機関に相談せずに日々をやり過ごしている女性が多い。知覚の過敏さと細部へのこだわりは、ASDの特性だ。そのため、ASDの女性たちは体のどこかがおかしいと感じたときに、敏感に気づくことができるのかもしれない。

ASDの女性は、自分自身を強い関心の対象とし、自らの研究課題とすることがある。自らの症状の専門家となることも珍しくないため、治療方法の決定に関わることが望ましい。医学的なアドバイスを求めたとしても、自分で可能な限りの選択肢を調べ、特定の症状については医療従事者よりも詳しく知っていることもあるだろう。医療従事者は、このようなアマチュア臨床医に対して身構えるのではなく、耳を傾け、その言葉に注目したほうが賢明だ。おそらくその女性が言っていることは正しく、医療従事者の時間を大幅に節約できるかもしれない。

さきほど引用したアンケート回答を見ると、最も頻出する症状の根本原因はたった一つ、ストレスであることは明らかだ。ASDの女性が経験した身体的症状の多くは、身体と脳に負担がかかっているときのあらわれである。片頭痛、過敏性腸症候群、限局性恐怖症、全般性不安障害、慢性疲労症候群（CFS、近年はME［筋痛性脳脊髄炎］とも呼ばれる）、線維筋痛症は、いずれもASDの女性から聞いた症状として、個人や支援機関によって報告されている。リアン・ホリデー・ウィリーによれば、胃腸科の医師から、彼女が胆嚢を失ってS状結腸の大部分を切除したのはストレスが原因だと考えられると伝えられたそうだ。[※1] これらは社会的にも身体的にも、予測も安心もできない計り知れない世界で生きていることの結果だ。

ＡＳＤの女性を治療し、診察する際は、治療法を提案する際に、ＡＳＤのことを考慮しなければならない。このような身体的な病気に対する最良の「治療法」は、本人の自己理解を深める支援にある。自分の限界を知れば、それを他人に知らせるために自己主張できるようになるだろう。筆者自身について言えば、自分の能力が人と比べていかに限られているかを理解することが、文字通り命拾いになった。どのように見えようとも活動を制限し、「普通」に見せかけることより健康を優先することが、自分にとって絶対必要だとわかったのだ。「全部やりたい」という自分の衝動のせいで制限できそうもないときは、周囲の人に代わってもらう必要がある。このプロセスは痛みを伴うものでもある。（自分の心の）限界と「力不足」を受け入れることを意味するからだ。

アレルギー、不耐症、過敏症

ＤＳＭ－５の診断基準にも含まれているように、ＡＳＤの人がさまざまな刺激に敏感だったり鈍感だったりすることは、広く知られるところだ。これまで、このような過敏さは、光、音、匂いなどの外部からの感覚刺激に対するものと認識されていた。しかし経験上、ＡＳＤの女性はそれよりもはるかに広範囲の物質から影響を受けているように思われる。

化学物質、薬剤、カフェイン、生地など、広く使われている物質で身体的反応が引き起こされるＡＳＤ女性は珍しくない。芳香剤、蛍光灯、エアコン、香水、ウール、アスパルテーム、スクラロース、砂糖、粉末洗剤などは、身の回りにある誘因のごく一部である。筆者自身、こうした刺激によって生活が少々困難になる（その結果、ひんぱんに片頭痛を起こす）。身体的な病気と同様につらく、感覚自体はリアルに存在するのに、私たちの反応は細かいことにこだわる心気症患者のように見えてしまう。

◦さまざまな抗生物質に対して過敏症やアレルギーがあります。神経系や消化器系の症状が悪化してしまい、服用をやめても症状が続きます。（ASD女性）

◦さまざまな布地にかぶれやすく、赤み、ブツブツ、かゆみが生じます。自分の服はすべて、無香料の液体洗剤で洗わなくてはいけません。（ASD女性）

◦煙、有毒ガス、アロマキャンドル、薬品臭など、空気中の化学物質に非常に敏感です。（…）特にタバコの煙を浴びると、鼻腔、喉、目がひりひりし、片頭痛が起きることもしょっちゅうです。（ASD女性）

◦人混みや騒がしい環境にはすぐにのまれてしまいます。細菌や汚いと感じるものから身を守ろうとする強迫傾向があるため、職場ではよくからかわれます。手指消毒剤は欠かせません。まぶしい照明や蛍光灯なども苦手で、視覚異常が悪化します。（ASD女性）

アーレン症候群／スコトピック感受性症候群

よく報告される症状の一つに、視覚や光・コントラストの感度に影響を与えるアーレン症候群（別名、スコトピック感受性症候群）がある。ASDとこの症状に特別な関連があることを示唆する研究結果は見出せなかったが、インターネットでちょっと検索してみれば、関連性を当然視する情報が多くヒットする。専門の眼鏡店では、アーレン症候群を診断し、症状の多くを緩和するカラーレンズを個別に調整して販売している。片頭痛、頭痛、眼精疲労、倦怠感、光過敏、コントラストの高いページ（白地に黒など）で文字を読む際の視覚障害などはすべて、未診断のアーレン症候群によるものである可能性がある。症状を個別に扱うのではなく、一まとまりで考える必要があるかもしれない。

月経

本書のアンケート参加者の中では、月経開始年齢、月経不順、月経困難のいずれにおいても、一般女性群と比べて予想ほど有意な差は見られなかった。ただし、異なる結果が出ている研究も存在する。イングドムヌクルらは、自閉症の女性は、月経不順、月経困難症、多嚢胞性卵巣症候群（PCOS）を経験している人が有意に多いことを明らかにし、自閉症者の高いテストステロン値との関連を示した。[※2] この研究によれば、自閉症の女性は、非自閉症の対照群に比べて、約二倍の人がP

MSを経験している。ポールらによる別の研究[※3]では、自閉症の女性は対照群に比べて、てんかん、PCOS、変則的な月経、重症のにきびの発症頻度が高いことがわかっている。PCOSは、私が質問した女性の多くが診断を受けたことがある疾病として挙げており、ASDの女性には比較的よく見られる特徴のようだ。診断を受けていない女性が相当数いると思われるので、正確な発症率は推定できない。

摂食障害

。一〇代後半から二〇代前半にかけて、拒食症だった可能性があります。カロリー計算や運動に夢中になっていたのは確かです。やせにくいとされる時期に、目標体重を達成できたのですから。

（ASD女性）

拒食症患者とASDの人の認知特性は、共感スコアの違いを除けば、非常に似通っているという研究もある。[※4]ジョスの研究では、拒食症は「女性のアスペルガーの症状」であり、拒食症患者の最大二〇％は、ASDでもある可能性があることが示唆されている。[※5]拒食症の少女と自閉症の特性の関連を調べたバロン＝コーエンらは、「拒食症の女性は自閉症的な特性が強い。臨床医は、自閉症的な特性に注目することが拒食症の評価と治療に役立つかどうかを検討すべきである」[※6]と記した。

ASDと拒食症の両集団には、感情の制御と認識、硬直性、強迫観念などの類似点が見られる。

ＡＳＤの少女や女性は、メディアが描く望ましい女性像に強い影響を受け、社会的な承認を得るために自分の体格でそれを模倣しようとしているということも考えられる。ＡＳＤの人の多くが認める完璧主義の性格も、こうした女性たちが非現実的で不健康な目標を目指す一因になっているのかもしれない。複雑な家事をこなすにあたり、ひたすら同じことをやり続けるなど、継続的な処理や意思決定を必要としない解決策が魅力的に映る女性もいるだろう。

。パンとりんごで食事を済ませれば安上がりですし、煩わしいことが一つ減ります。変化に富んだ食事を用意し続ける必要がないという選択は、非常に魅力的です。今も食事の準備は悩みのタネですから。（…）バラエティに富んだ食事よりも単調な食事のほうが、受け取る情報が少なく、予測しやすいので、安心感を覚えます。

（エリザベス・ハーレー『ウルトラバイオレット・ボイシーズ（未訳、*Ultraviolet Voices*）』）[※7]

抑うつ

本書のアンケートに答えてくれた女性のうち、約五〇％が抑うつについて言及している。私の経験からすると、この数字はＡＳＤ全般でみるとさらに高くなる可能性がある。自分は人と違うと感じ、排除され、不条理な世界で生きているが、解決する手だてはないという経験は、ＡＳＤの人々にはあまりにも当たり前すぎて、おそらく「抑うつ」という言葉に結びつけることすらしない人も多いだろう。それはただの「人生」にすぎない。

私が担当したASDの女性の多くは、自分のことを「ずっと落ち込んでいる」と表現し、気分の落ち込みは、社会的に受け入れられにくいことや日々の問題の結果にすぎないと語る。彼女たちにとって、抑うつとASDは不可分だ。身体の感覚と感情とを区別することに問題を抱える失感情症(アレキシサイミア)が、こうした難しさの一因となっている可能性がある。失感情症の場合、自分がどう感じているのかがわからない、あるいは言語化することができないからだ。

また、これは私の独自見解にすぎないが、ずっと気分の落ち込みやストレスを感じながら生きてきた結果、「大丈夫」という感覚が実際にわからなくなっている、とも考えられる。

。一〇代半ばからうつになりました。抑うつのせいで、自分の状況を改善するのが難しくなっていると感じています。(…)抑うつの影響とアスペルガーの影響を切り離すことは難しく、この二つが組み合わさって何十年も孤立することになったのだと思います。

(ASD女性)

。私のうつは不安の増大が引き金になっていることが多いと思います。もう自分の心の安定どころじゃないと思えるようにして、不安な気持ちを抑え、和らげようとする行為なのかもしれません。不安を理解して解決しようとして、気がかりな問題をしつこく考えたり、固執してしまったりすることもよくあります。しかしながらこうした性格や、問題を考えるのをやめられないことが、うつ状態を悪化させてしまうのでしょう。

(ASD女性)

・標準的なうつとは違うのでしょうが、どんなに困難であっても、「そのうちよくなる」という希望を失ったことはないと思います。私のうつは、定型発達の人が口にするうつとは異なるような気がします。

（ASD女性）

薬で気分を高める女性もいれば、生活の本質的な部分に対処するやり方を身につけた女性もいる。アンケートに回答してくれた女性たちは、いかにして気分の落ち込みを乗り越えるかについて冷静に考えていた。専門家の支援に対する信頼度は低く、ほとんどの人が精神衛生の専門家に理解されていないと感じていた。精神衛生の専門家のASDに関する知識は、最小限以下であると思われている。専門家の助けを求めたことのある女性は、重度のうつ病の人が多く、専門家に頼るのは最終手段だと考えているようだった。

・いつ気分が落ち込むのかを見極めることが重要です。抑うつはたちが悪くて、数週間か数ヶ月の間に、気づかぬうちに忍び寄ってくることがあるからです。落ち込んでいることに気がついたら白旗をあげ、数日間は普段の活動をやめて好きなだけ休んだり食べたりして、自分を「甘やかす」ことで、だいたいなんとかなります。それから行動計画を立てて、健康的な活動と食事のパターンに復帰するのです（ただし、ゆっくりと！）。

（ASD女性）

・小言を言われたり、大騒ぎされたり、「落ち込むことは何もないから、しっかりしなさい」と言われたりするのがいやなんです。他人の反応は役に立たないことが多いので、人を避けてしまうところがあります。自分で乗り越える方法を知っていますし、むしろ一人でどうにかしたいのです。

（ＡＳＤ女性）

不安

ＡＳＤの生活に、不安はつきものであることは広く認識されている。前述のとおり、ＡＳＤの女性は、ＡＳＤと精神疾患の両方の診断がつくのではなく、ＡＳＤが見逃されて精神疾患のみの診断が下されるおそれが特に大きい。そのため、ＡＳＤの男性よりも不安の症状を呈する可能性が高いと結論づけられるかもしれない。アンケートに答えてくれた女性の約五〇％が、はっきりと不安についで言及している。ＡＳＤの女性が書いた本や、ＡＳＤの女性について書かれた本のほとんどで、不安が取り上げられている。※8

- 不安は日々つきまとう慢性的な問題です。仕事や緊張する人付き合いなど、ストレスの多い状況下ではひどく悪化します。私はプレッシャーに弱いので（だいたいパニックになってしまいます）、これから起きる状況に対応できないのが怖く、また不安に思います。
（ＡＳＤ女性）
- 計画を立てた時点ではやりたいと思っていても、いざ当日になるとできなくなってしまうことがあるので、計画を立てづらくなっています。人の期待を裏切ることが多々あり、予定をキャンセルすることもしょっちゅうです。

（ASD女性）

◦人が何かを失敗したり、嘘をついたりして物事の難易度が上がると、身動きがとれなくなり、不安に飲み込まれてしまいます。それ自体で憂うつな気分にはなりませんが、誰かに大変な思いをさせられると、とても気が滅入ってしまいます。

（ASD女性）

ASDの女性が不安を感じるのは、とめどなく混沌としていて、非論理的で、もどかしい世界に生きているからだ。世界は一貫性に欠け、状況は絶えず変化する。自分に課せられた女らしさへの期待に応えられないと感じることで、不安はさらに悪化する。結果として、特定の状況を避けるだけでなく、いつ不安が引き起こされるかわからないという感覚に常にさいなまれることになる。ASDの女性たちが特にストレスを感じたという状況の例を挙げよう。

◦不安の原因になりそうな状況を避けるしかありません。特に、人混みや混雑した状況で一人でいるときや、難しい人間関係を切り抜けなければならないときに、不安になります。私の不安の大半は、情報をリアルタイムで処理できないことに起因しています。このような状況に対処し、状況を読み取るために、何らかの指導やコーチング、フィードバックが必要だと感じます。

（ASD女性）

◦人間関係の苦労、もしくは人間関係が築けない苦労。間違った思い込みをしてしまうこと、それに伴う心配。失敗は致命的です。

（ASD女性）

◦人付き合い、新しい人との出会い、夜のお出かけ、パーティーへの参加、アルコールなしで知らない人と話すこと、ロンドンに夜遊びに行くこと、初めての場所に行くこと、誕生日パーティー。（ASD女性）

◦バスの車内やバス停、カフェなどで、さほど親しくない知り合いにばったり会うこと。何を話そうかと考えることにとてもストレスを感じます。全然知らない人と話すほうがマシです。（ASD女性）

自傷行為

自傷行為の方法や理由は人それぞれだ。第8章の自己刺激行動についての項目では、ささくれや皮膚をむしる、ひっかく、こする、毛を抜くといった行為について述べた。これらの行動をどうとらえるかは人によるが、感覚的な心地よさと自傷行為の境界線はあいまいだろう。ASDの女の子の母親たちは、特に心配なこととして自傷行為を挙げる。※9

私の理解では、ASDの少女や女性は、感情が高ぶったときにリアルなもの（痛み）を感じるための手段として、自傷行為を行っていると考えられる。リアン・ホリデー・ウィリーは自分を「ひっかく」行為について、自分自身とのつながりを取り戻すための手段だと述べる。※10しかし他人からは（何らかの方法で）自分を癒そうとしているのではなく、自分を傷つけようとしていると見られるだろうと警告している。

一〇代の頃、私は何度も自分を傷つけた。私が好んで使った武器は安全ピンだった。尖った先端を手や腕の皮膚にすりつけ、血が出るまで何度も繰り返した。男の子の名前やイニシャルを手に刻んだりもした。今でもかすかに傷跡が残っている。ＡＳＤの女性のための会議でこの話をしたところ、終了後に女性が近づいてきて、私の傷跡を見せてほしいと言ってきた。私の傷跡を見た彼女は、自分の手を見せた。私の傷跡と同じ場所（親指の付け根）に、消えかけの名前が刻まれていたのだった。二人で笑ってしまった。人生の最も暗い深みからであっても、つながりは生まれる。同じ道をたどってきた者どうし、無条件にわかり合うことができるのだ。

当時は、なぜ自分がそんなことをしたのか、まったくわからなかった。ＡＳＤについても何も知らなかった。わかっていたのは、圧倒的な身体的感覚がマグマのように体の中に湧き上がってきても、それを放出するはけ口がないということだった。自分の感情に言葉を添えることができない。簡単に言えば、感情をどうすればいいのかわからなかったのだ。言葉で言い表せないのだから、口にすることもできなかった。これが「失感情症」だ。皮膚を切り裂き、感情を身体の痛みに変換することで、とにかく形があって目に見えるものに自分の注意を向けさせ、感情を散らしたのだ。もたらされたのは、安堵感と落ち着きだった。

四〇代になった今でも、どうすればいいかわからなくなると自分を切りつけたいという衝動に駆られることがある。極端な感情を明瞭に表現したり、こらえたりする能力は一五歳のときに比べて進歩していないが、自分を切りつけたら自分や周囲にどんな影響を及ぼすかを理解する能力は向上している。パートナーや家族を心配させてしまうし、完全に理解してもらうことはできないだろう。私の雇用者は、そんな人物の職業適性について懸念するだろう。自傷行為は、「普通」になれないことの目に見える証拠となってしまう。その結果、感覚を処理する方法が典型的なものではないだけなのに、周囲に見過ごしてもらいづらくなる。他の人の場合は、感情の混乱や打ちのめされた気分を遮断してくれるアルコールや薬物が、同じ機能を果たしているのだろう。

ＡＳＤの人のアルコール・薬物乱用に関する研究はほぼ存在しない。私はアスペルガー症候群とアルコールというテーマで共同執筆した書籍[※11]で、社会不安とアルコール依存症が関連している可能性を示唆するエビデンスを提示した。アルコール依存症治療センターに入所する人の六五％が、社会不安障害の診断を受けている。

瞑想や自己認識、ＡＳＤの診断は、自分がなぜそのように感じるのかを理解するのに役立つ。そして我が身に危害を加えることなく、安全に対処する方法への意識を高められるだろう。自傷行為をやめるように言っても、その原因となった不安を緩和する支援をしてあげない限り、成功する可能性は低い。むしろ、対処できないと「バレた」ことで失敗したように感じてしまうだろう。

自殺願望

ＡＳＤの人は一般の人よりも高い頻度で自殺願望を持ち、自ら命を絶つ計画を立てている可能性があることが、キャシディらの研究で示唆されている。この研究によれば、ＡＳＤの成人の六六％

が、自殺について考えたことがあると答えている。[※12] このことはＡＳＤの女性にも関係するのかどうか、関心を持たずにはおれない。私自身も自殺願望を経験し、次のように公の場で語ったこともあるからだ。

。アスペルガーとして意見を述べるなら、自殺願望は（…）感情を排して状況を論理的に分析した結果にすぎない。つまり、自殺とは純粋に、可能な選択肢の一つであるということだ。定型発達の人から見れば、自殺を考えるなんてひどく衝撃的かもしれない。（…）私たちの中には、自殺が日常生活の一部となっている人もいるのだ。[※13]

他の女性たちも、自殺願望についての思い出や意見を語ってくれた。回答から浮かび上がるのは、自殺願望のあり方も、提案された解決策も、実用主義的であるということである。ＡＳＤの人の自殺願望に関わる感情や思考プロセスには、定型発達の人と比べて違いがあるのではないかと疑っている。これはまだ研究されていない分野だ。

。二五歳までに幸せになれなかったら、自殺しようと心に決めていたのを覚えています。幸せになるための手段や計画は、まったく考えていませんでした。これまで何度も自殺を考えたことがありましたが、実際に自殺を試みたことがあるわけではありません。自殺を考えるときは、周囲の人のトラウマを最小限に抑えるという観点から、計画を立てました。たとえば、知人ではなく警察が私の遺体を発見できるように、警察に知らせる手紙を書くといったようなことです。（ＡＳＤ女性）

ある女性は、自分の自殺願望への考察と、これが他のASDの人にも当てはまりうるということを、非常に明晰に述べた。彼女は将来の世代のために、このような事態を回避する方法についてもすばらしいアドバイスをしている。

私たち（私のようなASD者）は、次のような複数の理由から、自殺願望を抱きやすいと考えています。慢性的な不安感の強さ、心をかき乱すネガティブな考えに固執する傾向、自尊心の低さ、他者と有意義かつ親密な関係を築けないこと、他者から言われたネガティブな発言を何度も反芻すること、理解されていないと感じること、確固たる自己認識がないこと、言いたいことを他人にうまく伝えられないこと、孤立感の強さ、自分が周囲の重い負担になっているという感覚、社会や大義のために貢献できないという感覚、等々。（…）苦しんでいるASDの人に対して周囲ができる最も重要なことは、その人の自尊心を肯定し、奮闘を認めてあなたは間違っていないと言ってあげること、他者から高く評価されている彼らの行動を肯定することだと考えています。ASDの人、あるいは悩んでいる人に一番してはいけないことは、その人を信じないこと、その人が奮闘してきたことを認めないことです。私が今までで一番深く傷ついたのは、医師や家族、大切な人たちが私の奮闘を信じてくれなかったことです。若い頃、三五歳で診断を受ける前は特にそうでした。このことが、私の無価値感や自殺願望の最も強い推進力となってきました。

（ASD女性）

ASDの白黒はっきりした認知処理の世界では、複数の代替戦略を生み出すことが難しい。自殺はその人が見つけた数少ない選択肢の一つなのかもしれない。押しつぶされそうな状況を解決しようと考えたときに、すぐに頭に浮かぶ選択肢であることは確かである。そして論理的に分析され、現時点の最適な選択肢ではないとして（今までのところは）切り捨てられてきた数多くの選択肢の一つにすぎない。

視点を変え、視野を広げることを助ける認知行動的アプローチをとれば、ＡＳＤの女性がもっと多くの選択肢を思いつき、それらが適切であるかどうかを判定できるようになるかもしれない。一般的な感情ベースの治療介入ではなく、ＡＳＤに特化したアプローチ、すなわちＡＳＤの経験と認知処理スタイルの双方を認識したアプローチが必要である。

私は四〇年間、認知行動療法を受けたり受けなかったりを繰り返してきました。認知行動療法は多くの問題に対処するのに役立ちましたが、私の人生からストレスを締め出す鍵はまだ見つかっていません。

（ラリー・ホリデー・ウィリー）※14

治療法と治療計画

ＡＳＤ女性を対象にした今回の調査では、不安、抑うつ、片頭痛に投薬治療が役に立ったという回答がいくつか見られた。個々の薬物について説明するのは、ここでは適切ではないと考えている。患者個人の症状に基づいて臨床医が判断すべきことだからだ。それに、私は薬物を論評できるほどの知識を持ち合わせていない。セラピーについては、非常に役に立ったという人もいれば、あまり役に立たなかったという人もいて、評価が分かれた。肯定的な評価をした人は、精神分析的で感情に訴える「話す」アプローチではなく、指導・助言によって社会的理解の学習を支援するセラピーを受けたようである。治療支援を検討する際は、ASDへの理解があるところを選ぶのが極めて重要である。

・一〇代後半から二〇代前半にかけて受けた簡単なトークセラピー（会話療法）は、あまり役に立たなかったようです。セラピーが効果をもたらすには、自分や他人の気持ちがわかる洞察力が必要ですが、そのような洞察力が自分に備わっていなかったせいでしょう。そしてセラピストは、私のASDを認識していませんでした（当時は未診断だったのです）。セラピストは戸惑い、私をどうすれば助けられるかわからなかったようでした。

（ASD女性）

・今のセラピストは、私のASDの症状をしっかり把握していて、さまざまな人付き合いの場面を解釈できるように支援する必要性を理解してくれています。おかげで、とても頼りになります。セラピストの誘いで、他の人との音楽活動に関わるようになり、ミュージシャンたちと毎週のようにジャムセッションをしたり、月に一度のドラムサークルに参加したりしました。瞑想や、ときにはリズミカルなダンスの活動に加わることもありました。こうした活動のおかげで、自分には多くの強みがあり、もしかしたら才能といえるものすらあるかもしれない価値ある人間だと認識できるようになりました。

（ASD女性）

・必要なのはサポートと、私の感情を受け入れ、私の置かれた状況を理解しようとしてくれることです。困難な状況に対応したり、適切に解釈したりするのを助けてくれるコーチングや助言も必要です。一緒に解決策を考えてほしいんです。（ＡＳＤ女性）

・カウンセリングはかなりの回数を受けました。そのときは有益だったものの、セッションが終わるとすぐに効果がなくなります。カウンセラーの中には、私に気持ちを聞いてくるような役に立たない人もいます。でも、今のカウンセラーはＡＳ［アスペルガー症候群］をよく理解していて、私が話題に出さない限り気持ちを聞いてこないので、かなりいいです。（…）他の人に理解してもらいたい、私にイライラしないでほしいと思っています。パートナーには、大声を出すほどでもないのに私が怒鳴ってしまうのを我慢してもらう必要があります。（ＡＳＤ女性）

ＡＳＤの女性は、ほとんどの場合（おそらく臨床医を信頼していないために）、今ある状況下で可能な限り自分の心の健康を管理する方法を見つけている。自分がＡＳＤであること、そしてそれが心身の健康に悪影響を及ぼしていることを認識しているからこそ、自分で実践的な戦略を立てることができる。

・多くの場合、心をかき乱すような考えや強迫観念から解放される唯一の方法は、音楽、写真、アートビデオなどのポジティブな趣味に没頭することだと思います。（ＡＳＤ女性）

。運動は、ストレスや緊張を撃退するすばらしい日課です。（ASD女性）

。時間です。それと、私がうまく対処できないときや打ちのめされているときに優しく理解してくれる人。（ASD女性）

。仲間。ただし、理解ある仲間です。（ASD女性）

。自己セラピーはものを書くことです。自分を励ます言葉や計画、腹立たしい人への対処法などを書き留めています。（ASD女性）

。健康維持のために、ローラースケートを始めました。ウォーキングは、抑うつの改善にとても役立ちます。（ASD女性）

。創作や、自己表現できるクリエイティブな活動に没頭せずにはいられません。そのような活動やセラピーは、私の精神的な健康には欠かせないものです。活動をしないと、ネガティブな自責の念に強くかられ、落ち込んだときには自殺願望を抱くこともあります。今では落ち込むきっかけを認識できるようになり、できる限りそれらを避け、前向きな活動をしたり、他人との約束を守るように努めています。自分を高め、心の安定を維持するために懸命に努力しています。（ASD女性）

第14章 こんな働き方をしています――就職するとき

長い間、悪戦苦闘しながら仕事をどうにかやってこられたのは、自分を装うのがとても上手になったからだと思います。実のところ、そのせいでここ数年非常に苦しんでいます。仮面の下にいるのが誰なのか、自分でもわからなくなってしまい、自分がおかしくなったのではないかと不安になりはじめました。もう自分が何者なのか、まったくわからないんです。

ASD女性

就職するときの難しさ

ASDの人はいくつかの理由で、職を得ることも働き続けることも難しいと広く考えられている。理由のほとんどは、ASDの特性に関わるものである。このテーマについては、拙著『アスペルガー症候群の人の仕事観』（梅永雄二監訳、明石書店）を含めていくつか出版されているが、いずれも性別に関係なく書かれたものだ。

ASDの女性にとって、仕事はおそらく最大の課題である。その理由は、社会的関係が長期にわたって構築されること（毎日同じ人に会わなければならない）、たえずどこかしらで人に囲まれなければならないのが、純粋につらいことにある。

私はこれまで、三〇以上の職を転々としてきた。どういうわけか、すべて続かなかったのだ。不当な処置に立ち向かえないこと、嫌われていると感じること、尊敬できない権力者に我慢できないこと、人の言いたいことがわからないこと、自分のやり方に固執してしまうこと、そしてときには（当時はASDだとわかっていなかったせいで）ASDの特性から完全に外れた仕事をしようとしたことが原因だろう。

成人してからの私の経済状況は、勤務実績がふるわなかったこともあって、長らく非常に不安定だった。仕事で成功するには、起きている時間のほとんどを定型発達の世界で過ごす必要がある。これはASDの女性にとって、とてつもなくハードルが高いことかもしれない。そのため、能力を発揮できない仕事についたり、フルタイムで働くことができなかったりで、低収入に甘んじることになる。頭がいいだけでは不十分なのだ。

◦ストレスを減らすために、自分の能力や資格に見合わない仕事をしています。パートタイムでしか働けません。（ASD女性）

◦社内の政治的駆け引きは、ちょっとした地雷原のようなものです。能力を評価されるより、社交辞令や「ごますり」をうまくやっていかないといけません。私に回ってくるのはつまらない仕事ばかりだったので、一六年間自営で働いていました。（ASD女性）

◦ウソをつくのが下手で、自分を大きく見せる能力がなく、面接でうまく話せないことが足かせになっています。私は非常に有能なのですが、他の人とは考え方が違うので、誤解を招くことがあると気づきました。（ASD女性）

仕事上の課題

アンケート回答者の女性たちが挙げた困難の一つが、情報処理やマルチタスクに関するものだった。女性は複数の指示や会話を並列してこなし、新しい情報を迅速かつ柔軟に取り入れることができると思われている。ＡＳＤの女性には、必ずしも当てはまらない。構造化された直線的な作業や情報の処理には非常に長けていても、抽象的な情報（指示や手順など）となると処理に時間がかかり、もっと詳しい情報が必要になることがある。

◦ほぼあらゆる職員が私に指示を出しているように感じられ、正反対の指示を別々の職員から受けることもしょっちゅうでした。支配対象を求める多くの人たちのターゲットになっているように感じることも、多々ありました。（…）私は他の職員よりも物事を理解するのがおそく、そのため職場で上司になることを夢見ているあらゆる人々の言いなりになっていました。

（ＡＳＤ女性）

◦私は新入社員です。働き始めはおおむねうまくいくのですが、その後はすべてを習得することが求められると感じています。私はいまだに建物の中で迷子になったり、他の人が理解していることについて質問したりしています。

（ＡＳＤ女性）

ＡＳＤの女性は、公正さへの意識や正義感が強く、決められたルールを守りたいと思うことが多い。そのため、ルールを守らない同僚と対立するおそれがある。これが大きなストレスとなって、退職に追い込まれるか、あるいはずばずばと遠慮なくものを言う面を見せてしまいかねない。ＡＳＤの女性は、ある状況が明らかに間違っていると感じたら、「黙っている」ことができないことがある。社内の政治的駆け引きや上司への「ごますり」は、ＡＳＤ女性の人付き合いの技術には存在しない。そのため、仕事ができても、人との付き合いでは嫌われてしまうかもしれない。

私は不真面目な人への耐性が非常に低く、あらゆる人の言い分を受け入れて利害を調整することもできません。不公正は、私にとっておそらく一番のハードルでしょう。どこまでも正直な性格とまっすぐさは、出世の階段をのぼるのにはふさわしくない属性であるようです。（ＡＳＤ女性）

期待される性役割

職場によっては、女性一般が特定の役割を担うことを疑いもなく期待される状況がある。ＡＳＤの女性は性役割を自然に担えず、自分に性役割が期待されていることすら知らない場合がある。性差にあまり頓着しておらず、誰もが平等に扱われることを期待している私たちは、来客時のお茶くみ、同僚の出産祝いの購入、うわさ話全般など、目に見えない性役割に気づかないことがよくある。このような性役割があることを説明されたとしても、ＡＳＤの女性はその妥当性を疑問視したり、はっきりと拒絶したりして、「気難しい」と思われてしまう恐れがある。

- もちろん私は女性ですから、完璧な紅茶やコーヒーの淹れ方を生まれながらにして身につけています。(…) とはいえ、職場の皆さんが当てにしないほうがいいのは、私の短期記憶力です。(…) キッチンにたどりつくまでに、コーヒー、紅茶、ミルク、砂糖の割合を忘れてしまうのです。

(ASD女性)

調整

障害があることを開示すると、その症状に配慮した調整が行われる。障害と平等に関する法律は、国によって異なるが、これは本書の範囲外である。雇用主が法的義務を確実に果たすためには、障害のある従業員の権利に関する情報を関連情報源から入手する必要がある。差別されることを恐れて、ASDを雇用主に開示しない女性も多い。すべての雇用主が、職員が最大限の能力を発揮できるような支援に前向きであるとは限らないからである。

- 私は職場環境で必要な配慮を得ることができませんでした。それどころか配慮を求めると、いつも雇用者を怒らせてしまいます。雇用者は私のことも、ASDのことも理解してくれません。実際、私が配慮を求めたことに憤慨しているようです。

(ASD女性)

- 私の指導担当者が指示を書いてくれたり、わかりやすくしようとしてくれたりすることが何度かあ

り、とてもありがたかったです。（ＡＳＤ女性）

ＡＳＤの公表が肯定的に受け止められ、調整が行われれば（多くの場合、きわめてささやかな調整だが）、ＡＳＤの女性は仕事で成功を収め、心の安定を維持できるかもしれない。

。私はサポートと調整を受けていて、会議に出たり、人前で話したりすることは免除されています。オフィスの模様替えのときも、通知や相談を何度も私にしないかぎり、私のデスクを動かしてはいけないことになっていました。私は職場でＡＳＤであることを完全にオープンにしているので、自分を偽る必要がなく、プレッシャーが減りました。（ＡＳＤ女性）

。今は、肯定的な反応が得られて、自分の能力に自信を持てるような仕事を見つけることができました。細部へのこだわりが評価されたのです。ファイリングや分類、定型的な文書のやりとり、システムの設定、校正など、他の人がやりたがらない単調な定型業務を行うことを楽しんでいます。私は一生懸命働きますし、お給料が払われている時間はすべて労働に費やします。同僚と話をするのは、話しかけられたときだけです。タバコ休憩や冷水器の周りに集まってのうわさ話など、会社勤めにつきものとされることは一切しません！（ＡＳＤ女性）

理想の仕事

ＡＳＤの女性が職に就くことの難しさを考えた場合、知りたいのはどのような労働形態であれば最高の力を発揮できるのかということだ。回答では、自営業、パートタイム、在宅勤務、単独作業などが多く見られた。高収入や社会的地位の高さに言及した人は皆無だった。自分の限界を超えないように日々を過ごすことが優先されているようだ。

ＡＳＤの女性にとっての理想的な職業選択は、多くの面で私自身の職業人生によく似ている。私はどうにかこなせる程度にまで、仕事を減らしてきた。将来的には、さらに減らす必要があるだろう。ストレスによる心身の健康への影響が続いているためだ。私は自営業者で、一日の大半を一人で過ごし、継続的な社会的関係を維持する必要もなく、好きなだけ休暇を取ることができる（その分収入も減るが）。究極的に目指しているのは、ヤギと太陽のある生活だ。おそらくかなり貧しい暮らしになるだろうが、少なくとも私の心は落ち着くだろう。

他の女性が語る仕事の必要条件も見てみよう。

◦融通のきくパートタイムの仕事。理由は二つあります。一つ目は、長時間人と接していると体力的に疲れてしまうからです。バッテリーを充電するためには、静かな場所で一人になれる時間が必要です。二つ目は、仕事以外で自分の興味を追求する時間が必要だからです。やっぱり趣味の時間があると元気が回復しますし、不安レベルも下がります。

（ＡＳＤ女性）

もっと具体的な仕事内容を思い描いている女性もいる。

。理想は、ファンタジー小説シリーズ『ディスクワールド』に関わる仕事です。クリエイティブに関わるのもいいし、ウィンカントンにある『ディスクワールド』専門店で働くのもいいですね。それがだめなら、独立系書店（ロンドンの「フォービドゥン・プラネット」のようなSFファンタジー専門書店）や、動物保護施設（ドーセット州のモンキー・ワールドか、ロバや犬、カワウソなどの海洋生物を扱う施設）で働きたい、それか、そういう書店や施設を自分で経営したいです。（森林や海岸の）環境保護に関わる仕事、ナーサリー（種苗場のこと。断じて保育園ではないです！）もいいですね。

（ASD女性）

私が『アスペルガー症候群の人の仕事観』で行ったASDと仕事に関する調査によると、ASDに最も向いている仕事は、ASDの強みを生かせて、人との違いにさらされる機会がほとんどない仕事だということがわかった。丸い穴に四角い釘を押し込もうとしても、うまくいかないということだ。このことは、私のアンケートに答えてくれた女性たちによっても立証されたようである。

第15章　ASDとともに老いてゆく——老後を考える

ASDの症状が、高齢期にどうなるのかはよくわかっていない。(…)身体面で特定の健康問題が大幅に増加するのかどうかも不明である。ただ、その可能性は想定してしかるべきである。生活上のストレスや不安は、たとえば心臓疾患との関連性が証明されている。

フランシス・ハッペ[※1]

年齢を重ねることによる変化

本書執筆時点(二〇一四年一二月)で、加齢とASDの女性に関する研究は、私の知る限りでは存在しない。それどころか、ASDの加齢に関する研究自体がほとんどない。ASDが高齢者にどのような影響を及ぼすかを見極めるために、研究資金の提供が切実に求められている。

一九四〇年代、幼少期に自閉症と診断された第一世代の子どもたちが、今まさに高齢期を迎えようとしている。このような状況を踏まえ、英国自閉症協会は彼らが直面する問題に取り組むために、「成熟期の自閉症(Autism in Maturity)」プロジェクトを立ち上げた。

高齢のASD者集団を構成するのは、幼少期に診断された人だけではない。五五歳以上のASDの人の七一%は、過去一〇年間に診断を受けている。[※2]

。アスペルガーの人が書いた本を読んだり、インターネットのフォーラムを見て回ったりしました。

情報は自閉症の若者に偏っています。私は自閉症の若者だったことはありません。自分が自閉症だと知らなかったからです。私は一人の問題を抱えた若者でした。中年女性になってようやく、自分の問題をアスペルガーとして認識し、治療介入を求めることを学びました。とはいえ、問題を抱えているからといって私の年代の人間が利用できる治療介入はなさそうです。

（英国自閉症協会[※3]）

本書の調査参加者の約三分の一が四〇代以上であり、そのほとんどがここ数年の間に診断がついた人たちだ。これは、高齢期に向かいつつあり、その大半が自分が何者であるかを発見したばかりの女性たちの言葉を聞けるということを意味する。

幼かったときも、小学生のときも、一〇代、若年期、中年期になっても、自分がＡＳＤであるという自覚はありませんでした。ＡＳＤの診断は、過去を振り返るプロセスでした。思い返してみれば、何十回も「なるほど」と思える瞬間がありました。そのうちのいくつかは、思い出すのもいやなできごとです。アスペルガーの私のために、なんらかの医療介入があれば、人生はもっと楽だったかもしれません。

（六二歳のＡＳＤ女性、診断年齢五六歳）

本当はもっと六〇代以上の女性に話を聞けたらよかったのだが、残念ながら奮闘空しく、ボランティアに名乗り出てくれる人はほとんどいなかった。この年代の女性は、若い女性に比べて、自分がＡＳＤであることを認識すらしていない可能性が高いと思われる。情報が得られたとしても、それを受け入れることもできないかもしれない。（特に知的障害がない人や女性には）ＡＳＤはいないという時代を生きてきたからだ。
一般論として、高齢化社会を迎えつつあるなかで、増加する高齢者への支援やサービスが今後ますます必要になることは衆知されている。しかし加齢がASDの人たちにどのような影響を与えるのかはよくわかっていない。聞きたいのは、彼女たちが自然な肉体的・精神的な加齢の影響をともなったASDの生活について、どう考えているのかということだ。また、ASDの影響が年齢とともに変化していると感じているかどうかも知りたかった。生活は楽になったのか、それとも大変になったのか。ASD的な行動は増えたのか、それとも減ったのか。

。ASDの生活は、年を重ねるごとにつらくなっていきます。年をとるのはつらいものだと実感しているところです。ただ流れに身を任せて適応できなくなるのではなく、よい年のとり方をできるように努力してはどうでしょう？　前向きに考え、賢い選択をすることで、生き方が改善されます。若者やASDの人たちのよいお手本になろうと決意しましょう。年をとることはいいことでもあるのだと知ってもらう必要があります。

（ASD女性）

このような洞察は重要である。当たり前のことを言うようだが、あらゆるASDの少女は、やがてASDの高齢女性になるからだ。何に気をつけるべきかをあらかじめ知っておけば、悪影響を最小限に抑えるために、早めにその作業を始めることができる。

高齢者の診断

高齢者の診断は、より難しくなる場合がある。幼少期にＡＳＤの特性がどのように現れていたか、知っている両親や家族が生存していない可能性があるからだ。家族の情報を診断に必要とする臨床医もいる。私は、親がいないという理由で診断を拒否された人を担当したことがある。英国国立医療技術評価機構（ＮＩＣＥ）のガイドライン[※4]では、「可能であれば」パートナー、家族、介護者が診断に関与すべきであるとされているが、このような情報源がないからといって、診断を拒否する理由にはならない。

血縁者が生存していても、彼ら自身が高齢であることが多く、協力してもらえない可能性がある。年老いた親を怒らせることを恐れて、診断について話したくない人もいるかもしれない。子どもの頃の出来事や動機の細部まで覚えておらず、幼少期の発達の説明があやふやになってしまう人もいるだろう。現在の診断ツールは主に子どもの診断用につくられているため、高齢者には適していない。

高齢の女性を診断する際には、彼女たちがＡＳＤを隠すためにできないことを補い、仮面をつける戦略を練り上げてきている可能性を考慮にいれなければならない。確信を持って高齢者を正確に診断し、社会適応のためにつくられたうわべの下にあるＡＳＤを「見る」ためには、成人のＡＳＤを担当してきた豊富な経験が必要となる。

晩年に診断を受けることを疑問視する人もいる。これまで何とかなってきたのなら、診断を受けてもさほど影響がないのではないか、診断を受ける必要がないのではないかと感じるためだ。

。四〇代までAS［アスペルガー症候群］で生きてきたのなら、それほど重度なわけがないという考え方があるようで、診断を受けるのはとても困難です（実際には、口にしていないだけで計り知れないほどの苦しみがあります）。
（ASD女性）

多くの女性が、診断がもたらすメリットや安心感について語る。どこにもまったく居場所がない、男性とも女性ともなじめないと感じてきた女性たちは、診断によってようやく自分が何者であるかがわかり、居場所を得ることができたのである。

。五〇年以上、自分のことを欠陥品だと思っていました。診断のおかげで、自分が欠陥品じゃないとわかったのです。私の人生は一変しました。おかげで、自己主張し、自分の要求を満たしてほしいと求めることができるようになりました。今までは欠陥があるのは自分だと思っていたので、そんなことはできなかったのです。
（ASD女性）

。主に診断を受け、ASDの症状についての情報を探し求めたことによって、楽になってきています。人生の大半をアスペルガーであるとは知らずに過ごし、多くの点でハンディキャップを負ってきました。人生経験が大きな助けになりました。アスペルガーの私たちは、学ぶことで生活を向上させることができると思います。でも、普通の人よりも時間がかかります。普通の人が直感的に理解できることでも、私たちは説明してもらわなければなりません。
（ASD女性）

医療・社会福祉の利用

ＡＳＤの人は、痛みの感じ方や報告の仕方に違いがあることが知られている。[※5] そのため、ＡＳＤの人は、体調が悪いときに専門家に知らせないことがある。また、家族や人間関係の範囲が限られているため、体調不良が長期にわたって気づかれない可能性もある。言葉を話さないＡＳＤ者の場合、この困難が「挑戦的行動」となって現れ、根本的な健康問題が未解決のままということもありうる。特に、ＡＳＤの高齢者が一人暮らしをしている場合には、地域で十分なモニタリングを行うように注意しなければならない。

私の痛みの感じ方は他の人とは違います。（…）オーブンを開け、鋳鉄製のキャセロールを素手でつかみ、それを持って立ち上がり、テーブルの上に置くことができます。姪に「おばちゃん、手の皮がむけてるよ」と言われて初めて、「これはまずい」と思うのです。軽い不快感が苦痛になるまでには、さらに五分はかかります。虫垂炎もまったく気づかずじまいで、病院で目覚めたときは腹膜炎になっていました。

（英国自閉症協会[※6]）

新しい状況に不安や困難を感じるＡＳＤ者の場合、高齢になって認知症、難聴、記憶障害、視力低下などを伴うと、さらに不安が悪化する可能性がある。このような人たちの苦しみを最小限に抑え、医療を利用しやすくするためには、医療従事者の訓練が不可欠である。在宅ケアワーカーや老人ホームの介護士がＡＳＤの特性を理解し、そのニーズを認めないことで不用意にストレスを与えないようにすることも重要である。

。私の母が入所している介護施設のスタッフは、時間を守らず、頼みもしないのに母の部屋に入ります。カーペットを替えたり家具を動かしたりするために工事施工者が来るときも母に教えず、すると言ったことをやってくれません。母はとても嫌がっています。

（高齢のＡＳＤの母を持つ成人女性）

。この社会では、幼い子どもや高齢者は人一倍身体的接触を受けます。定型発達の人たちが彼らの肩や頭をポンポンしたがるからです。優秀な介助者を何人か見ましたが、（…）彼らは少しぼんやりしている人に話しかける際、手をついて身をかがめ、こんなふうにやりとりします。「ブラウンさん、今日の体調はいかがですか？」「はい、大丈夫です」。それから手を握ります。これは、定型発達の人が相手ならきわめて適切な対応です。でも、ＡＳＤの人にはまったく不適切です。（…）望まない身体的接触の恐ろしさ。（…）親切でやっているとわかっていても、彼らの指は氷のように感じられます。身の毛がよだち、神経がすり減ります。定型発達の人たちのすることで、最もストレスフルで苦痛なのはハグです。

（英国自閉症協会[※7]）

心身への影響

高齢の女性がよく口にするのは、疲労感や倦怠感である。これらは加齢一般に伴うものであるものの、ASDの女性の場合、健康状態が良好であるにもかかわらず、若干早く（おそらく四〇歳までに）発症するようである。中には、昼寝をしなければ一日を過ごせないという人もいる。この点については、私も彼女たちに一〇〇％同意する。身体の限界が急に現れたことについては、苛立たしくもあり、喜ばしい解放でもある。

。四〇歳頃から、午睡が必要になりました。（ASD女性）

。健康状態はよく、年齢の割には元気なのですが、とてもくたびれて、数時間お昼寝してしまうことがよくあります。（ASD女性）

一般的な身体的疲労に加え、私が関わった多くの女性たちは、すべてをしっかりこなすこと、自分ではない人のふりをすること、ASDを隠すことに疲れを感じると述べている。子どもの頃から続けてきた無理が、長期的に悪影響を及ぼしているかもしれないという実感がそこにはある。エネルギーが切れて、ただもう単純に「できない」（あるいは「したくない」）のである。彼女たちの言葉は、「生き延びる」ための戦いを物語る。ASDの女性たちは、自分とは相容れない困難な世界で、生き続けるために奮闘してきた。加齢に伴う肉体的な限界と、長年の「戦い」の蓄積とがあいまって、四〇代以降は徐々にペースダウンしていくようだ。

◦年を取ると、人生が楽になるどころか、よりつらくなっていきます。さらなる健康上の問題（喘息、片頭痛、甲状腺機能低下症、ＩＢＳ［過敏性腸症候群］、神経障害など）を抱えるようになったためです。絶え間ないストレスのせいで、うつ病などの他の健康問題も発生し、あらゆる面で生きる意欲を失っています。私はただ、こういうことのすべてにうんざりし、生きるための戦いに疲れてしまったのです。私の人生は、次から次へと難題が降りかかってばかりです。（ＡＳＤ女性）

◦周りに溶け込める人、きちんと仕事ができる人、みんなと同じものを欲しがる人を演じることに疲れました。やりたくてやっていたわけではありません。目立たないよう、批判されないように生きていくために必要なことをしていただけです。心身ともにボロボロになってしまいました。私はただ、引きこもって静かでささやかな生活を送りたい。もううんざりです。（ＡＳＤ女性）

◦年を重ねるごとにエネルギーがなくなってきて、興味を持てる対象が限られてきました。心から楽しんできたことがたくさんあったのに、残念です。もちろん、アスペルガーから来るうつが原因の一つです。活動を減らすのは致し方ないことでしょう。エネルギーを取り戻すべく、日々のエクササイズを始め、食事の計画を立てるようになりました。（ＡＳＤ女性）

◦街中のような人混みにいるとストレスを感じます。以前はまったくそんなことはなかったのですが。

人混みが増えたせいか、加齢で人の動きを処理する脳の速度が落ちたせいかはわかりません。人の間をすり抜けて進むのに、すごくエネルギーを使っているような気がします。（ＡＳＤ女性）

◦人に合わせることに興味がなくなりました。言いたいことを抑えることができず、失言に気づかないことが増えました。疲れやすくなり、変化への抵抗感が増し、うまく対処できなくなったと感じます。（ＡＳＤ女性）

このほか、身体的な限界として、記憶力に関することや、脳の処理能力とスピードの低下を感じることが多く挙げられた。

◦自分の年齢にあまり肯定的になれない理由の一つに、脳の情報処理速度が遅くなっているように思えることがあります。常に「頭にもやがかかっている」ような気がするのです。（…）目覚めてから、脳の処理能力が作動するまでの時間が長くなってきたと感じます。（英国自閉症協会[※8]）

◦事実関係がまったく覚えられなくなりました。名前、人、場所、テレビ番組、その登場人物なども忘れてしまいます。中年にさしかかってから悪化しています。（ＡＳＤ女性）

◦何をすべきかを脳に理解させるために、人差し指で物や方向を指しています。たとえば食料品店では、買わなければならないものを見落とさないように、お目当ての品を人差し指で指し示します。

車を運転するときは、曲がるべき方向を人差し指で指し示します。（ASD女性）

・レシピに必要な材料を集めるなどの作業に追われていると、人の質問や会話に対応できなくなります。やっていることに集中しないと、うまくいかないのです。大切な人にメールを打っているときも同様です。人の質問や会話に答えることができません。（ASD女性）

言葉を発するのが難しくなってきたと語る女性もいる。

・理路整然と話すことが難しくなってきました。単語を間違ったり、言葉をでっちあげてしまったり、言葉に詰まってしまったりすることもしょっちゅうです。もともと言語能力が非常に高かったのに、どう進行していくのかわからないことに戸惑い、ぞっとします。私はまだ四〇代なのです。（…）ときどき、断片的な言葉を口にするのが精一杯です。夫は私のことを理解してくれますが、他の人はどう思うかわかりません。他の人が周りにいるときは、文章をまるまる話せるのでなければ、何も言わないようにしています。（ASD女性）

そのほか身体的変化として挙げられたのは、視力や聴力の問題だ（これは自然な加齢によるものかもしれない）。ASDの人は顔をよく認識できず、他の視覚的な手がかりを探さなければならないので、視力の問題がさらなる影響を及ぼす可能性がある。騒がしい環境で騒音を遮断するのに苦労してきた人にとっても同様だ。視力や聴力が低下すると、不安が大きくなり、外出が億劫になったり、活動的な生活を続けられなくなったりする可能性がある。

・視力のせいで、ストレスがたまります。たくさんメガネを持っているのに、しょっちゅうどこにあるか忘れてしまうからです。(…) 老眼鏡が見つからないときは、家にある虫めがねで食品ラベルを読んでいます。

(ASD女性)

・大勢の人がいる中で人の話を聴き取るのにいつも難儀しています。あらゆる人の声が同時に聞こえてくると、一人が言っていることに集中できなくなります。ときどき、耳の後ろに手を当てて、よく聴き取れるようにしています。

(ASD女性)

人付き合いへの影響

英国自閉症協会の調査では、五五歳以上の自閉症成人のうち、七三%は友人が三人以下で、六五%は主な友人は家族や介護者であると答えている。[※9] イングドムヌクルの研究によれば、自閉症の女性は、結婚や子どもへの関心が低いことが示唆されている。[※10] この研究から、ASDの女性は独り身のまま年をとる人が多いという結論が導けるかもしれない。ASDの女性は社会的なネットワークに乏しく、社交の場では不安を生じるとされている。そのため、他の高齢者よりも孤立しやすい可能性がある。高齢になったからといって、ASDの特性がなくなるわけではない。よかれと思ってデイセンターやランチクラブに誘っても、ASDの女性はいくつであれ人付き合いが難しいことを理解しなくてはいけない。

。放っておくとほとんど人と関わらず、人間関係を築けません。このままではとても寂しい老後を迎えることになると自覚しています。年をとると自分のやり方に固執して人との付き合いを求めなくなりがちですが、残りの人生、付き合い甲斐のある関係を維持していきたいと強く思っています。（ASD女性）

。年を重ねるにつれて、私のことを心から気にかけてくれた人たちがいなくなり、寂しさが増します。（…）出かける予定を立てるより、家にいるほうが楽なのです。人と一緒に出かける場合はなおさらそうです。お気に入りの趣味があるので、自宅で快適に過ごすことができます。（ASD女性）

加齢のプラス面

私が実感しているのは、年配のASD女性たちは、ありのままの自分を受け入れることができるようになっているということである。ASDと診断された時期が遅かったため、彼女たちは人生の早い段階で自己受容することができなかった。診断を受ける前は、人と違っているとかやっかいだとか思われることに困惑してきたが、今は違う。心の安定を維持するために必要なことを主張できるようになったこと、そうしてもいいのだと感じられるようになったことを彼女たちは語る。

これまで耳を傾けてもらえなかったり、真剣に受け止めてもらえなかったり、信じてもらえなかったりしてきた女性たちも、不安や抑うつ、関連症状に適した薬を手に入れることができ、暮らしがずっと快適になっている。自分の健康や幸せに気を配る時間が持てるようになったことも、年を取ってよかったこととして挙げられた。

- 私はいまだに習慣を重んじる性格で、ルーティンが大好きです。でも、変化に対応する能力は大幅に向上しました。大して重要ではない「ささいなこと」が何かを冷静に見極められるようになったおかげです。
（ASD女性）

- 自宅が安らぎの場であることが、これまで以上に重要になったと感じます。落ち着くもの、幸せにしてくれるものに囲まれていることが必要です。こういうことは年を取るほどに特に重要になってくると思うんです。（…）玄関のベルがなっても、出たくなければ無視します。電話もそうです。出たくないときはそのままです。メールは平穏を妨げないし、気が向いたときに返信できるので、私にはぴったりです。
（英国自閉症協会※11）

- 健康状態は年を重ねるごとに改善しています。適切な薬物治療と、ジムの集中トレーニングを始めたおかげです。これまでにないほど健康で、何年経ってもこの状態を維持したいと思っています。
（ASD女性）

。現代社会においては年配の女性であるということで、自分の存在が多少目立たなくなってきている感じはします。特に私は女性のステレオタイプに合わせるために、あからさまに女性らしい服を着たり化粧したりはしないので、この目立たなさは救いであり、好都合であるととらえています。ありがた迷惑な注目を浴びずに済むのですから。

（ＡＳＤ女性）

年配のＡＳＤ女性の中には、初めて自分に満足するという感覚をおぼえ[※12]、「本当の」自分でいられるようになり、その過程で「よりＡＳＤ者らしく」なってしまいそうだと感じている人もいる。何人かの女性は、自分がこのように感じたことで、家族や周囲の専門家を驚かせたと語る。もっと「普通」になるだろうという周囲の期待通りにはならなかったと彼女たちは感じているのだ[※13]。こうしたことが上述した心身の機能低下とあいまって、「もうできない」「もうやりたいとは思わない」という状態になっている。こだわりがより強くなり、許容範囲が狭くなる。

中には、実年齢よりも自分を若いと感じ、社会的規範に合わせる必要性が薄れたためか、年配の女性には無縁とされている活動や人と関われるようになったと言う人もいる。ＡＳＤの女性は、年齢や性別などを理由に何かをすべきではないとは思わない人が多い。これはとても開放的なことである。あらゆるクレイジー（！）なことにいそしむＡＳＤの年配女性を目にするのは、これが理由だ。

。今はローラーディスコ（訳注・ローラースケートを履いて踊るディスコ）に通っています。そこにいるほとんどの人が私より少し若くて、とても元気になるんです。でも年配の人もいますし、私が特別な存在というわけではありません。中年限定ではないものにどんどん参加するのはいいことだと思います。

（ＡＳＤ女性）

。いまだに実年齢よりも若いつもりで考え、行動しています。二〇代の女性と話しているときも、くだらないことで笑えると感じます。二五歳のアスペルガーの女の子グループと一緒に、キャッキャしながらボウリングを楽しむこともできます。終わってからも気持ちがぐんと明るくなります。

（英国自閉症協会）※14

。やれやれ、年をとってホッとしましたよ。人目につかなくなって、誰からも何も期待されません。私はただの老いぼれ。悲しいことも多少ありますが、すばらしい解放感です。何でも好きなことができて、誰も気にしないのですから。

（ＡＳＤ女性）

。自分ではいかんともしがたい問題はありますが、自分をいたわる方法は知っています。家に帰ったら、電気を消してキャンドルをともします。落ち着くためにアロマオイルを焚きます。頭の中を駆け巡るおしゃべりを落ち着かせる方法を学び、一晩中ぐっすり眠るコツを探しています。人と一緒だとくつろげないかもしれませんが、心は穏やかです。

（英国自閉症協会）※15

子育てが一段落した人の場合、年を取ったことで、ストレスや責任が大きく減ったと感じられる。

子どもが成長して、日々の世話が不要になったためだ。

ASDのおばあちゃん

ASD者が祖父母になるということは、まったく研究されていない分野である。女性は何十年にもわたって子どもの世話をしてきたのだから、祖母の役割も果たしてくれるだろうと当てにされるかもしれないが、実際には疲れ果てていて、自分のことに集中したいと思っている可能性がある。祖母の役割を考えるにあたり、女性は喜んで自然に子育てをするものだという思い込みや期待があると、おばあちゃんがカイトサーフィン（私の場合は長距離サイクリング、キックボクシング、サバイバルゲーム）をしに出かけてしまった場合に、がっかりすることになる。

私には、人生に大きな喜びを与えてくれる双子の孫がいる。「生活の心配がない人が社会にお返しできる」という古い名言は、実に当たっていると思う。私が優しいおばあちゃんでいられるのは、拘束時間が短く、終わりの時間が決まっていて、たいてい事前に計画した上で世話しているからだ。二四時間体制の子育ては私の得意とするところではなかったが、おばあちゃんとして「期間限定」子育てをすることはできる。私が孫たちに対して忍耐強く寛大で、エネルギッシュでいられるのは、自分の義務が限定的であるとわかっているからにすぎない。

。下の子が一八歳になったとき、重荷を下ろしたというはっきりとした感覚がありました。子どもたちはまだ私を必要としていますが、毎日毎分ではありません。今では子どものいない生活を楽しみにするようになりました。子どもたちを産んでよかったと思っていますが、子育てはあまりにも大変でした。誰もわかってくれないけれど。（ASD女性）

。私は母親業よりおばあちゃん業のほうがずっとうまくやれます。おいしいところだけ楽しむことができるし、子どもたちのためにすべてをちゃんとやらなきゃなんて心配しなくても済みます。それは他の人の仕事ですから。我が子の子育てよりも、ずっと気楽に関われますね。（ASD女性）

第16章

理想の生き方とはどんなもの？

――死ぬ前におこなっておきたいこと

なによりも切望しているのは（…）大好きな趣味に浸れる時間と、新しい趣味を開拓する時間です。自分が幸せになれることを追求し、できれば動物や弱い立場の人たちにも優しく、寛容で思いやりのある世界にしていきたいと思っています。

ＡＳＤ女性

ここで、アンケートに答えてくれたＡＳＤの女性たちの考え、人生経験、知見を総括するために、彼女たちがどこにたどりついたのかを尋ねたいと考えた。自分が何者なのか、なぜそのような人生を歩んできたのかを知った今、自分の気分を高め、幸せにし、満ち足りた気持ちにしてくれるものについて、どのような結論を導き出したのだろう？　もし義務や社会適応、お金の問題を考えずに済むならば、何をしたいのだろう？

本書に掲載した回答は、一人一人が夢と綿密な計画を抱いている何百万人もの人々のコミュニティの、ごく一部を反映したものにすぎない。したがって、本書の他の項目と同様、ＡＳＤの女性や少女に関する決定的な事実を述べたものとはいえない。だが、こうした人々にとって何が重要であるかをいくらか示すものにはなるかもしれない。

〈生活の質を向上させるには、何が必要だと思いますか?〉

。社交スキルを身につけ、人々への理解を深めること。もうすぐ五〇歳ですが、いまだに人付き合いは地雷原だと感じます。

(ASD女性)

。アパートの片付けか、整理整頓をお手伝いしてもらうこと。

(ASD女性)

。年配のAS[アスペルガー症候群]の人を支援する団体が、全国各地に整備されてほしい。

(ASD女性)

。悩み事を聞くヘルプライン、気軽に立ち寄れるドロップインセンターのようなものがあるといい。就職のアドバイスが得られるような。

(ASD女性)

。恋愛関係のサポートが必要だと思います。特に若い女性には。気まずさを感じさせずに気軽に質問できる人がいるといいですね。

(ASD女性)

〈あなたにとって、「理想の生活」はどのようなものですか?〉

。たくさんのペット、特に犬を飼うこと。自宅で仕事をして、人との交流も多少は保てること。自分

の家と庭をもつこと。（ASD女性）

- 理想の生活は、パートナーがいること。余暇を一緒に過ごす人がいること。ずっと一緒でなくてもいいです。ストレスを感じない仕事をして、仲のよい友人が二、三人いること。（ASD女性）

- たくさん旅行をしたいです。一人旅が大好きです。（ASD女性）

- 経済的に安定したいです。将来どうやって生計を立てるのかを心配しなくて済むように。贅沢はせずとも、快適な暮らしをするのに十分なお金はほしいですね。（ASD女性）

- 家を三軒持つこと（かなり贅沢だとは思いますが！）。一軒はイギリスの田舎で、海岸近くの村か小さな町のはずれにある、こぢんまりとした古めかしい石づくりのコテージ。もう一軒は劇場や美術館に足しげく通えて、終電を気にせずに済むようなロンドン中心部の寝室一つだけのアパート。そして三軒目は、一二月から三月までを過ごすための暖かい場所。スペインかランサローテ島あたりの村落に、伝統的な石づくりのちっぽけな不動産がほしいです。（ASD女性）

- 一人暮らしは必須です。でもサポートしてくれる姉や親友の家まで歩いていける距離の場所に住みたいです。（…）同好の士のコミュニティの中で独立して暮らし、大好きな趣味を共有できるなら、それが一番ですね。（ASD女性）

◦自分自身を探究して理解を深めたり、実用的なプロジェクトで自分の創造性を発揮したり、屋外で自然にふれたりする時間は、有意義な時間だと思います。

（ＡＳＤ女性）

第17章

おわりに――あなたはどう生きていく？

私は知っています。自分が価値のある人間で、この世界には私の居場所があるということを。本来の自分になれて、そんな自分を心から好きだと言えます。ここまでの道のりは厳しいものでした。自分本位な私のことを、耐えがたいと思っている人がいるのもわかっています。期待通りにふるまえる人、伝統的な「ふつう」に合わせられる人、やっかいではない人と過ごすのは、きっと居心地のいいことでしょう。

ウェンディ・ローソン[※1]

ＡＳＤの女性には、しなやかに立ち直る力がある。しばしば不安になり、落ち込み、くじけそうになりながらも、理解できない世界を理解しようと努力し続け、まったくなじめない世界になじもうとする。それが毎日片時も休むことなく続くというのはどういうことなのか、想像するのは難しい。だが、想像しようとしなければならない。

ＡＳＤの若い女性は、やりたいことをかなえられるよう、教えと励ましを受け、（優しく）後押しされる必要がある。ＡＳＤは、夢を制限する理由にはならない。そのことは、診断がつくのが遅かったＡＳＤの年配女性たちが証明している。過保護にする必要はない。彼女たちに必要なのは、不安や彼女たちを取り巻く世界がどのようなものであるかをわかってもらうこと、逆境の中で最善を尽くす方法を教わることである。

ＡＳＤの女性たちには、互いに語り合う機会と、仲間やコミュニティを見つけることが必要だ。

そのコミュニティとは、自分が経験した試練や苦難をわかち合い、「何でそんなことしたの？」と聞き返されるのではなく、「ええ、私もそう」と言ってもらえる場所である。自尊心を育めるか自己嫌悪に陥るかは、このような場の有無にかかっている。

最初の一歩となるのは、女性と男性ではＡＳＤの特性の現れ方が異なるということを、専門家が理解することである。女性の特性を見つけるのには少々苦労するかもしれないが、ＡＳＤの特性はそこにある。そしてあまり目につかないからといって、「重度」ではないということにはならない。診断を受ける機会が増えれば、女性たちはＡＳＤかどうかを確かめられ、必要なサービスを受ける第一歩を踏み出すことができる。

臨床医の皆さんへ：皆さんはＡＳＤの少女・女性たちの生活の質を向上させる門番の役割を果たす。何を聞くべきかを学び、彼女らの話に耳を傾け、表向きの顔の下に隠されたＡＳＤを探してほしい。

教育関係者、支援員、家族の皆さんへ：彼女のふるまいは、単なる「一〇代の少女にありがちなこと」「神経症」（私が言われたことだ）「内気」では済まないかもしれない。他の原因による可能性がある。おとなしくて、迷惑をかけていないからといって、彼女の問題を見落としてはいけない。彼女は他の女の子とは違う。女性としての自分、あるいは他の少女・女性と比べ、劣った存在であると否定してはいけない。彼女は人と違った考え方をするが、先入観を持たないでほしい。

ＡＳＤの少女・女性の皆さんへ：あなたはありのままでいい。確かにあなたは少し変わっているけれど、そんなことはちっとも問題じゃない。自分が「女性」であるとあまり感じられなくたって大丈夫。ハンドバッグについてのあなたの意見も、まったくその通り。必要なのは一つだけ、リュックサックだ。そして絶対に絶対に、自分を定型発達の女子と比べるのはやめてほしい。彼女たちは異なる種族なのであり、自分が不適切で間違っていると感じるだけだ。仲間を見つけよう。ネットでも、同人誌即売会でもいい。あなたが思いのままに生きることを喜んでくれる人を見つけよう。そして、自分が思いのままに生きることを喜ばしく思おう。なぜならあなたは七〇歳になってもスケートボードをしていて、（化粧で肌を傷めなかったおかげで）見た目も素敵になっているかもしれない。そのとき、気にしていたことがまったくどうでもいいことだったと気づくだろうから。

最後の言葉は、本書の執筆に協力してくれたＡＳＤの女性たちに託そうと思う。彼女たちがいなければ、本書は相当に味気ないしろものになっていただろう。私は年配の女性たちに、この世界で生きることを模索している若い「妹たち」への知恵を求めた。なにしろ彼女たちは、うんざりするほどこの世界で生きることを知り尽くしている。多くの場合、診断も支援もなしで。彼女たちの言葉は力強く、希望がある。屈する必要はないと励まし、自分を理解して世界に飛び出し、人生を見つけることを促すものだ。

◦自分の恐れに敢然と立ち向かい続け、新しい経験に飛び込んでください。私はスーザン・ジェファーズの『恐れを感じても、とにかくやってみる（未訳、*Feel the Fear and Do it Anyway*）』という本が大好きです。（ＡＳＤ女性）

◦ＡＳＤはあなたの一つの側面にすぎず、ＡＳＤであることがあなたのすべてではありません。ＡＳＤが一番の個性というわけでもありません。自分の限界を知り、その中でできる限りのことをして

みましょう。ＡＳ［アスペルガー症候群］に閉じ込められる必要はありません！（ＡＳＤ女性）

◦大丈夫、心配しないで。できることを積極的にやって、あとは流れに身を任せればいい。この本を読もう！（ＡＳＤ女性）

◦自分らしくあれ。あなたはそのままですばらしい。（ＡＳＤ女性）

訳者あとがき

私には、現在公立小学校の特別支援学級に通っている自閉スペクトラム症（以下、ＡＳＤ）の次女（九歳）がいる。一人でごきげんにしている手のかからない赤ちゃんだった次女が心身の発達の遅れを指摘されたのは、三歳児健診のときだった。病院や療育センターを紹介されたものの、診断がつくまでの道のりは長かった。会話が成立しにくいとはいえ、初対面の人にも積極的に近づいて話しかける人懐こい次女の姿を見て、児童精神科医も臨床発達心理士も、誰一人として〝自閉〟症の疑いを口にすることはなかったのである。

転機になったのは、たまたま目にした女の子のＡＳＤについての英文記事だった。女の子のＡＳＤは男の子とは現れ方が違うために見落とされやすい、という最新研究の紹介で挙げられていた症状が、まさに次女そっくりだったのだ。すぐに療育センターで自閉症専門医を紹介してもらい、検査を受けた。こうして小学校入学直前にして、ようやくＡＳＤという診断が確定したのだった。親としては、五里霧中の状態から、診断のおかげで一気に見通しがついた感覚があった。

もしあの記事を目にしていなかったら……と思うと、今でもゾッとしてしまう。女子のＡＳＤの特性が男子とは異なるということについて、日本語でも広く伝えられるべきだと切実に感じた。

著者が述べるように、ＡＳＤ女性当事者による自伝的な本は数多い。日本語に限っても、女の子のＡＳＤに関する良著はいくつか刊行されている。ただ、それはすでに診断がついた児童の保護者に向けてのものであったり、ＡＳＤの中でも知能が高くて成功したアスペルガー症候群の女性のお話だったりする。必要なのは、自分の子と他の子との違いに悩むかつての私のような保護者や、「ふつう」に擬態しながら他人とのギャップに苦しんでいる当事者が、ＡＳＤの診断と支援につながる助けになる本だ。女子のＡＳＤについて知識を深めたいという気持ちもあって、さまざまな洋書に目を通した。

ＡＳＤの現れ方の性差に関する研究をあたうかぎり紹介し、ＡＳＤ女性やその保護者の幅広い体験談を集めた本書は、そうした意味で理想の本だった。ＡＳＤ（自閉スペクトラム症）の症状は、その名の通りスペクトラム（連続体）である。あるＡＳＤ女性の症例は、別のＡＳＤ女性にはまったく当てはまらないということも多々ある。多数のＡＳＤ女性の具体的な症例がふんだんに盛り込まれている本書なら、「これは自分（我が子）のことだ」という気づきにつながりやすいはずだ。実際、本書に掲載された症例には、訳者自身にも軽く当てはまる部分がいくつかあった。美容に疎く（ドラッグストアに行くたびに、死んだ細胞＝毛髪を美しく見せるための商品がずらりと並んでいることに不思議な気持ちになる）、変化が苦手で、行事があると気が重い。幼い頃から読書に没頭していたが、メールは要点のみのそっけない文面になりがちだ。ＡＳＤは遺伝要因が大きいとされているから、定型発達者として生きてきた親の私も、ＡＳＤの要素が少なからずあるのだろう。少なくともそう思えたことで、コミュニケーションを取りにくい次女とのつながりを感じられたのは収穫だった。

一方、ＤＳＭ－５の改訂にともない、自閉症が重度の状態から定型発達に近い軽度の状態までを連続的にとらえるＡＳＤという概念に統一されたことで、過剰診断を懸念する声もある。普通に見せかけることができる女性をＡＳＤとして扱う本書の内容に対して、「誰だって社会に適応するのは大変だ。ＡＳＤを名乗って支援を求めるのは甘えではないか」「重度の障害ならともかく、見た目でわからない児童にまでＡＳＤの診断をつけるのは、レッテル貼りにつながるのではないか」と疑問視する人もいるだろう。訳者は専門家ではないため、あくまでも知的にやや遅れのあるＡＳＤ女児の一保護者としての実感を語るにとどめるが、診断は明らかに救いになった。

たとえば手に負えない癇癪だと思っていたものが、ＡＳＤの特性のひとつなら、ＡＳＤがパニックを起こしやすいトリガーを取り除くことで予防することができる。口頭で教えても理解できないのは耳から情報が入りづらい特性のせいならば、視覚的にわかるようにモノを見せながら丁寧に教えれば、学年相応の算数の習得も可能だ。興味の狭さと読書を好むという特性を利用して、興味（次女の場合は猫、相撲、戦国武将）に合わせた視覚要素の多い本をふんだんに与えれば、書字が苦手でも読解の力はつけられる。何より気が楽になったのは、一人で遊んでいるからといって、集団遊びに無理して参加させようとしなくてもいいと感じられたことだった。

本書の中で述べられているとおり、診断がつかないまま「ふつう」に適応しようとして、いじめを受けたり、二次障害を起こしたり、危ない目に遭ったりするＡＳＤ女性は少なくない。著者自身、「排水路に捨てられることなくここまで生きてこられたのは奇跡」と語っているくらいだ。訳者の次女の場合は、支援学級の先生方のＡＳＤへの理解やクラスメイトに恵まれたこともあり、今のところは本人なりのペースで屈託なく成長している。過剰診断によって不必要な投薬治療が行われているケースは問題視されるべきだが、困難の支援に診断が必要なら、その診断は「過剰」とは言えないのではないだろうか。

最後に、本書は幅広い読者に開かれた内容であることも付記しておきたい。訳者が本書の内容を踏まえ、ＡＳＤの女の子についてのエッセイ（「自閉症の女の子が見る・読む・触れる世界」『群像』二〇二一年八月号）を発表したところ、意外なことに何人かの男性当事者からも共感が寄せられた。男性的な症状を示すＡＳＤ女性がいるように、女性的なＡＳＤの現れ方をする男性がいてもおかしくないということに、改めて気づかされた。また、定型発達者であっても、自分の中のＡＳＤ要素に気づくことは自己理解の助けになるだろう。本書を読むことで、自分が何者であるかを知って、自尊心を育める人が増えることを願ってやまない。

堀越英美

※7　同
※8　同
※9　同
※10　同
※11　同
※12　同
※13　同
※14　同
※15　Pelz-Sherman 2014
※16　Simone 2010, p.140
※17　Kearns Miller 2003, p.195
※18　Simone 2010, p.140
※19　Kearns Miller 2003, p.215
※20　Simone 2010, p.140
※21　同
※22　Kearns Miller 2003, p.199
※23　Kearns Miller 2003, p.203
※24　Lawson 1998, p.87
※25　Simone 2010
※26　Lawson 2014
※27　Kearns Miller 2003, p.212
※28　Lawson 1998, p.85
※29　Kearns Miller 2003, p.212
※30　Kearns Miller 2003, p.195
※31　同
※32　同

第13章

※1　Holliday Willey 2012
※2　Ingudomnukul *et al.* 2007
※3　Pohl *et al.* 2014
※4　Oldershaw *et al.* 2011
※5　Joss 2013
※6　Baron-Cohen *et al.* 2013
※7　Woszczylo, in Hurley 2014, p.51
※8　Holliday Willey 2001; Lawson 1998; Nichols *et al.* 2009
※9　Stewart 2012
※10　Holliday Willey 2012
※11　Tinsley and Hendrickx 2008
※12　Cassidy *et al.* 2014
※13　Hendrickx, in Wylie 2014, p.111
※14　Holliday Willey 2012, p.63

第15章

※1　National Autistic Society 2013b
※2　同
※3　National Autistic Society 2013a
※4　National Collaborating Centre for Mental Health 2012
※5　National Autistic Society 2013b
※6　Nancy, National Autistic Society 2013a
※7　Lillian, National Autistic Society 2013a
※8　National Autistic Society 2013a
※9　National Autistic Society 2013b
※10　Ingudomnukul *et al.* 2007
※11　National Autistic Society 2013a
※12　Simone 2010
※13　同
※14　National Autistic Society 2013a
※15　同

第17章

※1　Lawson 1998, p.117

※6　Holliday Willey 2001; Stewart 2012
※7　Lawson 1998, p.17
※8　Holliday Willey 2012

第6章
※1　Simone 2010, p.27
※2　Riley-Hall 2012, p.49
※3　Stewart 2012
※4　e.g., Stewart 2012
※5　Riley-Hall 2012
※6　Wagner 2006
※7　Mandy *et al.* 2012
※8　Wagner 2006
※9　Stewart 2012, p.42
※10　Stewart 2012
※11　同

第7章
※1　Simone 2010, p.212
※2　Simone 2010, p.211
※3　National Autistic Society 2013a

第8章
※1　Jansen and Rombout 2014, p.23
※2　Kearns Miller 2003, p.215
※3　Jansen and Rombout 2014

第9章
※1　Kearns Miller 2003, P.239
※2　Lawson 1998, p.12
※3　Kearns Miller 2003, p.255
※4　Lawson 2014, p.91
※5　Jansen and Rombout 2014, p.66
※6　National Autistic Society 2013a
※7　同

第10章
※1　Holliday Willey 2014; Lawson 1998; Simone 2010
※2　Bejerot *et al.* 2012
※3　Kearns Miller 2003, p.157
※4　Lawson 2014
※5　De Vries *et al.* 2010
※6　Pohl *et al.* 2014
※7　Ingudomnukul *et al.* 2007
※8　Gilmour, Melike Schalomon and Smith 2012, p.313
※9　e.g., Pohl *et al.* 2014
※10　Gilmour *et al.* 2012

第11章
※1　Hendrickx 2008, P.88
※2　Simone 2010, p.80
※3　Lawson 1998, p.113
※4　National Autistic Society 2013a
※5　Hendrickx 2008, p.24
※6　同
※7　National Autistic Society 2013a
※8　Attwood 2007; Holliday Willey 2012, 2014
※9　Hendrickx 2008, p.82
※10　Kearns Miller 2003, p.243
※11　Holliday Willey 2012
※12　Hendrickx 2008
※13　Hendrickx 2008, p.90
※14　Hendrickx 2008, p.91
※15　Hendrickx 2008, Simone 2010
※16　Hendrickx 2008, p.47

第12章
※1　Kim, in Hurley 2014, p.26
※2　Ingudomnukul *et al.* 2007
※3　Grant, in Hurley 2014, p.66
※4　Autism Women Matter 2014
※5　同
※6　同

第２章

※1　Gould and Ashton-Smith 2011; Lord *et al.* 1982
※2　American Psychiatric Association 2013
※3　Mandy 2013
※4　Mandy *et al.* 2012
※5　Gould 2014
※6　Frazier 2014
※7　Giarelli *et al.* 2010; Russell *et al.* 2011
※8　Lai *et al.* 2011
※9　Giarelli *et al.* 2010
※10　McCarthy *et al.* 2012; Ruigrok *et al.* 2014
※11　Head, McGillivray and Stokes 2014
※12　Giarelli *et al.* 2010
※13　Kopp and Gillberg 1992, p.90
※14　Nichols, Moravcik and Tetenbaum 2009
※15　Kopp and Gillberg 1992; Simone 2010
※16　Nichols *et al.* 2009
※17　e.g., Lai *et al.* 2011
※18　Attwood 2013
※19　Marshall 2014
※20　Gould and Ashton-Smith 2011
※21　Eaton 2012, p.11
※22　Impact Initiatives *et al.* 2013
※23　Attwood 2013; Marshall 2014
※24　Eaton 2012
※25　同

第３章

※1　Eaton 2012
※2　Giarelli *et al.* 2010
※3　Riley-Hall 2012
※4　Kreiser and White 2014
※5　Attwood 2012
※6　Attwood 2013
※7　Marshall 2013
※8　Jansen and Rombout 2014
※9　Attwood 2012
※10　Holliday Willey 2001, p.39
※11　Riley-Hall 2012
※12　Carter *et al.* 2007
※13　Mason, in Hurley 2014, p.14
※14　Attwood 2012
※15　Simone 2010; Wagner 2006
※16　Attwood 2007
※17　Knickmeyer *et al.* 2008
※18　Attwood *et al.* 2006
※19　Simone 2010
※20　同 , p.23
※21　Knickmeyer *et al.* 2008
※22　Attwood 2007; Holliday Willey 2014
※23　Attwood 2007, p.25
※24　Lawson 1998
※25　同 , p.41
※26　Holliday Willey 2014, p.28
※27　Lawson 1998, p.6
※28　Lawson 1998, p.5
※29　Kopp and Gillberg 2011
※30　Jansen and Rombout 2014, p.99
※31　Stewart 2012, p.43
※32　Baron-Cohen 2002; Bejerot *et al.* 2012

第４章

※1　Holliday Willey 2014
※2　Giarelli *et al.* 2010; Riley-Hall 2012
※3　Riley-Hall 2012
※4　Attwood 2007
※5　Attwood *et al.* 2006

第５章

※1　Nichols *et al.* 2009
※2　Kim in Hurley 2014, p.24
※3　McLennan *et al.* 1993
※4　Simone 2010, p.28
※5　Lawson 1998, p.58

原注

原書本文中の引用・参考文献を、著者名、刊行年で記しました。文献名等の詳細については、参考文献の一覧をご覧下さい。

序章

※1 www.asperger-training.com
※2 Hendrickx and Newton 2007

第1章

※1 Autism and Developmental Disabilities Monitoring Network 2014
※2 Kopp and Gillberg 1992
※3 Kanner 1943
※4 McCarthy *et al.* 2012; Ruigrok *et al.* 2014
※5 Mandy *et al.* 2012
※6 Marshall 2014
※7 Lai *et al.* 2011
※8 Carter *et al.* 2007
※9 Jacquemont *et al.* 2014; Volkmar, Szatmari and Sparrow 1993
※10 Zahn-Waxler, Shirtcliff and Marceau 2008
※11 Kopp and Gillberg 1992
※12 Wing 1981
※13 Volkmar *et al.* 1993
※14 Fombonne 2005
※15 Attwood 2007
※16 Russell, Steer and Golding 2011
※17 Baron-Cohen 2002
※18 Bölte *et al.* 2011
※19 Lai *et al.* 2013
※20 Craig *et al.* 2007
※21 Nydén, Hjelmquist and Gilberg 2000, p.185
※22 Nydén *et al.* 2000
※23 Volkmar *et al.* 1993
※24 Lord, Schopler and Revicki 1982; Tsai and Beisler 1983; Wing 1981
※25 Baron-Cohen 2002
※26 Ingudomnukul *et al.* 2007
※27 Bejerot *et al.* 2012
※28 同, p.9
※29 同, p.9
※30 Giarelli *et al.* 2010
※31 Knickmeyer, Wheelwright and Baron-Cohen 2008
※32 Lemon *et al.* 2011
※33 同
※34 Carter *et al.* 2007
※35 Hartley and Sikora 2009
※36 同, p. 179
※37 Mandy *et al.* 2012
※38 同, p.1310
※39 Bölte *et al.* 2011
※40 Carter *et al.* 2007
※41 van Wijngaarden-Cremers 2012
※42 Kanner 1943, p.242
※43 Kopp and Gillberg 1992, p.96
※44 同, p.97
※45 Attwood 2007; Gould and Ashton-Smith 2011; Lai *et al.* 2011
※46 Kopp and Gillberg 2011, pp.2881-2882
※47 Lai *et al.* 2011, p.5
※48 同, p.6
※49 Attwood 2007; Gould and Ashton-Smith 2011
※50 Baron-Cohen 2002
※51 Lai *et al.* 2011
※52 Attwood 2007; Lai *et al.* 2011
※53 McLennan, Lord and Schopler 1993

Russell, G., Steer, C. and Golding, J. (2011) 'Social and demographic factors that influence the diagnosis of autistic spectrum disorders'. *Social Psychiatry and Psychiatric Epidemiology 46*, 12, 1283–93

Simone, R. (2010) *Aspergirls.* London: Jessica Kingsley Publishers.（『アスパーガール　アスペルガーの女性に力を』牧野恵訳、スペクトラム出版社、2011）

Stewart, C. (2012) '"Where can we be what we are?": the experiences of girls with Asperger syndrome and their mothers'. *Good Autism Practice, 13*, 1, 40–8.

Tinsley, M. and Hendrickx, S. (2008) *Asperger Syndrome and Alcohol: Drinking to Cope.* London: Jessica Kingsley Publishers.

Tsai, L.Y. and Beisler, J.M. (1983) 'The development of sex differences in infantile autism'. *British Journal of Psychiatry 142*, 373–8.

University of Cambridge (2013) *Autism Affects Different Parts of the Brain in Women and Men.* Cambridge: University of Cambridge. Available at www.cam.ac.uk/research/news/autism-affects-different-parts-of-the-brain-in-women-and-men.

van Wijngaarden-Cremers, P.J.M. (2012) 'Gender differences and its impact on women with ASD'. Women and Girls on the Autism Spectrum Conference 2012, National Autistic Society.

Volkmar, F.R., Szatmari, P. and Sparrow, S.S. (1993) 'Sex differences in pervasive developmental disorders'. *Journal of Autism and Developmental Disorders 23*, 4, 579–91.

Wagner, S. (2006) 'Educating the Female Student with Asperger's.' In Attwood, T., Bolick, T., Faherty, C., Iland. L. *et al. Asperger's and Girls.* Arlington, TX: Future Horizons, Inc.

Wing, L. (1981) 'Sex ratios in early childhood autism and related conditions'. *Psychiatry Research 5*, 2, 129–37.

Wylie, P. (2014) *Very Late Diagnosis of Asperger Syndrome.* London: Jessica Kingsley Publishers.（『ガイド 壮年期のアスペルガー症候群　大人になってからの診断は人生をどう変えるか』河瀬真那訳、スペクトラム出版社、2018）

Zahn-Waxler, C., Shirtcliff, E.A. and Marceau, K. (2008) 'Disorders of childhood and adolescence: gender and psychopathology'. *Annual Review of Clinical Psychology 4*, 275–303.

（ウェブサイトは、2021 年 9 月末に確認）

Lord, C., Schopler, E. and Revicki, D. (1982) 'Sex differences in autism'. *Journal of Autism and Developmental Disorders 12*, 4, 317–30.

Mandy, W. (2013) *DSM-5 May Better Serve Girls with Autism.* New York: Simons Foundation Autism Research Initiative. Available at www.spectrumnews.org/opinion/dsm-5-may-better-serve-girls-with-autism/

Mandy, W., Chilvers, R., Chowdhury, U., Salter, G., Seigal, A. and Skuse, D. (2012) 'Sex differences in autism spectrum disorder: evidence from a large sample of children and adolescents'. *Journal of Autism and Developmental Disorders 42*, 7, 1304–13.

Marshall, T. *Aspienwomen: Adult Women with Asperger Syndrome. Moving towards a female profile of Asperger Syndrome.* Available at https://autismawarenesscentre.com/aspienwomen-adult-women-with-asperger-syndrome-moving-towards-a-female-profile-of-asperger-syndrome/

McCarthy, M.M., Arnold, A.P., Ball, G.F., Blaustein, J.D. and De Vries, G.J. (2012) 'Sex differences in the brain: the not so inconvenient truth'. *Journal of Neuroscience 32*, 7, 2241–7.

McLennan, J.D., Lord, C. and Schopler, E. (1993) 'Sex differences in higher functioning people with autism'. *Journal of Autism and Developmental Disorders 23*, 2, 217–27.

National Autistic Society (2013a) 'Autism and Ageing: Older People's Stories'.Available at www.autism.org.uk/living-with-autism/adults-with-autism-or-asperger-syndrome/autism-and-ageing/older-peoples-stories.aspx（訳注・2021 年 9 月現在アクセス不可）

National Autistic Society (2013b) *Getting On: Growing Older with Autism: A Policy Report.* London:National Autistic Society.

National Collaborating Centre for Mental Health (2012) *Autism:The NICE Guideline on Recognition. Referral,Diagnosis and Management of Adults on the Autism Spectrum.* London:The British Psychological Society and The Royal Collage of Psychiatrists.

Nichols, S., Moravcik, G.M. and Tetenbaum, S.P. (2009) *Girls Growing up on the Autism Spectrum.* London: Jessica Kingsley Publishers.（『自閉症スペクトラムの少女が大人になるまで　親と専門家が知っておくべきこと』辻井正次・稲垣由子監修、テーラー幸恵訳、東京書籍、2010）

Nydén, A., Hjelmquist, E. and Gilberg, C. (2000) 'Autism spectrum and attention-deficit disorders in girls: some neuropsychological aspects'. *European Child and Adolescent Psychiatry 9*, 3, 180–5.

Oldershaw, A., Treasure, J., Hambrook, D., Tchanturia, K. and Schmidt, U. (2011) 'Is anorexia nervosa a version of autism spectrum disorders?' *European Eating Disorders Review 19*, 6, 462–74.

Pelz-Sherman, D. (2014) 'Supporting breastfeeding among women on the autistic spectrum'. *Clinical Lactation, 5*, 2, 62–6.

Pohl, A., Cassidy, S., Auyeung, B. and Baron-Cohen, S. (2014) 'Uncovering steroidopathy in women with autism: a latent class analysis'. *Molecular Autism 5*, 27.

Riley-Hall, E. (2012) *Parenting Girls on the Autism Spectrum.* London: Jessica Kingsley Publishers.（『ガイド自閉スペクトラムの少女の子育て』牧野恵訳、スペクトラム出版社、2016）

Ruigrok, A.N.V., Salimi-Khorshidi, G., Lai, M-C., Baron-Cohen, S. ***et al.*** (2014) 'A meta-analysis of sex differences in human brain structure'. *Neuroscience & Biobehavioral Reviews 39*, 34–50.

Hurley, E. (ed.) (2014) *Ultraviolet Voices: Stories of Women on the Autism Spectrum.* Birmingham: Autism West Midlands.

Impact Initiatives, Asperger's Voice Self-Advocacy Group & West Sussex Asperger Awareness Group (2013) *Mental Health Services for Adults with Asperger's Syndrome and HFA in West Sussex: A Quality Check.* Littlehampton: Impact Initiatives.

Ingudomnukul, E., Baron-Cohen, S., Wheelwright, S. and Knickmeyer, R. (2007) 'Elevated rates of testosterone-related disorders in women with autism spectrum conditions'. *Hormones and Behavior 51*, 5, 597–604.

Jacquemont, S., Coe, B.P., Hersch, M., Duyzend, M.H., ***et al.*** (2014) 'A higher mutational burden in females supports a "female protective model" in neurodevelopmental disorders'. *American Journal of Human Genetics 94*, 3, 415–25.

Jansen, H. and Rombout, B. (2014) *Autipower!: Successful Living and Working with an Autism Spectrum Disorder.* London: Jessica Kingsley Publishers.

Joss, L. (2013) 'Is Anorexia the Female Asperger's?' Available at www.autismdailynewscast.com/is-anorexia-the-female-aspergers/5518/laurel-joss（訳注・2021年9月現在アクセス不可）

Kanner, L. (1943) 'Autistic disturbances of affective contact'. *Nervous Child 2*, 217–50.

Kearns Miller, J. (2003) *Women from Another Planet?* Bloomington, IN: 1st Books Library.

Knickmeyer, R.C., Wheelwright, S. and Baron-Cohen, S. (2008) 'Sex-typical play: masculinization/defeminization in girls with an autism spectrum condition'. *Journal of Autism and Developmental Disorders 38*, 6, 1028–35.

Kopp, S. and Gillberg, C. (1992) 'Girls with social deficits and learning problems: autism, atypical Asperger syndrome or a variant of these conditions'. *European Child and Adolescent Psychiatry 1*, 2, 89–99.

Kopp, S. and Gillberg, C. (2011) 'The Autism Spectrum Screening Questionnaire (ASSQ)-Revised Extended Version (ASSQ-REV): an instrument for better capturing the autism phenotype in girls? A preliminary study involving 191 clinical cases and community controls'. *Journal Research in Developmental Disabilities 32*, 6, 2875–88.

Kreiser, N.L. and White, S.W. (2014) 'ASD in females: are we overstating the gender difference in diagnosis?' *Clinical Child and Family Psychology Review 17*, 1, 67–84.

Lai, M-C., Lombardo, M.V., Pasco, G., Ruigrok, A.N. ***et al.*** (2011) 'A behavioral comparison of male and female adults with high functioning autism spectrum conditions'. *PLOS One 6*, 6, e20835.

Lai, M-C., Lombardo, M.V., Suckling, J., Ruigrok, A.N. ***et al.*** (2013) 'Biological sex affects the neurobiology of autism'. *Brain 136*, 9, 2799–815.

Lawson, W. (1998) *Life Behind Glass: A Personal Account of Autism Spectrum Disorder.* London: Jessica Kingsley Publishers.（『私の障害、私の個性。』ニキ・リンコ訳、花風社、2001）

Lawson, W. (2014). Personal communication 9 October 2014.

Lemon, J.M., Gargaro, B., Enticott, P.G. and Rinehart, N.J. (2011) 'Executive functioning in autism spectrum disorders: a gender comparison of response inhibition'. *Journal of Autism and Developmental Disorders 41*, 3, 352–6.

de Vries, A. L., Noens, I.L., Cohen-Kettenis, P. T., van Berckelaer-Onnes, I.A. and Doreleijers, T.A. (2010) 'Autism Spectrum Disorders in gender dysphoric children and adolescents'. *Journal of Autism and Developmental Disorders*, August 2010; 40, 8, 930–936.

Eaton, L. (2012) 'Under the radar and behind the scenes: the perspectives of mothers with daughters on the autism spectrum'. *Good Autism Practice 13*, 2, 9–17.

Fombonne, E. (2005) 'The changing epidemiology of autism'. *Journal of Applied Research in Intellectual Disabilities 18*, 4, 281–94.

Frazier T.W. *et al.* (2014) 'Behavioral and cognitive characteristics of females and males with autism in the Simons Simplex Collection'. *Journal of the American Academy of Child and Adolescent Psychiatry 53*, 329–340.

Gaus, V. (2007) *Cognitive-Behavioural Therapy for Adult Asperger Syndrome.* New York, NY: The Guilford Press.（『成人アスペルガー症候群の認知行動療法』伊藤絵美監訳、吉村由未・荒井まゆみ訳、星和書店、2012）

Gaus, V. (2011) *Living Well on the Spectrum.* New York, NY: The Guilford Press.

Giarelli, E., Wiggins, L.D., Rice, C.E., Levy, S.E. *et al.* (2010) 'Sex differences in the evaluation and diagnosis of autism spectrum disorders among children'. *Disability and Health Journal 3*, 2, 107–16.

Gilmour, L., Melike Schalomon, P. and Smith, V. (2012) 'Sexuality in a community based sample of adults with autism spectrum disorder'. *Research in Autism Spectrum Disorders 6*, 1, 313–18.

Gould, J. (2014). Personal communication. 10 January 2014.

Gould, J. and Ashton-Smith, J. (2011) 'Missed diagnosis or misdiagnosis? Girls and women on the autism spectrum'. *Good Autism Practice 12*, 1, 34–41.

Hartley, S.L. and Sikora, D.M. (2009) 'Sex differences in autism spectrum disorder: an examination of developmental functioning, autistic symptoms, and coexisting behaviour problems in toddlers'. *Journal of Autism and Developmental Disorders 39*, 12, 1715–22.

Head, A.M., McGillivray, J.A. and Stokes, M.A. (2014) 'Gender differences in emotionality and sociability in children with autism spectrum disorders'. *Molecular Autism 5*, 19.

Hendrickx, S. and Newton, K. (2007) *Asperger Syndrome – A Love Story.* London: Jessica Kingsley Publishers.

Hendrickx, S. (2008) *Love, Sex and Long-term Relationships: What People with Asperger Syndrome Really Really Want.* London: Jessica Kingsley Publishers.

Hendrickx, S. (2009) *Asperger Syndrome and Employment: What People with Asperger Syndrome Really Really Want.* London: Jessica Kingsley Publishers.（『アスペルガー症候群の人の仕事観　障害特性を生かした就労支援』梅永雄二監訳、西川美樹訳、明石書店、2010）

Holliday Willey, L. (2001) *Asperger Syndrome in the Family.* London: Jessica Kingsley Publishers.（『私と娘、家族の中のアスペルガー　ほがらかにくらすための私たちのやりかた』ニキ・リンコ訳、明石書店、2007）

Holliday Willey, L. (2012) *Safety Skills for Asperger Women: How to Save a Perfectly Good Female Life.* London: Jessica Kingsley Publishers.

Holliday Willey, L. (2014) *Pretending to be Normal: Living with Asperger's Syndrome.* London: Jessica Kingsley Publishers.（『アスペルガー的人生』ニキ・リンコ訳、東京書籍、2002）

American Psychiatric Association (2013) *Diagnostic and Statistical Manual of Mental Disorders, Fifth Edition, DSM-5*. Arlington, VA: American Psychiatric Association

Attwood, T. (2007) *Complete Guide to Asperger's Syndrome.* London: Jessica Kingsley Publishers.

Attwood, T. (2012) 'Girls with Asperger's Syndrome: early diagnosis is critical'. *Autism Asperger's Digest* JulyAugust 2012. Available at http://autismdigest.com/girls-with-a（訳注・2021年9月現在アクセス不可）

Attwood, T. (2013) 'Girls' Questionnaire for Autism Spectrum Conditions (GQ-ASC)' Unpublished. For more details, contact Professor Attwood via his website http://www.tonyattwood.com.au/.

Attwood, T., Bolick, T., Faherty, C., Iland. L. *et al.* (2006) *Asperger's and Girls.* Arlington, TX: Future Horizons, Inc.

Autism and Developmental Disabilities Monitoring Network (2014) 'Prevalence of autism spectrum disorder among children aged 8 years – Autism and Developmental Disabilities Monitoring Network, 11 sites, United States, 2010'. *Morbidity and Mortality Weekly Report Surveillance Summaries 63*, 02, 1–21.

Autism Women Matter（2013） *Autism Women Matter Survey,* Autism Women Matter. Available at www.autismwomenmatter.org.uk/survey.（訳注・2021年9月現在アクセス不可）。

Baron-Cohen, S. (2002) 'The extreme male brain theory of autism'. *Trends in Cognitive Science 6,* 6, 248–54.

Baron-Cohen, S., Jaffa, T., Davies, S., Auyeung, B., Allison, C. and Wheelwright, S. (2013) 'Do girls with anorexia nervosa have elevated autistic traits?' *Molecular Autism 4*, 1, 24.

Bejerot, S., Eriksson, J.M., Bonde, S., Carlstrom, K., Humble, M.B. and Eriksson, E. (2012) 'The extreme male brain revisited: gender coherence in adults with autism spectrum disorder'. *British Journal of Psychiatry 201*, 2, 116–23.

Bölte, S., Duketis, E., Poustka, F. and Holtmann, M. (2011) 'Sex differences in cognitive domains and their clinical correlates in higher-functioning autism spectrum disorders'. *Autism 15*, 4, 497–511.

Carter, A.S., Black, D.O., Tewani, S., Connolly, C.E., Kadlec, M.B. and Tager-Flusberg, H. (2007) 'Sex differences in toddlers with autism spectrum disorders'. *Journal of Autism and Developmental Disorders 37*, 1, 86–97.

Cassidy, S., Bradley, P., Robinson, J., Allison, C., McHugh, M. and Baron-Cohen, S. (2014) 'Suicidal ideation and suicide plans or attempts in adults with Asperger's syndrome attending a specialist diagnostic clinic: a clinical cohort study'. *The Lancet Psychiatry 1,* 2, 142–7.

Craig, M.C., Zaman, S.H., Daly, E.M., Cutter, W.J. *et al.* (2007) 'Women with autistic-spectrum disorder: magnetic resonance imaging study of brain anatomy'. *British Journal of Psychiatry 191*, 224–8.

食べ物の好み…62, 88-89
男女比…5, 25-26, 42
男性ホルモン説…28, 213
チック（トゥレット症候群）…87, 182
知能
—IQテスト…27
—発話と知能…68-69
強い関心…75-76, 122, 229-230, 282
定型発達（neurotypical）の定義…20
（社会的、非言語的）手がかり…62, 64, 66-67, 69, 98, 177, 319
テストステロン…28, 213, 285
トイレ…90-92
トランスジェンダー…211, 213, 216-223, 238-239
→性自認も参照

［な］
ニコルズ，シャナ…41, 125
熱性けいれん…62, 93

［は］
発達遅滞…39, 58-59, 61, 109, 136, 335
バロン＝コーエン，サイモン…24, 26, 28-29, 94, 213 ,286
反応抑制…30-31
非言語コミュニケーション…64, 66-67, 70, 77, 98, 110, 151, 175, 177
ファッション
→服装
不安…31, 40-41, 51, 62, 67, 71, 73, 77, 81, 86, 91-93, 105, 120, 122-126, 129, 131, 138-144, 165, 178-180, 182, 185-186, 188, 194, 196-197, 205-206, 208, 219-221, 245, 250, 256-258, 260-261, 272, 280-282, 288, 290-291, 294, 296-297, 301, 307, 309, 314, 319-320, 322, 331
服装…41, 89-90, 94, 119, 185, 189-190, 211, 275
不耐症…62, 280, 283
片頭痛…160, 281-282, 284-285, 297, 317

［ま］
慢性疲労症候群…282
無性愛者…222, 225-226, 237
物事を共有できない…109-111, 180-181
模倣…32, 65, 82, 108, 115, 121, 175, 287

［や］
指さし…62, 66-67
幼児期の指標…61-94
抑うつ…41, 122, 169, 242, 257, 266, 281, 287-289, 297, 300, 317, 322
予測できないこと…71-73, 91, 110, 184-187, 228, 241, 245, 273, 282

［ら］
ルーティン…15, 139, 143, 180, 184, 186-187, 193, 249, 253, 272, 281, 322
レイ、メンチュアン…22, 27, 33-34

索引

[あ]
アイコンタクト…28, 62, 64-66, 121, 172, 175
アスペルガー，ハンス…23
遊びの選択…73
アトウッド，トニー…8, 24, 26, 33-34, 42, 62-63, 76, 80, 83
アルコール依存症…294
イングドムヌクル，エリン…28, 213, 285, 320
うつ
→抑うつ
ASD の発症から保護されている…25
エコラリア…69
おもちゃの選択…30, 63, 79-80, 82, 94, 108-110, 131, 137, 139, 142

[か]
学習障害…19-20, 41, 59, 181, 281
カナー，レオ…22-23, 32
過敏性腸症候群（IBS）…91, 281-282, 317
感覚過敏…62, 165, 183, 264, 280, 283-284
感覚嗜好…87
感覚に対する耐性…88
儀式的行動…32
共有
—子ども… 79, 82, 109-111, 152
—成人女性…174, 180, 201, 228, 233, 247, 329
「極端な男性脳」説…26, 28
拒食症…286
ギルバーグ，クリストファー…32-33, 39, 89
空想の世界…30, 63, 66, 83-85, 143, 174, 187-188
グールド，ジュディス…4-8, 24, 33, 37, 42
言語コミュニケーション…32, 68, 145, 319
言語理解…68
限定された反復的な行動…31, 74
心の理論…27, 97, 102, 109, 273
ごっこ遊び
—性差…30, 64, 79, 81-82, 142, 275
コレクション…74, 122, 129, 131, 191

[さ]
ジェンダーフルイド…212-213
自己刺激行動…181-183, 292
自殺願望…219, 251, 294-296, 300
自傷行為…120, 183, 229, 292, 294
失感情症（アレキシサイミア）…288, 293
実行機能…27, 31-32
自閉症診断ツール（ADOS）…34, 53
社会的表情…62
衝動…31, 100, 182, 283, 293
常同行動…36, 73, 147, 181
神経学的性差…23, 25, 27, 94
睡眠障害…31, 93, 192
性自認…6, 29, 90, 94, 210-227
→トランスジェンダーも参照
摂食障害…41, 120, 281, 286-287
線維筋痛症…282
早熟な発話…68, 142, 145
想像力
—性差…30, 64, 77
—想像上の友達…78-80, 83-85, 100, 187-188

[た]
第三の性…212-214
多嚢胞性卵巣症候群（PCOS）…285-286

著　サラ・ヘンドリックス　Sarah Hendrickx
英国にて、自閉スペクトラム症者などを対象とした訓練やコンサルティング、ビジネスをサポートする団体を運営する。自らも自閉スペクトラム症の診断を受けている。邦訳されている著書に『アスペルガー症候群の人の仕事観』がある。

訳　堀越英美　ほりこし・ひでみ
1973年生まれ。文筆家。早稲田大学第一文学部卒。著書に『女の子は本当にピンクが好きなのか』『不道徳お母さん講座』『スゴ母列伝』『モヤモヤしている女の子のための読書案内』など、訳書に『世界と科学を変えた52人の女性たち』『ガール・コード』『ギタンジャリ・ラオ　STEMで未来は変えられる』など。

自閉《じへい》スペクトラム症《しょう》の女《おんな》の子《こ》が出会《であ》う世界《せかい》
幼児期《ようじき》から老年期《ろうねんき》まで

2021年10月30日　初版発行
2024年 4 月30日　4刷発行

著　者　サラ・ヘンドリックス
訳　者　堀越英美
装　幀　大倉真一郎
装　画　白尾可奈子
発行者　小野寺優
発行所　株式会社河出書房新社
〒151-0051 東京都渋谷区千駄ヶ谷2-32-2
電話 03-3404-1201（営業）03-3404-8611（編集）
https://www.kawade.co.jp/
組　版　KAWADE DTP WORKS
印　刷　株式会社亨有堂印刷所
製　本　小泉製本株式会社

Printed in Japan　ISBN978-4-309-25432-6